美国教育研究书系 | 主编 张斌贤 李子江

Democracy and Education:
The Communication in a Century and Contemporary Reflection

《民主主义与教育》：
百年传播与当代审视

涂诗万　主编

教育科学出版社
·北京·

出 版 人　李　东
责任编辑　刘明堂　薛　莉
版式设计　杨玲玲
责任校对　贾静芳
责任印制　叶小峰

图书在版编目（CIP）数据

《民主主义与教育》：百年传播与当代审视／涂诗万
主编 .—北京：教育科学出版社，2016. 12
　（美国教育研究书系）
　ISBN 978-7-5191-0844-1

　Ⅰ.①民…　Ⅱ.①涂…　Ⅲ.①杜威（Dewey，John
1859-1952）—实用主义教育思想—研究　Ⅳ.①G40-06

中国版本图书馆 CIP 数据核字（2016）第 275210 号

美国教育研究书系
《民主主义与教育》：百年传播与当代审视
MINZHUZHUYI YU JIAOYU：BAINIAN CHUANBO YU DANGDAI SHENSHI

出版发行	教育科学出版社			
社　　址	北京·朝阳区安慧北里安园甲 9 号	市场部电话	010-64989009
邮　　编	100101	编辑部电话	010-64989419
传　　真	010-64891796	网　　址	http://www.esph.com.cn
经　　销	各地新华书店			
制　　作	北京金奥都图文制作中心			
印　　刷	保定市中画美凯印刷有限公司			
开　　本	169 毫米×239 毫米　16 开	版　　次	2016 年 12 月第 1 版
印　　张	18. 25	印　　次	2016 年 12 月第 1 次印刷
字　　数	232 千	定　　价	45. 00 元

如有印装质量问题，请到所购图书销售部门联系调换。

序

　　自中国开展现代意义的教育研究以来的一百多年间，美国教育一直是中国教育研究的重要领域。尤其是近二十年来，关于美国教育历史与现状的研究更受到教育学不同分支学科的关注，研究成果可谓汗牛充栋。对美国教育的研究不仅成果数量众多，涉及的范围也非常广泛。从学前教育到中小学教育，从本科教育到研究生教育，从特殊教育到职业技术教育，从课程到教学，从教师到学生，从教师教育到学校管理，从教育财政到教育政策，从教育思想到教育改革，大凡美国教育所包含的各个层面、各个方面基本上都有不同程度的研究。

　　为汇集和展现美国教育研究的最新成果，促进不同学科研究美国教育的学者之间的交流，推动美国教育研究向纵深发展，以便更为深入地认识和理解美国教育，更为有效地借鉴美国教育改革发展的经验教训，为中国教育发展提供有益参考，从2014年9月起，我们开始组织编写美国教育研究书系，希望提供一个展示和交流的平台，同时也留下一份历史的记录。

　　编写这套书系的另一个目的是为教育专业的本科生和研究生提供一个学习和研究的辅助工具。对年轻学子而言，通过各种检索工具在较短的时间内查询到相关主题研究成果的索引固然可以，但要对数量众多的研究成果进行比较、做出判断，却并非较短时间内能够做到的。在平时与学生的接触中，也常有学生询问此类问题。希望通过我们的努力，能对同学们的学习有所助益。

美国教育研究书系是一个开放的书系，每辑均以美国教育中的一个重要问题为中心，精选国内外学者近五年内发表的相关研究成果，或特邀相关领域的专家撰文，或接受学者的赐稿。每辑主要包括以下几个部分：相关专题的研究综述，专题研究论文和书评。

书系的选文和编辑加工，首先受惠于学界同行无私的帮助，得益于各位主编的精心付出。在此谨致谢意。同样要感谢教育科学出版社的大力支持和编辑们的辛勤劳动。希望通过各方面的努力，书系能为中国教育研究和人才培养发挥更大的作用。

本书系为全国文化名家暨"四个一批"人才自主选题"美国教育思想史"的阶段性研究成果。

张斌贤　李子江

2015 年 11 月 12 日

前　言

涂诗万

1916 年 3 月，杜威（John Dewey, 1859—1952）的代表作《民主主义与教育》（*Democracy and Education*）在纽约首次出版，距今整整一百年。据悉，美国的杜威学会（John Dewey Society）于 2016 年 4 月在华盛顿召开《民主主义与教育》出版一百周年纪念会。欧洲教育研究会（European Education Research Association）也于 2016 年 9 月 28 日至 10 月 1 日在英国剑桥大学召开《民主主义与教育》出版百年纪念会（本文集的作者之一罗莎·布鲁诺–霍夫雷教授在此次会议上做主旨报告)[①]。

然而，这部在今天"家喻户晓"的著作在百年间的经历却很曲折。例如，杜威的名字及其著作尽管早就为英国教育界所熟知，但在很长时间里，其思想的影响是有限的。直到 20 世纪 60 年代后期，英国的小学才开始尝试实践杜威的教育思想。对此，达林（J. Darling）和尼斯比特（J. Nisbet）认为，英国人乐意接受的教育理论不是杜威那种主张通过学校与社会互动促进社会变革的理论，而是个人主义心理学（Darling, Nisbet, 2000)[39-52]。

在德国，直到 1930 年，《民主主义与教育》才被许拉（E. Hylla）翻译为德文出版。许拉在此译本前言中说，如此重要的著作竟然没有早一点

---

① 详情请参见 http://www.dewey2016.co.uk.

1

被引入德国，是令人奇怪的事。戈农（P. Gonon）指出，杜威将哲学、教育与社会改革冶于一炉的做法，在当时的德国没能引发共鸣（Gonon，2000）[141-155]。而在纳粹统治时期，《民主主义与教育》完全被排斥。第二次世界大战（以下简称"二战"）后，在联邦德国，受美国影响，教育界重燃对杜威的兴趣。然而，在20世纪50—60年代，教育学被基督教人文主义垄断。20世纪60年代晚期，杜威教育思想才开始重新受到重视（Bittner，2000）[83-103]。而在同时期的民主德国，受苏联影响，《民主主义与教育》被全盘否定。

在法国，直到1975年，《民主主义与教育》才被德勒达勒教授（G. Delledalle）翻译为法文出版。施耐德（Jan-H. Schneider）认为，这是因为法国有坚信二元论理性哲学的笛卡尔传统。对于这种传统来说，杜威对"终极的"或"最高"价值的拒斥是高度可疑的（Schneider，2000）[69-78]。

一百年来，在对中国教育界产生影响的诸多外国教育家和教育著作中，杜威及其《民主主义与教育》不仅影响的持续时间首屈一指，前后的遭际也独一无二。

在《民主主义与教育》出版一百年之际，很有必要系统回顾这部著作在世界主要国家的传播过程，以期全面了解《民主主义与教育》的传播史，重新审视该书所阐述的教育思想。这是本书的编辑宗旨。

本书所收录的论文主要包括两类：一类是专门为本书撰写的，它们是第一编中的五篇文章和附录中的《约翰·杜威年谱简编》；一类则是已经公开发表的，根据编者的意图，又请原作者对论文进行了必要的加工，它们是第二编中的四篇文章。其中，日本学者的文章是姜星海先生协助编者向作者约的稿。两篇加拿大学者的论文，是应编者的约稿，由作者提供给本书的。此三篇均已得到作者授权。

《〈民主主义与教育〉在中国的百年传播》通过分析《民主主义与教育》一书在中国前后出现的不同译本，梳理了近一百年来杜威《民主主义与教育》一书在中国的命运：从20世纪前半叶《民主主义与教育》

被自由主义者（胡适等）推崇、被"学衡派"批评、被文化保守主义者（梁漱溟等）颂扬，由民主主义者（陶行知、陈鹤琴等）付诸实践直到 20 世纪 50—70 年代被全面否定和批判，以及从 80 年代开始得到重新评价，并被公认为与柏拉图的《理想国》、卢梭的《爱弥儿》并列的西方三大教育经典之一。这个过程既折射出近百年中国社会和教育复杂的演变，也反映了中国教育界对来自西方世界的教育思想认识的变化。

单中惠先生的《西方教育学者眼中的〈民主主义与教育〉》从浩繁的文献中梳理了美国、英国、澳大利亚、加拿大和日本的教育学者对《民主主义与教育》一书的直接论述，有助于我们深入理解此书，且从侧面论证了此书的经典地位。

赵康副教授的文章《"二战"前德国对杜威教育思想的吸收：外来思想和民族认同的碰撞》运用"教育语言"理论，分析指出，德意志帝国时期一些德国教育学家从民族主义视角翻译和阐述了杜威的部分教育著作；魏玛共和国时期，《民主主义与教育》德文版的问世推动了德国教育学界对杜威教育思想的了解，同时部分教育学家将杜威的民主教育思想转化在自己的学校改革实践中；然而，杜威教育思想在德国教育理论和实践中并未产生突出影响，反而遭到德国主流教育界的篡改和贬损，以致 20 世纪后半期杜威在德国长期被误解。

李申申教授和贾英伦博士的文章《21 世纪俄罗斯学者对杜威民主主义教育思想的评析》指出，进入 21 世纪，俄罗斯学者在新的历史条件下，以更加理性与客观的态度研究与解析杜威的民主主义教育思想，论证了杜威教育思想的现实意义和在俄罗斯研究杜威教育思想的紧迫性。

从日本学者梶井一晓副教授的文章《日本关于杜威的研究的特征和课题：如何批判地吸收杜威的思想》可以看出，日本学界对杜威的研究是相当丰富和深入的。梶井一晓教授指出，在日本，研究杜威的学者恐怕和研究康德的学者一样多，日本研究者更倾向于关注杜威早期的教育思想和教师教育思想，而对《民主主义与教育》及之后的杜威教育思想研究不足。

詹姆斯·斯科特·约翰斯顿教授（J. S. Johnston）的文章《民主目的必须与民主手段联合吗？：一种来自异文化背景的历史—哲学解答》强调了杜威后期思想中的一个重要原理：必须通过民主的手段去追求民主的目的。也就是说，杜威认为，自由既是目的，也是手段，不能以一个美好理想的名义，在现实中不择手段，做出与此理想相违背的事情。杜威经历了中国的五四运动，也在某种程度上推动了五四运动的发展。这篇文章提醒我们，杜威对五四运动的反应和评论，尚是一个有待深入研究的课题。

罗莎·布鲁诺–霍夫雷（R. Bruno-Jofré）教授的《为了"异教黑暗"中的人：美国各教派共有形态中的杜威式民主与教育——以拉丁美洲合作委员会为例》，研究在拉丁美洲的美国新教传教士对杜威教育思想的理解和运用。她指出，传教士们借用了杜威将民主作为一种生活方式的进步主义教育思想，并用社会福音派的基督教精神改造了它，使得民主成为新教自由主义基督徒精神的同义词。

佟德志教授的《杜威的新自由主义政治哲学》指出，杜威批判了19世纪传统自由主义的自由观，并且在新个人主义的基础上提出了新自由主义理论，堪称美国新自由主义的集大成者、新旧自由主义转型的旗手。新自由观使杜威能够一定程度上抛弃美国传统中对民主的那种三心二意，发展出一种更加真诚的民主观。

郭法奇教授的《杜威"探究与创新"教育思想再解读》指出，现代教育是人类教育发展的高级阶段，它对人的自由发展提出了较高要求。在现代社会，个体的生存不仅需要传承已有的知识，更需要有解决问题的手段和创新的能力。杜威以实用主义哲学为基础的"探究与创新"教育思想，在揭示和反映现代教育的规律和趋势方面做出了突出的贡献。

本书还收录了梁君的《约翰·杜威年谱简编》。这是目前世界上第三种较为详尽和完整的杜威年谱。第一种是吴俊升的《增订约翰杜威教授年谱》（1983 年），共 100 页。第二种是美国杜威研究中心的资深研究员芭芭拉·莱文（B. Levine）的《杜威生平年表》（*Chronology of John Dewey's Life and Work*，2001），它将杜威活动的记录具体到了每一天。另外，黎洁华的《杜威在华活动年表》（1985 年）记录了 1919—1921 年杜威在华的活动历程。在以上年谱的基础上，梁君又补充了一些新的资料，从而形成了自身的特点。

感谢本书的各位作者、译者和校者！他们对杜威研究的充沛热情也感染了我。有几篇约稿，由于篇幅等原因，未能收录在本书中，谨对这些作者致以深深的谢意！也要感谢麦吉尔-女王大学出版社（McGill-Queen's University Press）的授权！感谢教育科学出版社的编辑付出的辛劳！

还要感谢河南师范大学教育学院的领导和同仁，给我提供了一个宽松的环境，使我能够专心从事杜威教育思想的研究。本书得到了河南省高等学校哲学社会科学创新团队支持计划（2017-CXTD-04）资助。

2016 年 10 月 20 日

参 考 文 献

杜威，2001. 民主主义与教育［M］. 王承绪，译. 北京：人民教育出版社.

Bittner S，2000. German readers of Dewey：before 1933 and after 1945［M］//Oelkers J，Rhyn H. Dewey and European education：general problems and case studies. Dordrecht：Kluwer Academic Publishers.

Darling J，Nisbet J，2000. Dewey in Britain［M］//Oelkers J，Rhyn H. Dewey and European education：general problems and case studies. Dordrecht：Kluwer Academic Publishers.

Dewey J，1980. Democracy and education［M］//Boydston J A. The middle works of John Dewey，1899-1924. Carbondale：Southern Illinois University Press.

Gonon P, 2000. Education, not democracy?：the apolitical Dewey ［M］//Oelkers J, Rhyn H. Dewey and European education：general problems and case studies. Dordrecht：Kluwer Academic Publishers.

Schneider J, 2000. Dewey in France ［M］//Oelkers J, Rhyn H. Dewey and European education：general problems and case studies. Dordrecht：Kluwer Academic Publishers.

目　　录

第一编　《民主主义与教育》的百年传播

《民主主义与教育》在中国的百年传播 ………………………… 涂诗万　2

西方教育学者眼中的《民主主义与教育》 ……………………… 单中惠　31

"二战"前德国对杜威教育思想的吸收：外来思想和民族认同的

　　碰撞 ……………………………………………………… 赵　康　53

21 世纪俄罗斯学者对杜威民主主义教育思想的

　　评析 ………………………………………… 李申申　贾英伦　73

日本关于杜威的研究的特征和课题：如何批判地

　　吸收杜威的思想 ……………………………………… 梶井一晓　92

第二编　《民主主义与教育》的当代审视

民主目的必须与民主手段联合吗?：一种来自异文化背景的历史—

　　哲学解答 …………………………… 詹姆斯·斯科特·约翰斯顿　110

为了"异教黑暗"中的人：美国各教派共有形态中的杜威式民主与

　　教育——以拉丁美洲合作委员会为例 ……… 罗莎·布鲁诺-霍夫雷　136

杜威的新自由主义政治哲学 …………………………………… 佟德志　167

杜威"探究与创新"教育思想再解读 …………………………… 郭法奇　184

附录：约翰·杜威年谱简编 …………………………………… 梁　君　211

索引 ………………………………………………………………… 278

第 一 编

《民主主义与教育》的百年传播

《民主主义与教育》在中国的百年传播

涂诗万[①]

杜威（John Dewey，1859—1952）的名著《民主主义与教育》（*Democracy and Education*）于 1916 年 3 月在美国出版，这是一部堪与柏拉图的《理想国》、卢梭的《爱弥儿》比肩的巨著。此书甫一出版，即在美国国内广受好评。1918 年，它的第一个外文译本（日文版）问世，此后，它成为杜威作品中被翻译得最为频繁的著作之一。1917 年，中国杂志首次引介《民主主义与教育》。1919 年，杜威来华讲学，促进了其在中国的传播。此后一个世纪，《民主主义与教育》备受关注，但也历经坎坷。

一、杜威访华讲学

1919 年 4 月底至 1921 年 8 月初，杜威在中国的 11 个省访问讲学长达两年又三个多月。在杜威来华前一个月，陶行知在报刊上发表文章介绍杜威的教育学说，为他来华做舆论准备。在这篇文章中，陶行知将《民主主义与教育》译成《平民主义的教育》，并说，"杜威先生素来所主张的，

---

① 作者简介：涂诗万（1972—　），男，湖北咸宁人，教育学博士，河南师范大学教育学院讲师，主要研究领域为教育史和教育基本理论。

是要拿平民主义做教育目的，试验主义做教育方法"（陶知行，1919）。杜威在华讲演共约 201 场，演讲的题目包括"平民主义之教育""平民教育之真谛""教育哲学""美国之民治的发展""平民主义之精义""德谟克拉西的真义""民治的意义""民本政治之基本""科学与德谟克拉西""实验主义"等，多与民主、教育有关。据当时媒体报道，杜威的演讲引起很大的反响："自从杜威到中国来，民治主义底声浪就日高一日，以至老顽固的官僚，猛兽似的军阀也知道民治主义之可畏，假冒民治招牌，而不敢如同往日一般，那么肆无忌惮"（费觉天，1921）。

1919 年 5 月 3 日和 4 日，在江苏省教育会，杜威做了来华后第一场演讲，题目是"平民主义之教育"，由蒋梦麟口译，潘公展记录。杜威提出平民主义教育有两个重要条件。一是发展个性的知能。"注重个性的教育所养成的人才，是自动的，是独立的，是发思想的，是活泼的，是有创造力的，是有判断力的，不是被动的，不是依赖的，不是拘束的，不是因循的，不是有惰性的。书上的话、教员的话，不必一定是对，须得使学生时时自动的去评判他。"二是养成共业的习惯。即："每一椿事情发生，我们就该分工的努力去做，连学生在内，不可有互相排挤的手段，不可有互相猜忌的意思，大家互相吸引起来，把这椿事做好，然后大家平均去享受这事的利益。所以我们不可以遏抑学生做事的机会，须得引起他们做事的兴味，不用专制的手段去强迫他们做事，要用温和的手段养成他们共同作业的习惯。"（潘公展，1919）

此后这两个民主主义教育的条件，在中国广为传播。蒋梦麟将它们阐释为"教育新精神"和"共和国教育的基本"。他是这样转述杜威的观点的："第一件是养成智慧的个人，使个人能思，能行，能脚踏实地，不为陈言之奴隶，具独立创造的能力，能担当社会的事业；第二件是大家共同做事，是要做的人共同出意思，照这共同的意思做，不受专制的命令，不受仁政的爱护，用共和方法，大家自动的做事，不但大家对所做的事有兴味，而且大家都能受益处。先生、学生同在这共同事业中担任一部分的责

任。"（蒋梦麟，1919）

1919 年 5 月，胡适发表文章指出，杜威教育哲学中的两大支柱知识论和道德论中既含有实验主义的思想，又体现了民主的要求。"杜威的教育哲学，全在他的《平民主义与教育》（*Democracy and Education*）一部书里。看他这部书的名字，便可知道他的教育学说是平民主义的教育……杜威主张平民主义的教育须有两大条件：（甲）须养成智能的个性（intellectual individuality），（乙）须养成共同活动的观念和习惯（co-operation in activity）。'智能的个性'就是独立思想，独立观察，独立判断的能力……'共同活动'就是对于社会事业和群众关系的兴趣……杜威的教育哲学的大贡献，只是要把阶级社会遗传下来的教育理论和教育制度一齐改革，要使教育出的人才真能应平民主义的社会之用。"（胡适，1919）

安徽省督学刘著良说："近人竞言庶民主义矣，竞言庶民主义教育矣。此唱彼和，习为口禅。"他说，庶民主义包括政治庶民主义、经济庶民主义、社会庶民主义和文化庶民主义。而庶民主义教育包含三种特征：一是当使社会人人洞悉己与群体关系；二是当使人人有独立之思想和独立之才能；三是当使人人有协力合作之习惯（刘著良，1919）。后两层意思是杜威的，第一条关于妥善处理群己关系的想法，是作者对杜威民主主义教育思想的发展。

1920 年 10 月，江西教育厅许季黻厅长在南昌青年会演讲时说："故今日言教育必须如美国杜威博士所倡之德谟克拉西的教育，一方面尊重个性，使有自由发展之机会；一方面提倡共济，养成共同作业之习惯，使生活与教育融为一炉，然后学校的生活即是社会的生活矣。"（许季黻，1920）

杜威演讲的听众包含哪些人？江苏省教育会的一份函件中透露了一些信息。1920 年 4 月，杜威从北京南下演讲，江苏省教育会事先致函省教育厅，请其"通令各省立学校校长及管理员、各县教育行政人员"赴宁听杜威讲演（江苏省教育会，1920）。

除了面向公众演讲外，杜威还在北京大学、北京师范高等学校和南京师范高等学校等高校授课。1920 年，杜威在北京大学指定给修教育学的本科生九本外文参考书，其中第一本就是他自己的《民主主义与教育》①（佚名，1920）。

杜威访华期间四次讲"教育哲学"。1919 年 9 月 21 日至 1920 年 2 月 22 日，杜威在北京教育部讲了一学期的"教育哲学"，共 16 讲，由胡适口译。1920 年 4 月至 5 月，杜威在南京高等师范学校讲"教育哲学"，共 10 讲，由刘伯明口译。此两次"教育哲学"的体例与《民主主义与教育》大致相似，只是侧重点不同。前者侧重"科学在教育上的影响"和"道德教育"；后者侧重"知识的性质""语文、历史和科学等学科的教学""数种教育目的之讨论"。1920 年 10 月 26 日至 11 月 1 日，杜威在长沙遵道会讲"教育哲学"，共 4 讲，由刘树梅、曾约农等翻译。1920 年秋至 1921 年夏，杜威在北京高等师范学校教育研究科直接以《民主主义与教育》为教本，讲授了一学年的"教育哲学"，无人翻译，这是此书的国际传播史上一个独特的经历。

1921 年 9 月，孟禄（P. Monroe）来华讲学；1927 年，克伯屈（W. H. Kilpatrick）来华讲学；1924 年和 1930 年，孟宪承翻译的博伊德·博德（B. H. Bode）的作品《教育哲学大意》《现代教育学说》相继出版。这些都促进了《民主主义与教育》在中国的传播。

杜威回国后，仍然保持与中国的联系，国内学界也密切关注他在美国的活动。20 世纪 30 年代初，杜威积极参与美国社会政治活动，组织"第三党"。国内论者指出，杜威这个政治行动的理论基础是他的"民本主义"。"关于民本主义，以杜氏所著《民本主义与教育》一书为最详尽。"（一夂，1934）

---

① 其他几本依次是：Dewey, *Schools of Tomorrow*；Dewey, *The School and Society*；A. Patri, *A Schoolmaster of the Great City*；W. C. Ruediger, *The Principles of Education*；E. N. Henderson, *Principles of Education*；Rousseau, *Emile*；Froebel, *Education of Man*；Standiford, *Comparative Education*.

1949 年，哥伦比亚大学师范学院同学会中国分会成立，九秩高龄的杜威致信祝贺。他表示，中国击败日本，令人欣慰，而当时的内战则让人遗憾。关于中国教育问题，杜威竭诚提出如下建议："本人在此愿提供两项哲学原则，以供诸君采用。西洋技术教育与文化教育（实际上即学院教育）之极端分歧，已为吾人所诟病，君等须避免重蹈覆辙。健全之教育，须使二者保持密切之完整，方能普及全民，统一国家。且二者之完整，可使科学与人类环境相适应。目前科学在教学上似为独立部门，而非视为现代生活最重要因素之一。实际上科学自始就应以试验方法施教，作为吾人思想方式之楷模，与人类生活密切联系，俾一切人民如农夫机匠等均可藉此增高智慧与促进共同之福利。科学之实际影响，决不可以获得专门与机械之职业为限。在教育行政及组织方面，本人亦愿指出均权哲学之重要性，极端之中央集权与地方主义均应避免。就中国而言，其重要之点，在一方面注意国家之逐步的统一，而另一方面仍须顾及各地方之俗尚与传统。"（杜威，1949）这里杜威所主张的科学的人文化和反对二元分裂，仍然是对《民主主义与教育》相关观点的重申，而新提出的民主的教育管理问题则在前书中没有涉及。

杜威访华讲学对《民主主义与教育》在中国的传播产生了很大的推动作用。陈鹤琴在 1955 年说："杜威的实用主义教育思想毒素究竟是怎样散布在中国的？主要地是通过杜威自己来华讲学，宣扬他的实用主义哲学和反动的教育思想；通过杜威当年的一个反动思想大本营——哥伦比亚大学，中国学生留学在那里的经常有二三百人之多，从辛亥革命起一直到解放以前，这三十多年来，上万的中国留学生带回来杜威反动实用主义主观唯心论思想和杜威反动实用主义教育思想。"（陈鹤琴，1956）[43-44]

可以看出，杜威访华讲学传播《民主主义与教育》有如下特点：其一，在面向公众的讲演中，杜威主要阐述《民主主义与教育》的第七章"教育中的民主概念"，对实用主义经验论较少涉及；其二，杜威对民主主义教育的阐述中正平和，既强调"个性"教育，又强调"公共性"的培养。作为杜威讲学的两个主要口译者，激进派自由主义者胡适与持文化保守主义观点的学衡派核心人物刘伯明，能通力合作，也是一个有趣现象。在杜威民主主义教育思想的众多阐释中，蒋梦麟的阐释较为深刻，他把民主主义教育思想的第一个要素"个性"，理解为"独立创造的能力"，把第二个要素"共同做事"理解为"共和的方法"，即"既不受专制的命令，又不受仁政的爱护"。相比之下，胡适把"个性"阐释为"独立思想，独立观察，独立判断的能力"，带上了他的自由主义思想特色，虽然这也是杜威想表达的，但少了"独立创造"这层更能体现实用主义哲学的含义。蒋梦麟和胡适阐释的共同点是指明了杜威倡导的新教育是与过去的阶级社会、专制社会不同的民主社会的教育。

二、译本源流

自 1921 年至今，此书在中国已有《平民主义与教育》《民本主义与教育》《民主主义与教育》《民主与教育》等八个中文译本和一个维吾尔文译本。

（一）《平民主义与教育》

1917 年，《教育杂志》社署名"天民"者首次在中国撰文介绍杜威的《民主主义与教育》："美国哥伦比亚大学哲学教授约翰台威氏近著《民本主义与教育》一书，而附以'教育哲学序论'。余读之，重感其言，不自知兴味之津津也。"他重点介绍了杜威此书的如下观点：教育为图社会革新之事业；知识之本质为有目的而欲变易境遇之活动；民本主义破除了"自然"与"人"、"物"与"心"、"个人"与"社会"之间的二元分裂；民本主义教育的优点在于以儿童成长为本，依其经验施以教授；儿童经验与学校生活相结合，学校生活与社会生活相贯通等。总之，作者认识到杜威此书"全以民本哲学主义为基础而立论"（天民，1917）。"天民"是朱元善主编《教育杂志》时所用的一个"共同的笔名"。据当时在商务印书馆工作的茅盾回忆，朱元善对教育学说并无研究，当时《教育杂志》中介绍欧美教育新潮的文章是从日文教育杂志翻译改编而来（茅盾，1979）[47]。

1919 年 5 月和 6 月，杜威开始来华访问讲学时，"真常"在《教育杂志》连续两期译介《民主主义与教育》第七章。他在译者导言中说："杜威博士所著《民主主义与教育》，全书凡二十六章，先明教育之本质，次则就其目的方法及材料诸问题，而为精到之叙述，更加以著者独自之批判，盖纯乎提倡民主主义教育者也。"（真常，1919）

1920 年秋，杜威在北京高等师范学校以《民主主义与教育》为教本，讲授"教育哲学"，用英语讲授，无人翻译。听讲者中有一个非常勤奋的学生常道直，逐日记下了详细的英文笔记，课程结束后，他即将笔记译成中文，取名《平民主义与教育》，由商务印书馆列入共学社教育丛书，于1922 年出版。此译本共 28 章，章节顺序与原书完全相同，只是分拆或合并了原书某些章节，如原书第七章"教育中的民主概念"在此译本中分成了两章。此译本的理论要点与原书相同，只是比原书更加注重教育实践问题。杜威专为此译本写了序言。在序言中，他主要阐释了教育哲学的作用，他把教育哲学与教育工作者之间的关系比喻为地图与旅行者之间的关系。他认为，"教育哲学应该使教师更加明了他的目的和问题，应该给教师提供据以批评他的工作的各种观点，以及指导他的工作的精神。教育哲学自身不会产生成果，但是当我们用它来激励和批评实际工作时，它就会硕果累累"（杜威，1922）[1]。常道直认为，此书的根本观念是"谓行与知是相连的，而改变环境之行动，又是获得知识之主要的方法"（常道直，1922）。

此书为小六开本，368 页，定价一元二角。当时的广告中说，此书"因为从口语译出，尤为阐明透彻。师范生皆当购阅"（佚名，1923）。

（二）《民本主义与教育》

1928 年，《民主主义与教育》的第一个中文全译本《民本主义与教育》由商务印书馆出版，共 653 页，定价三元五角。它由邹恩润（即邹韬奋，1895—1944）翻译，陶知行（即陶行知，1891—1946）校对。1919年，邹恩润译出了此书的前四章，此时他尚是上海圣约翰大学的学生。1920年，此四章以《德谟克拉西与教育》为译名分载于《新中国》杂志1月、4月、7月和8月各期。1921年，邹恩润将全书初稿译毕，随后他将各章摘要集成一篇文章，以"民治与教育"为题发表于同年12月15日的《时事新报·学灯》。1920年，陶行知应邹恩润之请，"校阅其翻译的杜威《民本主义与教育》一书，有部分改译，并介绍由商务印书馆作为'大学丛书'出版"（朱泽甫，1985）[25]。可看出，此书从翻译到出版，历经九年，三易其名。

邹恩润在译者序言中写道："现代教育家的思想，最有影响于中国的，当推杜威博士。惟关于杜威博士的教育学说，多散见汉文译述的零篇演稿。本书最能有系统的概述他的教育学说的全部，足供我们彻底研究的参考资料。这是我发愿译述本书的动机……本书的要旨是要打破从前的阶级教育，归到民本主义的教育。"（邹恩润，1928）

吴俊升认为，此译著用"显豁呈露的文字，来表达深奥晦涩的原著"，"大都把杜威的思想，很忠实的，很正确的表达出来了。这是一种很难得的成功"（吴俊升，1932a）。但他也指出了此书的十多处误译。比如，第十章有一处译文"依这种见解，专为训练而用的材料，才有'训练的功用'"[①]（杜威，1928）[239]。吴俊升指出，该译文忽略了"application"除作"应用"解，还有"专心致志"的意义。吴俊升对邹恩润把"democracy"译为"民本主义"没有提出质疑。他指出，尽管此译本有一些误译，但仍然是一部"伟大的译著"（吴俊升，1932b）。

在一本杂志的"乡村教学经验谈"栏目，有读者来信问道，杜威那部

---

① 英文原文为"Application just for the sake of application, for the sake of training, is alone disciplinary"，参见：Dewey J, 1980. Democracy and education［M］// Boydston J A. The middle works of John Dewey, 1899-1924. Carbondale：Southern Illinois University Press：141.

《平民主义与教育》是否就是邹恩润译的《民本主义与教育》，"惟其价格太高，未知那部常道直笔记《平民主义与教育》的内容是怎样？我们参考哪一部容易了解呢"，杂志编者答道，常译和邹译两书"同为杜威阐发平民主义真谛的专书，惟前者不及后者详备耳。足下如欲购读，用常译平民主义与教育本，已很可以领会杜氏对于教育的基本主张了"（朱时隆，彬，1933）。由此可以推断，杜威的《民主主义与教育》已影响到了当时的乡村教育界，由于常译本比邹译本便宜，可能常译本流传更广。

（三）《民主义主义与教育》

1989 年，由林宝山等 12 人合译的《民主主义与教育》由中国台湾五南图书出版公司出版。译者明确宣称此译本是采取意译的方式，并且认为将译本取名为《民主主义与教育》，比邹恩润所用译名更接近原著的精神（林宝山，1989）[2-3]。

1990 年，知名比较教育学者王承绪翻译的《民主主义与教育》由人民教育出版社出版，列入"外国教育名著丛书"，2001 年再版。2008 年，人民教育出版社五卷本《杜威教育文集》收录了此译本。这个译本译文质量较高，是近二十多年流传最广的版本。

2011 年，阿卜杜瓦依提·买提尼亚孜和艾敏的维吾尔文译本《民主主义与教育》出版。

2014 年，陶志琼的新译本《民主主义与教育》出版。

（四）《民主与教育》

1996 年，林玉体的译本《民主与教育》在中国台湾出版。译者说："本书以'民主与教育'来译'*Democracy and Education*'，因为'*Democracy*'是一种生活方式或态度，不必然是个'-ism'（主义）。""'民主'正是我国及东方国家所最欠缺，民主式的教育尤有必要加强，译者不甘愿这本二十世纪鼓吹民主与教育的经典著作，因为中英文的困扰而无法广为人知。"（林玉体，1996）[2]这个译本的特色是加了译者注，一些费解难译之处也在译者注中坦白承认了。

2006 年，薛绚的译本《民主与教育》出版。2012 年，南京译林出版社出版了此译本的简体字版，但删掉了原译本第二十六章"道德论"，未做任何说明。郝明义为此译本写的导读颇有新意。他认为，近代以来随着"国家"概念不断被窄化，教育思想也不断被窄化，而在此背景下的中国教育思想甚至被"国家"绑架，这应该成为我们阅读杜威这本名著的问题意识（郝明义，2006）[10-11]。

2012 年，《杜威全集》版《民主与教育》译本出版，由俞吾金和孔慧翻译。两位译者是复旦大学哲学学者，他们是将这本书当作"杜威哲学思想的重要理论著作"来翻译的（俞吾金，2012）[325]。

《民主主义与教育》的九个中国译本中的七个是近三十年出现的，这反映出中国近三十年来在建设现代化教育的过程中日益重视杜威的思想。中译本对书名中的关键词"democracy"的翻译，经历了从"平民主义""民本主义"到"民主主义""民主"的变化，体现了国人对杜威思想认识的逐渐深化。

三、理论界的评论

1929 年，有学者指出，杜威最重要的三部著作依次是《我们如何思想》（*How We Think*，现译为《我们如何思维》）、《民主主义与教育》和《经验与自然》。他认为《我们如何思想》是一本"造时代之书籍"，是美国师范生的必读书，因为此书主张，"思想为一种活动……教育为思想之训练……自由的想象的思想习惯之形成为教育之最重要事业。但在思想之分析上，杜威顾及社会的意义，尤其变动中工业社会的意义……杜威观察任何社会，能于其分子中促进自由、创造、知慧与憧憬者，即为民主主义的社会"（文宙，1929）[①]。

1952 年 12 月，胡适在台湾省立师范学院做了两次演讲。在第一讲中，胡适提出，最能代表杜威思想的著述，"有《学校与社会》和《民主与教育》二书"。在第二讲中，他改而推崇《我们如何思维》，指出它是杜威的著作中"最重要而销路最广的"，"在美国学校里，无论是中等学校或是大学，都拿这本书作教科书。在教育方法上、论理学和知识论上最有影响的，就是这本书"。（胡适，2013b）[323,330]

总的来说，1949 年前，杜威的著作中，《民主主义与教育》和《我们如何思维》在中国的影响几乎处于并列的地位；1980 年后，中国学界独重前者，后者显得默默无闻。以下是百年来理论界对《民主主义与教育》的几种典型评论。

（一）缪凤林等学者的批评

1922 年，东南大学"学衡派"学生缪凤林为《民主主义与教育》撰写了长篇书评。他的文章论述深入，见解独到。他认为杜威的哲学是"以用为体""实至粗浅"。他指出，杜威的教育哲学的"不可磨灭之真价值"处，在于杜威将教育定义为"经验之改造，一方面增加经验之意义，另一方面增加个人指导彼此经验之能力"。但是，他认为，杜威论述的经验忽略了两项重要的内容：艺术和宗教。对于艺术，"仅于论教育价值时略一道及，于宗教则竟不着一字"，而且将美术与工艺美术妄加调和。他发现杜威此书常用"历史和调和"两个方法。所谓历史法，即对于各概念、原理和现象，都"从历史方面着眼，期以明来源而定是非"；所谓调和法，即"糅和诸说，一以贯之，为反对二元论之哲学家之惯技"。他认为，前者是此书一大特色，至于后者，"虽然调和众说，固见哲学家之大，而因

---

① 文宙在这篇文章中还论及杜威教育哲学的形而上学维度。这一点难能可贵，相比之下，胡适直到晚年的演讲"杜威在中国"，还是单从科学角度论述杜威。类似的研究还有：素昧，1935. 杜威形而上学中几个根本概念 [J]. 南大半月刊，（23）：30-38.

目的惟在调和，固常有在实事上不能调和者，亦从而依违期间，遂不免削踵适履，陷于讹谬"。他认为，杜威此书还有下面"四点之失"。一是杜威以环境解释人生一切行为，过于重视环境。二是以儿童为立论标准，属于矫枉过正，容易从成人专制变为儿童专制。全书"大都就小学儿童立论，中学已少言及，大学则不着一字，夫是书为教育哲学，非专论小学教育者也"。三是杜威有时虚拟攻击对象，不合事实，比如杜威攻击赫尔巴特不重视学生学习的权利，攻击无教材的教法等。四是杜威过于贬低贵族。缪凤林认为，贵族有制度贵族和自然贵族之分，虽前者与平民冲突，但后者与平民是相得益彰的；而杜威没有意识到这一点，这很容易导致平民政治走上暴民专制的道路。他对杜威这本书的总体评价是负面的，认为此书"虽有种种优点，亦有种种劣点，优劣相较，实属瑜不掩瑕……其距理想之教育哲学相差尤远。奈何今吾国之以新教育家自命者，既不能自创新说，又不能别择西说，惟奉是书为圣经，为最完满之教育学说"（缪凤林，1922）。

缪凤林认为杜威过于重视环境、过于重视儿童和轻视贵族，反映了他的文化保守主义倾向，体现了学衡派所崇尚的"无偏无党，不激不随"的文化态度。缪凤林后来成为中央大学知名历史教授。

裴本初运用马克思辩证唯物主义，"站在革命的观点上，将杜威的学说，作一个总算账的批判"，他反对杜威"随时随地去找出具体的方法来应付具体问题"的改良主义。这种改良主义在教育上的表现就是"他认教育是一种继续不断的重新组织，重新构造，重新形成的历程。因此，在这历程中，也就不能看出其中的矛盾，看出其中的飞跃"（裴本初，1932）。

龙德沚注意到了杜威在20世纪30年代初成立"独立政治行动同盟"，组织"农工党"的活动。但他认为，这种基于自由主义和民主主义立场的政治行动，只是中产阶级在试图"挽救自己没落的命运"。他一方面承认杜威的教育学说在中国深入人心，另一方面批判杜威的教育思想不是民主的教育思想，而是主观主义的、个人主义的教育思想。他认为杜威的"教育即生长"的教育本质观和兴趣教育论都是主观主义和个人主义的表现，这种教育只适合"金元大王"的资本生活，"我们要站在整个社会利益立场来主张我们底教育"（龙德洽，1935）。

林青之对杜威教育哲学大体上持否定态度。他认为，"杜威的教育哲学是求与社会适应，而不求改革的功利主义个人主义哲学，而中国今天所需要的却是要培养一种积极改革精神的解放斗争教育"，所以，面临"建立新民主主义社会的任务"，"杜威这种教育决不能适合今日中国了"。但他认为，杜威教育哲学在某些方面也有进步性，"如他所主张的'教育即生活，教育即经验的重现与重造'等意义，是把教育推进了社会化、重生活、重经验的阶段"（林青之，1940）。

（二）梁漱溟和孟宪承等学者的颂扬

1933 年 9 月，梁漱溟对乡村建设研究院研究部学生发表了演讲，题为"杜威民本主义与教育的读法及其根本观念"。他运用柏格森（H. Bergson）的生命哲学和儒家思想来解读杜威的思想，认为生物进化观念是杜威学说的根本，《民本主义与教育》的中心观念是"生命"，即"活"的观念。他认为，杜威在全书的论述中处处着眼"主动""自发""变化""可能""积极""创新""生长"，排斥"被动""机械""呆板""守旧""现成""消极"，这是杜威参透了生命之理，说来说去都是一个"活"字。他建议，读《民本主义与教育》，最好先读第四章，然后读第一、第二、第三章，再读第七章，精读完这几章，就可得全书的精髓。这是因为，第四章是讲个体生命，第一、第二、第三章是从人类个体生命和社会生命的贯穿中讲出了教育，第七章更多地讲社会生命。（梁漱溟，1934）[2-3]

梁漱溟是立足于现实来解读杜威思想的。当时正是 20 世纪 30 年代初，西方自由民主世界正在空前的世界性经济大危机中煎熬，民主信念动摇了，法西斯极权主义趁势崛起，斯大林式的社会主义如火如荼，人们感到彷徨、迷闷不已。梁漱溟说，"现在人类正在迷闷中"，学术界有否认生命的趋向，要解除人类迷闷的现状，必须打破反生命的风气，"我是袒护杜威的，这个难关，杜威自己打不破……须东方来一支援兵才能杀出重围"。（梁漱溟，1934）

"东方来的援兵"之一就是梁漱溟运用东方的"公天下"观念重新阐释的民主观。他说，民本主义社会"总有两面：一是在小社会内有其公共利益，为此小社会中各分子所共同参与的（即公共兴趣、目的、利益），如此才成一个社会。同时此小社会必与其他群或他社会有许多交涉，有其合作关系"，因此，"民本主义就是一个'公'字，对内公平，对外公开"，"杜威民本主义就是去掉一切隔膜，使人类更相通，更容易改造，更能自新，更有进步。这也就是教育的意义，生命的意义"。（梁漱溟，1934）杜威在第七章中提出了两个著名的民主标准，梁漱溟漏掉了杜威在其中强调的个人自由观念，更加强调"公"的方面。

"东方来的援兵"之二是儒家的"人生"本体观。梁漱溟认为，杜威对"生命""生长"和"活"的强调，与儒家积极入世的观念有相近之处，但"他只对无穷而又变化不息的生命理会了然，他于不变的一面没有看见……他讲来讲去是讲人生外面的事和用。杜威没有发现人生的真价值"（梁漱溟，1934）。这个批评与"人生佛教"的提倡者太虚法师在1920年对杜威的批评类似。太虚法师读了《新教育》的杜威"专号"后写道："杜威一派的学说是近世最令人绝望的现世主义……是没有根本问题与根本解决的，是没有究竟问题与究竟解决的。"（太虚法师，2005）[350]他们批评杜威的教育哲学没有形而上学的视角，缺少本体论深度。杜威自己后来也意识到了这一点，所以在1924年的《经验与自然》和1929年《确定性的寻求》中试图予以弥补，但梁漱溟没有注意到这些。

总的来说，梁漱溟认为，"这书的确是好书，研究教育者不可不读"（梁漱溟，1934）。

知名教育学者孟宪承称杜威为"一代大师"（孟宪承，陈学恂，2006）[62,65-66]，认为杜威的学说是"现代教育的中心思潮"（孟宪承，

2010)[125]。一般人不理解《民主主义与教育》中的"教育无目的论"，孟宪承对此做了有力的辩护。他认为，首先，杜威所论的教育是民主社会中的进步教育。其次，杜威所反对的并非切近的目的，而是饰以崇高理想美名的高远玄虚的目的，成人往往借以掩护其偏见与独裁，而窒息儿童的自由生长。再次，杜威批评的是割裂手段与目的的密切联系，因为"高远目的之被利用、被曲解，史不绝书"，所以"必须考核其手段之为如何，始可估定意义"。最后，"杜威亦非无理想者，生长为人生之改进与向上，民主为人人平等与自由，不已崇高宏大而系人景仰乎？"（孟宪承，2007）孟宪承所论可谓振聋发聩，可惜后人忽视了他的"史不绝书"的预警。

复旦大学教育科主任陈科美研究了霍恩（H. H. Horne）、拉斯克（R. R. Rusk）、品克维奇（A. P. Pinkevitch）、芬尼（R. L. Finney）和桑代克（E. L. Thorndike）等五位外国学者对杜威教育哲学的批评。他认为各家的批评大致可包含于霍恩的批评中。霍恩认为杜威教育哲学的主要缺陷是缺少精神超越性，最终沦为一种"实用社会学"。在分析了以霍恩为代表的各种批评后，他提出，杜威实验主义教育哲学有三大优点：实用色彩、实验精神和平民态度；它也有两大缺点：偏重实用和过重人为。陈科美认为，杜威教育思想虽然长短互见，但其教育哲学代表作《平民主义与教育》对于中国教育有特殊价值（陈科美，1931）。十多年后，在抗战胜利后求民主、争宪政的潮流中，陈科美又"抬出了"《民主主义与教育》。他运用此书第七章中的观点，指出，民主的生活有两个特点：一是团体内部权益的丰富和分润；二是团体外部交通的充分和自由。这两个特点都能促进个人的经验不断丰富和拓展，因而民主的生活本身就是教育，是民主的教育。而民主的教育虽不是实践民主生活的唯一的努力，但确是实践民主生活的根本的努力。认清这个关系，有助于整个国家走上民主的大路（陈科美，1948）。

在争宪政潮流中，"问微"也祭出了《民主主义与教育》这面旗。当时的左派知识分子指责杜威的教育思想是资本主义的教育思想，维护的是资产阶级的利益。"问微"不能认同这个观点，他指出，民主社会有两个精神：平等和自由。"讲平等必须要注重大众化，凡是社会上一切公共的事务和公共的利益，必须全体人民或最大多数份子能够同样参与和公共同享"；讲自由要注重合理化，"所谓自由是有法律的限制的，并不是大家随意所欲，为所欲为"。与此相应，民主教育的两个原则是：机会均等和实施自由。运用这几条原则考察杜威的《民本主义与教育》，他得出结论："我们可以看出杜威对于民主与教育的观点，是相当正确的……实在看不出资本主义的气息和意味"。他进一步指出，杜威的两大教育主张"教育即生活"和"学校即社会"，"都是以民本主义为基本精神的"。他对陶行知提出的"生活即教育"和"社会即学校"不是很热情，认为这种观点说得客气一点，与杜威的学说只是着眼点不同，说得不客气一点只是搬弄词句。最后"问微"指出，杜威的实用主义"是一种客观的科学实验方法，它是具有相当的意义和价值的"，不是所谓"布尔乔亚的哲学思想"。（问微，1946）

（三）"群众"的批判

20 世纪 50—70 年代，《民主主义与教育》在中国大陆受到全面批判。这些"群众"批判文章在语言和论证逻辑上大同小异。"实用主义教育学的创始人是杜威，这一个华尔街财阀豢养下的奴才，为帝国主义集团卖了不少力气，他一贯执行着解除工人阶级的思想武装的工作，宣传阶级调和的谬论，毒化工人的意识"；"一切反动派都是一样的说反话，杜威说民主就是反民主；杜威的教育理论标榜'民主主义'，内容却是反民主的"；"杜威对民主这一概念不是把它作为人民的自由或人民的幸福共享去了解，而是把民主作为阶级调和、阶级协作的代名词"；杜威提倡"民主主义教育"，试图用学校来消除阶级仇恨，泯灭阶级斗争，用心良苦，目的恶毒。（陈元晖，1956）[7-15] "杜威所以提倡'民主主义教育'原来就是反对革命。"（刘聿之，1955）[29] "杜威的教育哲学是美帝国主义的教育哲学中最反动的一个学派……他常用一个好听的名词'民主主义'来掩饰他的思想的反动本质和唯心观点，并且以此对苏联进行恶毒的诬蔑。"（刘付忱，1955）[21]

（四）吴俊升的辩护和理性分析

吴俊升是中国最为理解杜威教育思想的少数专家之一。1960 年，他在香港发表文章指出，在教育史上，杜威承继了一种长远的教育改革运动，这个运动起自文艺复兴时期，从蒙田，经过卢梭、裴斯泰洛齐、福禄贝尔，直到"新教育运动"，是一脉相承的。"对于这一现代化、人道化和具有解放作用的教育运动，给予一个比较完整、严密的教育哲学的体系的，便是杜威。"（吴俊升，1972）[291-292] 1971 年，吴俊升明确指出，《民主主义与教育》是"不朽之名著"，"全书以科学方法（即试验方法）与民主理想为两大脉络……由于科学方法之启示而建立工具主义，本工具主义以组织教材，规定教法，付诸实施以促进民主社会之实现：此乃《民主主义与教育》全书精神之所在也"。（吴俊升，1972）[445-446]

吴俊升也分析了《民主主义与教育》的三个缺点。其一是"杜威在教育上，似乎悬着一种太高的理想，不易圆满实现"，对教师和教育设施等要求太高（吴俊升，1972）[301]；其二是"教育无目的论"暧昧不明，"生长并不是教育的充足概念，也不能代替教育目的作为衡断教育经验的一种标准"（吴俊升，1972）[308]；其三是杜威的教材观和教法观存在其理论自身不能克服的弊端。作为一个在教育实践领域有卓越成就的教育家，杜威虽不至于犯极端忽视系统教材和偏重活动教学的愚蠢错误，但是，他的工具主义知识论使知识从属于经验，忽视了知识的独立性，以致他左右为难。"他如其始终保持他的经验知识论的立场，他便不能主张任何系统提示教材之有效方法，而不致违犯其经验发展之连续原则。如其他要贯彻系统的提示教材之主张，以提高知识的水准，他便不能仍然维持其工具主义的知识论，把知识仍看作次要、仍看作只是解决实际问题的附产物。"（吴

俊升，1972）³¹⁵⁻³¹⁶

对于《民主主义与教育》，吴俊升整体上持辩护的态度。他说，鉴于以上缺点，"杜威的教育思想体系是需要补充或改变其重点的"，"将来可能产生修正的杜威主义"。（吴俊升，1972）³¹⁷

（五）滕大春等学者的肯定

1988 年，外国教育史学界元老——滕大春，为王承绪翻译的《民主主义与教育》写下了数万字的长篇导言《杜威和他的〈民主主义与教育〉》。他以深厚的学养、斐然的文采和过人的理论勇气，重新肯定了《民主主义与教育》。

在导言的开篇，滕大春鲜明地指出，西方学者称柏拉图的《理想国》、卢梭的《爱弥儿》和杜威的《民主主义与教育》为三部不朽的教育瑰宝。此后这个判断在中国教育学界广为流传，从而牢固地奠定了杜威的地位。

然后，滕大春追源溯流，分析了杜威的哲学和教育思想出现的历史和时代背景及杜威个人的经历。19 世纪，欧洲流行绝对主义哲学，波及美国，"美国人最终冲破这种观点而对人类文化作出成就，乃是植根于进化论的实用主义哲学"；工业革命时代，人类需要敢于实验和革故鼎新，抱残守缺就是退化，"在这种形势下，皮尔斯、詹姆斯等时代喉舌才倡言真理不是上帝恩赐的神物，不是神的预制品，而是人类在披荆斩棘的开创过程中获得的理解；一旦时移势易，早时的定论就该让位于新获致的定论。真理仅是要经受实效检验的假定，绝不是千秋不移的成规……杜威恰是接受到这种时代思潮的洗礼而建树起哲学理论的"（滕大春，1988）。

接着，他详细论述了《民主主义与教育》中五个方面的重要论点：民主教育论、教育本质论、教育无目的论、教学论和道德教育论。

滕大春将"民主教育论"置于杜威教育思想的首位，但他对杜威民主思想的把握仍有时代局限。他说，杜威认为衡量民主的标准，"应以社会成员共享利益的多寡为尺度，还应以本社会和其他社会能否交流互惠为尺度"（滕大春，1988）。这种阐发漏掉了杜威原意中对"全面参与"和"充分的自由"的强调。他还有意回避了杜威在书中强调的人权高于主权的思想。杜威在第七章"教育中的民主概念"最后说："就全体人类相互之间的更充分、更自由和更有成效地联合和交往而言，国家主权属于次要的和暂时性质的。"（杜威，1990）[104]而滕大春的转述是："和人类进步比较起来，国家权势乃是次要的和第二义的。"（滕大春，1988）

滕大春对杜威"教育无目的论"的阐发非常深入。他抓住了王承绪在翻译中忽视的一个短语"end in view"，王承绪把它一概译为"目的"或"目标"，与"end"的译文无区别。然而，这个短语恰恰是理解杜威哲学的关键词，因为杜威哲学的核心是手段与目的统一，而统一的中介就是"end in view"。滕大春将它译为"能洞察的目的"或"所能预见的奋斗目标"，把它理解为"活动中涌现的目的"，这是对杜威哲学精髓的精当把握。

滕大春的结论有一点微妙的变化。在 1989 年年初，这篇文章的下半部首发时，结论是"杜威的教育理论，包括他在《民主主义与教育》中的教育理论，存在着大有可议的论点。我们是应当经过审慎地分析而进行吸取的"（滕大春，1989）。在 1990 年，它作为《民主主义与教育》王承绪中译本前言时，结论是"杜威的教育理论，包括他在《民主主义与教育》中的教育理论是进步的，但也存在着可议的论点。我们应当经过审慎地分析而进行吸取"（滕大春，1990）[42]。前者含糊地说"大有可议"，后者则旗帜鲜明地说，杜威的教育理论是"进步的"。

数年前，张法琨就以极大的理论勇气指出，杜威的《民主主义与教育》"是一部批判继承教育历史遗产的典范"。"杜威清楚地认识到，个人正当需要得到满足所引起的变化，也是个人对社会发展的可贵贡献。鼓励个人智慧自由和个人兴趣的发展，以及创造性个性特征的培养，这正是一种进步的'民主主义'社会的本质。"张法琨指出，杜威心目中的学校教育的目的就是培养思想开放、富于创造精神和承担责任的个人和以这种个人为基础的民主主义社会（张法琨，1984）。

（六）涂又光的阐发

涂又光是冯友兰的学生，是杜威的再传弟子。1997 年，他受杜威的《民主主义与教育》启发，提出要创造人文社会主义。他指出，杜威一生写了两部《民主主义与教育》，第一部是 1916 年出版的《民主主义与教育》，第二部是 1946 年出版的《人的问题》，这本书实际也是在论述民主主义与教育。在《人的问题》中的《人文学院问题》一文中，杜威提出了一个后来影响很大的观点：人文使技术获得人道方向，即科学与人文不能分裂，人文要为科学启示方向。这是杜威思想的中心主题之一。马克思晚年也关注这一点。"马、恩只讲了'科学社会主义'，没有来得及讲'人文社会主义'。马克思晚年专攻'人学'（anthropology），我体会到他是要创造人文社会主义，可惜来不及完成。"培育人文精神，是当今要务。涂又光提出，要像杜威把"民主主义与教育"作为终身主题一样，把"人文社会主义与教育"作为终身主题。杜威反复告诫美国人：民主主义不在风俗习惯中生根，就会灭亡。"社会主义何尝不是如此？更是如此。杜威是科学主义者，他对民主主义的理解，却是人文主义的。我从他受到启发，在高等教育所向同事们建议，要研究'社会主义与教育'，也要作为终身主题。"（涂又光，1997）

涂又光从人文精神角度阐发《民主主义与教育》，另一位学者陆有铨则从自由角度诠释《民主主义与教育》。他认为，从杜威对民主和自由的描述来看，民主和自由几乎是同义语，因而《民主主义与教育》也许本该题名为《自由与教育》（陆有铨，1997）[191]。从杜威的角度看，这两个不同的视角其实是二而一，一而二的。杜威说："知识具有人文主义的性质，不是因为它是关于过去人类的产物，而是因为它在解放人类智力和人类同情心方面作出了贡献。任何能达到这种结果的教材都是人文主义的，任何不能达到这种结果的教材就连教育意义也没有。"（杜威，2001）[247]也就是说，在杜威看来，人文精神就是以"解放人类智力和人类同情心"为标志的人类自由。

总之，百年来，《民主主义与教育》在中国理论界经历曲折：前三十多年，它毁誉参半；中期三十多年，它受到全面批判；近三十多年，它成为中国学界公认的现代教育的重要经典。

四、实际影响

《民主主义与教育》对中国教育理论曾有不可忽视的影响。

1922 年 11 月，民国政府教育部在公布的新学制中规定的七条标准比较明显地体现了《民主主义与教育》的影响。这七条标准是：适应社会进化之需要；发挥平民教育精神；谋个性之发展；注意国民经济力；注意生活教育；使教育易于普及；多留各地方伸缩余地（朱有瓛，1992）[804-805]。胡适比较赞同这个看法，他说，1922 年新学制规定"儿童是教育的中心，儿童个性的发展，在创立学制时，应予以特别注意"，这明显反映了杜威教育哲学对中国教育的影响。

1944 年，曹孚指出，杜威的民主主义教育思想影响了孙中山和蒋介石对教育方针的制定。他写道："美国的民主主义教育哲学家以'参与'两字说明'民主'的意义。"民主主义教育哲学有两个特征：一是教育多于训练，二是"对个性之尊重"。孙中山"在手订的国民党党纲中，规定中国教育是儿童本位的"。蒋介石也曾说："教育之目的，在使受教育者扩展与生长。""故在宪政实施之日，在教育上，儿童的个性，应有更多的生长扩展之余地。"（曹孚，1944）曹孚期望在中国真正实行宪政时，杜威的民主主义教育思想能产生更大的影响。1950 年，曹孚进一步指出，"杜威的教育思想支配中国教育界三十年，他的社会哲学及一般哲学，在一部分中国人中间，也有一定的影响"（曹孚，1950）。

陈元晖认为，从辛亥革命到五四运动，中国主流的教育理论是蔡元培的唯理论教育思想，而五四运动之后的三十多年，"唯理论者提倡的美育、世界观教育和'未来教育'就销声匿迹，实用主义者的叫声就甚嚣尘上了。教育学就从唯理论转到经验论、转到实用主义的轨道上去了"。从20世纪20年代到40年代初，"大学中的教育学课程和师范学校的教育学教科书，几乎都是以《民本主义与教育》一书为蓝本，或者加以扩充，或者加以删节，来充当讲堂上的教材。杜威的经验论教育思想，更确切地说，他的实用主义教育思想，在当时的大部分教育学者中，占有支配地位。杜威的'教育即生活''学校即社会''儿童中心主义''从做中学'这一系列的教育观点，成为当时教育理论界时髦的观点，从大学的校长、教授、出版界的总编辑，到中小学教师都对这一教育学家礼敬有加。中小学中大力推行设计教学法和道尔顿制，都与杜威的教育思想的影响有关"（陈元晖，1991）[56]。

20世纪50—70年代，杜威对中国教育理论的影响几乎销声匿迹。

21世纪初，黄向阳的《德育原理》一书在教育学研究生和中青年教师中受到持久欢迎，这是杜威影响的回归，因为"这本书可以看作杜威的《教育中的道德原理》的扩充版"[①]。《德育原理》也反复援引《民主主义与教育》（黄向阳，2000）[39,95,208]，且二者精神气质极为相似。这说明《民主主义与教育》对中国教育学的学科建设有很大影响。

相对来说，《民主主义与教育》对中国教育实践的影响较小。

在中小学实践领域，据胡适说，"杜威的学生们在北京、南京、苏州和上海这些地方，创办了几个'实验学校'，其中有的就叫'杜威学校'，像南京高等师范附设的那所实验学校就是的。杜威对这些新办的'实验学校'，很感兴趣"（胡适，2013a）[376]。

民主主义者陶行知和陈鹤琴的办学实践是受杜威教育思想影响的突出

---

① 2015年10月17日晚，黄向阳先生在全国德育学术委员会2015年学术年会的一个小型座谈会上说了这句话。

例子。陶行知创办的晓庄学校、山海工学团和育才学校都深受杜威教育思想的影响。1945 年，陶行知在他创办的《民主教育》杂志中写道："民主教育是教人做主人，做自己的主人，做国家的主人，做世界的主人。"（陶行知，1985b）[569] "民主教育一方面是教人争取民主，一方面是教人发展民主。在反民主的时代或是民主不够的时代，民主教育的任务是教人争取民主；到了政治走上民主之路，民主教育的任务是配合整个国家的创造计划，教人依着民主的原则，发挥各人及集体的创造力，以为全民造幸福。"（陶行知，1985a）[571] 陶行知的学生和同事戴伯韬认为，陶行知"手里拿的那个工具仍然是杜威给他的实验主义"（戴伯韬，1982）[28]。尽管陶行知的民主观含有许多浪漫因素①，且缺少对西方自由主义的深刻理解，因而未能全面地理解杜威的教育思想，但是，陶行知的办学实践仍然受到了杜威思想的许多方面的重要影响，而且，他是杜威的教育思想在中国教育实践界产生影响的主要媒介。

陈鹤琴的"活教育"实践也深受杜威的影响。他被胡适称为"杜威派大教育家之一"，对"上海学校的现代化曾负过责任"（胡适，2013a）[377]。

当时还有一些中学校长服膺《民主主义与教育》。如 1946 年知名基督教中学校长顾惠人撰文指出，在当前世界危机的情况下，有一些人动摇了对民主的信念，而他基于人道的理想，坚信"民主思想乃是世界的主流"，但对当前的民主和民主主义教育也不能随声附和，而必须深入探讨它的优缺点。他引用了美国教育政策委员会列举的当前"自由的民治教育"的八项弱点，如不顾社会、忽视公益、疏于团体训练、缺乏公共忠诚、唯求个

---

① 黄克武指出，20 世纪中国民主思想的主流是充满转化精神的中国式卢梭主义的民主观。在此观念下，近代中国知识分子多半将民主理想化（此即张灏所谓"德先生"变成了"德菩萨"的现象），认为民主就是中国古代"民本"或"贵民"理想的实现，是完美的政治理想，代议制度可以充分反映民意，而且一旦真正实行"真正的"民主制度，就可以立刻解决所有的问题，并且基于潮流史观，认为民主是历史潮流，只要顺此潮流，最后终将实现。这种转化式民主观还认为民主是基于对于世界的完整而可靠的认识，因而民主与科学密切相关，而且这种民主观不太强调作为民主的基础的个人自由（黄克武，2013）[80-85]。根据我对《陶行知全集》的阅读，陶行知的民主观正是这种含有浓重浪漫因素的转化式民主观。

人的成就、易被政治领袖煽惑笼络、道德虚无主义导致民治信念动摇、历史上遗传的奴性仍然存在等。他指出，杜威在《民本主义与教育》中关于自由与权威、兴趣与训练的理论能弥补这些弱点（顾惠人，1946）。

20世纪80年代以来，中国许多中小学教师经由陶行知的媒介，受到了杜威《民主主义与教育》的影响，其中，四川省知名语文教师李镇西是一个典型的例子。李镇西以倡导"语文民主教育"闻名，他说："杜威和他的《民主主义与教育》是一座丰碑"。他提出："唯有以培养独立人格、公民意识、创新能力为己任的民主教育，才能真正使亲爱的祖国走向伟大的复兴，让中华民族傲然屹立于世界优秀民族之林！"（教育部师范教育司，2006）[36,4]

21世纪以来，《民主主义与教育》开始影响新世纪的中小学校长。知名中学校长李希贵说，他在哥伦比亚大学师范学院访学期间，感觉自己一直沉浸在校园内浓厚的民主教育的氛围中，似乎接触到的每一位教授，都像杜威，看到的每一本书，都闪烁着《民主主义与教育》的光芒（李希贵，2005）。另一位教育工作者说："十多年来，《民主主义与教育》一直放在我的案头，我也不知翻过多少遍，也不知为我解决了多少问题……我在学校教育与管理中推行的几次教育改革，其基本原理多与杜威和他的《民主主义与教育》一书有关。""杜威提出的'教学五步法'……成为目前我国新课程中研究型课程的主要依据。"（悟生，2007）知名小学校长高峰初当校长时，是"怀揣着杜威的《民主主义与教育》走马上任"的（高峰，2014）。

五、结语

《民主主义与教育》的核心内容是研究现代民主社会应该培养什么样的人，以及怎样培养人，它是一本以"民主"为关键词的现代教育哲学导论，它的使命是发展民主主义的教育，捍卫民主和完善民主。杜威意义上的民主既与专制对立，也与狭隘的民族主义和国家主义不容，它代表的是一种人类更充分、更自由的交往的共同体理想。因此，我们就不难理解，它在中国传播过程中起起落落的轨迹与中国政治民主曲折的发展历程大致吻合了。"五四"新文化运动时代，"人权、民主、科学"领风气之先，因而《民主主义与教育》一时洛阳纸贵；1925年后，狭隘的民族主义抬头，《民主主义与教育》则因之小受挫折；1928年后"党化教育"盛行，《民主主义与教育》再受打击，但仍然在顽强地传播，并产生巨大影响；20世纪50—80年代，受社会大环境影响，《民主主义与教育》大受批判，但其影响还在，只不过转入潜流，等待着惊蛰春雷；20世纪80年代及之后，中国改革开放，启蒙思潮再兴，《民主主义与教育》重新受到褒扬。这个曲折的历程给我们的启示是：民主与教育是交互作用的。一方面，中国学校教育要真正走上现代化轨道，必须以政治民主的健全、深入发展为前提，因为民主本身就是教育，没有这种"大教育"支撑，学校教育这种"小教育"既缺乏时代精神的滋养，又缺失现代制度的支持；另一方面，以人权为基础的现代民主之所以能在中国复兴，得益于"百年树人"的"人"。在现代社会，学校教育已在人的发展中起着主导作用，如果没有真正民主主义的学校教育，则培养不出具有共和品性的公民，没有理性、成熟的现代民主公民，那么民主就既不会"屡仆屡起，愈挫愈奋"，更不能有序地深入发展和完善。

参 考 文 献

杜威，1922. 平民主义与教育 [M]. 常道直，译. 上海：商务印书馆.

杜威，1928. 民本主义与教育 [M]. 邹恩润，译，陶知行，校. 上海：商务印书馆.

杜威，1949. 杜威博士致哥伦比亚大学师范同学会中国分会函 [J]. 朱炳干，译. 教育通讯，复刊6（10）：61.

杜威，1990. 民主主义与教育 [M]. 王承绪，译. 北京：人民教育出版社.

杜威，2001. 民主主义与教育 ［M］. 王承绪，译. 北京：人民教育出版社.

杜威，2011. 民主主义与教育（维吾尔文）［M］. 阿卜杜瓦依提·买提尼亚孜，艾敏，译. 乌鲁木齐：新疆教育出版社.

杜威，2014. 民主与教育 ［M］. 薛绚，译. 南京：译林出版社.

曹孚，1944. 教育与民主 ［J］. 宪政（7-8）：53-55.

曹孚，1950. 杜威批判引论（上篇）［J］. 人民教育，1（6）：21.

常道直，1922. 平民主义与教育 ［J］. 教育丛刊，3（1）：25-33.

陈鹤琴，1956. 批判杜威反动教育学的哲学基础 ［M］. 上海：新知识出版社.

陈科美，1931. 杜威教育哲学批评之批评 ［J］. 教育季刊（上海），1（3）：19-31.

陈科美，1948. 民主教育的理想与实施 ［J］. 申论，1（9）：10-11.

陈元晖，1956. 实用主义教育学批判 ［M］. 北京：人民教育出版社.

陈元晖，1991. 中国教育学七十年 ［J］. 北京师范大学学报（社会科学版）（5）：52-94.

戴伯韬，1982. 陶行知的生平及其学说 ［M］. 北京：人民教育出版社.

费觉天，1921. 评杜威底社会哲学与政治哲学 ［J］. 评论之评论，1（2）：1-17.

高峰，2014. 我的教育生活与哲学 ［J］. 人民教育（11）：66-71.

顾惠人，1946. 民治与教育 ［J］. 教育与文化（4-5）：6-9.

郝明义，2006. 如何阅读《民主与教育》［M］// 杜威. 民主与教育. 薛绚，译. 台北：英属盖曼群岛商网路与书股份有限公司台湾分公司.

胡适，1919. 杜威的教育哲学 ［J］. 新教育，1（3）：298-308.

胡适，2013a. 杜威在中国 ［M］//欧阳哲生，编. 胡适文集：第12卷. 北京：北京大学出版社.

胡适，2013b. 杜威哲学 ［M］//欧阳哲生，编. 胡适文集：第12卷. 北京：北京大学出版社.

黄克武，2013. 近代中国的思潮与人物 ［M］. 北京：九州出版社.

黄向阳，2000. 德育原理 ［M］. 上海：华东师范大学出版社.

江苏省教育会，1920. 致教育厅请通令省立各学校校长及管理员各县教育行政人员赴宁听杜威讲演会 ［J］. 江苏省教育会月报（4）：1.

蒋梦麟，1919. 杜威先生之教育演讲 ［J］. 教育周刊（11）.

教育部师范教育司，2006. 李镇西与语文民主教育 ［M］. 北京：北京师范大学出版社.

李希贵，2005. 与杜威对话：对 TC 教育民主的感受与反思 [J]. 内蒙古教育（7）：23-26.

李镇西，2013. 李镇西：我的三位导师 [M]. 北京：光明日报出版社.

梁漱溟，1934. 杜威教育哲学之根本观念 [J]. 乡村建设，4（6）：2-11.

林宝山，1989. 导读：代译序 [M] //杜威. 民主主义与教育. 林宝山，译. 台北：五南图书出版公司.

林青之，1940. 杜威教育哲学在今日中国 [J]. 学习，2（10）：236-237.

林玉体，1996. 译者的话 [M] //杜威. 民主与教育. 林玉体，译. 台北：师大书苑有限公司.

刘付忱，1955. 批判杜威教育思想中的"民主主义"概念 [M] //湖北人民出版社. 批判杜威的反动教育思想. 武汉：湖北人民出版社.

刘国钧，1930. 杜威的教育学说 [J]. 师大教育丛刊，1（1）：5-10.

刘聿之，1955. 杜威提倡"民主主义教育"的阴谋 [M] //湖北人民出版社. 批判杜威的反动教育思想. 武汉：湖北人民出版社.

刘著良，1919. 庶民主义与教育 [J]. 安徽教育月刊（23）：23-28.

龙德洽，1935. 杜威教育学说批判 [J]. 师训（3）：2-18.

陆有铨，1997. 躁动的百年：20 世纪的教育历程 [M]. 济南：山东教育出版社.

茅盾，1979. 商务印书馆编译所生活之二 [M] //人民文学出版社《新文学史料》丛刊编辑组. 新文学史料：第 2 辑 [J]. 北京：人民文学出版社.

孟宪承，2007. 教育哲学三论 [J]. 华东师范大学学报（教育科学版）（3）：1-16.

孟宪承，2010. 新中华教育史 [M] //周谷平，等. 孟宪承集：第 3 卷. 杭州：浙江大学出版社.

孟宪承，陈学恂，2006. 教育通论 [M]. 福州：福建教育出版社.

缪凤林，1922. 评杜威平民与教育 [J]. 学衡（10）：1-12.

潘公展，1919. 记杜威博士演讲的大要：平民主义！平民主义教育!! 平民教育主义的办法!!! [J]. 新教育，1（3）：326-331.

裴本初，1932. 杜威教育学说批判 [J]. 教育论坛（12）：1-17.

太虚法师，2005. 评《实验主义》[M] //本书编委会. 太虚大师全书：第 28 卷. 北京：宗教文化出版社.

陶行知，1985a. 民主教育之普及［M］//华中师范学院教育科学研究所．陶行知全集：第 3 卷．长沙：湖南教育出版社．

陶行知，1985b. 民主与教育［M］//华中师范学院教育科学研究所．陶行知全集：第 3 卷．长沙：湖南教育出版社．

陶知行，1919. 介绍杜威先生的教育学说［J］. 新中国，1（3）：271.

陶志琼，2014. 导读［M］//杜威．民主主义与教育．陶志琼，译．北京：中国轻工业出版社．

滕大春，1988. 杜威和他的《民主主义与教育》（上）［J］. 河北大学学报（4）：1-9.

滕大春，1989. 杜威和他的《民主主义与教育》（下）［J］. 河北大学学报（1）：60-70.

滕大春，1990. 杜威和他的《民主主义与教育》［M］//杜威．民主主义与教育．王承绪，译．北京：人民教育出版社．

天民，1917. 台威氏之教育哲学［J］. 教育杂志，9（4）：15-20.

涂又光，1997. 论人文精神［J］. 中国哲学史（1）：6-10.

王学孟，1942. 民主主义与教育［J］. 时代精神，7（3）：9-16.

文宙，1929. 杜威博士七十岁之纪念［J］. 教育杂志，21（12）：104-107.

问微，1946. 杜威：民本主义与教育之新的评价［J］. 广西教育（1）：132-135.

吴俊升，1932a. 评邹恩润译杜威民本主义与教育（未完二期续登）［J］. 明日之教育，1（1）：18-21.

吴俊升，1932b. 评邹译杜威著民本主义与教育（续）［J］. 明日之教育，1（2）：36-41.

吴俊升，1972. 教育与文化论文选集［M］. 台北：台湾商务印书馆．

悟生，2007. 一本值得我读一生的书［J］. 上海教育，（18）：64.

谢世国，2007.“杜威教育思想批判”的批判［D］. 广州：华南师范大学．

许季黻，1920. 德谟克拉西与教育［J］. 青年进步（29）：63-65.

一夹，1934. 杜威之民本主义与第三党［J］. 沪大月刊，2（1-2）：28-32.

佚名，1920. 图书部典书课通告：兹经杜威博士陈衡哲教授指定伦理学教育学历史学三科考书籍［N］. 北京大学日刊，1920-10-06（2-3）.

佚名，1923. 书报介绍：平民主义与教育［J］. 学生杂志，10（1）：4.

佚名，1925. 学生新闻：各会社：教育学社：自杜威博士来华后，中国教育界受其影

响 [J]. 清华周刊, 24 (16): 29-30.

俞吾金, 2012. 译后记 [M] //杜威. 杜威全集·中期著作 (1899—1924): 第 9 卷
　(1916). 俞吾金, 孔慧, 译. 上海: 华东师范大学出版社.

张法琨, 1984. 杜威《民主主义与教育》中的批判继承问题 [J]. 教育研究与实验
　(2): 89-95.

真常, 1919. 教育上之民主主义 [J]. 教育杂志, 11 (5): 47-58.

朱时隆, 彬, 1933. 阅书问答 (续第二卷第十期): 乡村教学经验谈: 一、杜威那部
　"平民主义与教育" [J]. 进修半月刊, 2 (12): 19-20.

朱有瓛, 1992. 中国近代学制史料: 第 3 辑 (下册) [M]. 上海: 华东师范大学出版
　社.

朱泽甫, 1985. 陶行知年谱 [M]. 合肥: 安徽教育出版社.

邹恩润, 1928. 译者序言 [M] //杜威. 民本主义与教育. 邹恩润, 译, 陶知行, 校.
　上海: 商务印书馆.

西方教育学者眼中的《民主主义与教育》

单中惠[①]

《民主主义与教育》是西方教育思想大师、美国教育家杜威最重要的一本教育著作。这本著作由美国麦克米兰出版公司于 1916 年出版，全书 434 页，其副题为"教育哲学导论"（*An Introduction to the Philosophy of Education*）。英国利兹大学教授柯蒂斯（S. J. Curtis）、博尔特伍德（M. E. A. Boultwood）指出："当第一次世界大战结束时，约翰·杜威已快 60 岁，但是，他的最著名的著作《民主主义与教育》仅仅在'一战'开始后两年就在美国出版了。这本系统阐述和确立他的教育理论体系的著作几乎使他延续了二十年的影响，在今后的三十年里他在教育界将仍然保持着影响力。"（Curtis，Boultwood，1966）[426]美国耶鲁大学教育学院教授布鲁巴克（J. S. Brubachr）明确指出："在 20 世纪，也许最有影响的教育事件，就是 1916 年杜威出版了划时代的著作《民主主义与教育》。这无疑是自柏拉图的《理想国》之后，在教育政治理论或社会理论方面最主要的著作。"（布鲁巴克，2013）[52]美国教育学者杜普伊斯（A. M. Dupuis）、戈登（R. L. Gordon）也指出："杜威的《民主主义与教育》是教育史中最重要

---

① 作者简介：单中惠（1945—　），浙江绍兴人，华东师范大学教育学部、浙江大学教育学院教授，博士生导师，教育部人文社会科学重点研究基地华东师范大学基础教育改革与发展研究所研究员。

的著作，它取代了柏拉图的《理想国》和《法律篇》在教育思想中的最高地位。"（Dupuis，Gordon，1997）[121]可见，1916年《民主主义与教育》的出版，使杜威成为教育哲学史中闪亮的新星。

杜威一生在哲学、教育学和心理学等方面写了约40本专著、700多篇文章。其中，《民主主义与教育》一书是杜威实用主义教育理论最系统的阐述，在西方教育界产生了最广泛的学术影响。杜威自己在这本著作中所写的"前言"很简短，但表述得却很明确。他这样写道："本书体现我探索和阐释民主社会所包含的种种观念，以及把这些观念应用于那些教育事业的问题所作的一种努力……本书所阐明的哲学是把民主主义的发展与科学上的实验方法、生物学上的进化论思想以及工业的改造联系起来，旨在指出这些发展所需要的教材和教育方法方面的改革。"（Dewey，1916）英国伦敦大学教育学院劳顿（D. Lawton）和戈顿（P. Gorton）也指出，"杜威的思想在《我们如何思维》和《民主主义与教育》这两本著作中得到了更充分的阐述"（Lawton，Gorton，2002）[211]。

论述过杜威教育思想的西方教育学者不计其数，然而，直接讨论过杜威《民主主义与教育》一书的西方教育学者要少很多。从美国、英国、澳大利亚、加拿大和日本的教育学者对《民主主义与教育》一书的直接论述可以归纳出，他们的论述主要集中在《民主主义与教育》的形成背景、主要内容和学术影响三方面。

一、《民主主义与教育》的形成背景

任何一本著作的形成都有其特定背景，杜威的《民主主义与教育》也不例外。美国教育史学家、哥伦比亚大学师范学院原院长克雷明（L. A. Cremin）初任这所师范学院的教师时，曾与杜威有过交往。他指出："杜威有一次曾提到，他的早期教育著作是针对普遍社会的，而晚期教育著作则针对特定地点和特定时间的特定社会。"（Cremin，1988）[187]对于杜威

1896 年后这一时期的著述活动，美国哥伦比亚大学师范学院教授、教育史学家伯茨（R. F. Butts）指出：“在 1896 年建立芝加哥大学实验学校和 1916 年他的最充分发展的教育哲学著作《民主主义与教育》出版之间的二十年里，杜威的写作是如此的多和如此的有说服力。”（Butts，1978）[203]

就《民主主义与教育》的形成背景而言，可以把西方教育学者的论述归纳为三个方面：芝加哥大学实验学校的教育实验活动、在哥伦比亚大学任教后的继续研究和当时正在美国如火如荼地开展的进步教育运动等。

（一）芝加哥大学实验学校的教育实验活动

在杜威的一生中，他亲自参与中小学教育工作实践的经历主要是：在石油城中学和湖景中学任教、在密歇根大学参与中学教师培训工作以及芝加哥大学实验学校的教育实验活动。其中，在芝加哥大学实验学校主持的长达八年的教育实验活动，对他的包括《民主主义与教育》在内的教育著作的形成起着最为重要的作用。因此，1896—1904 年的芝加哥大学实验学校也被称为“杜威学校”。杜威女儿简·杜威（J. Dewey）指出：“杜威后来在哥伦比亚大学写成的《我们如何思维》和《民主主义与教育》，是他的芝加哥实验的直接成果。他的工作以及与其他人的交往，促使他的教育思想和哲学思想在这两本著作中融合了起来。”（简·杜威，2009）[33]

美国纽约大学教授迈耶（A. E. Meyer）也指出：“1903 年结束芝加哥大学实验学校后的十多年里，杜威的智慧本身大部分用于哲学，仅仅把有限的一些精力放在教育学上。他出版了《民主主义与教育》，这本书几乎立刻使他进入了美国哲学家的前列……在《民主主义与教育》中，杜威写下了他的哲学理论和它们的教育推断。”当时，“新教育开始从高等学府中得到支持。其中一个例子，就是约翰·杜威重新激起了人们对教育研究的兴趣和 1916 年他的名著《民主主义与教育》的出现”。（Meyer，1957）[254,316]

纽约纳萨雷特学院教授雷比（J. M. Raby）甚至这样强调《民主主义

与教育》与芝加哥大学实验学校两者的关系："虽然《民主主义与教育》具有一种简直有点晦涩的语调，但它确实表述了杜威全部的教育设计……人们会想，这本著作完全打上了'杜威学校'的印记。"（Raby，1960）[105]

（二）在哥伦比亚大学任教后的继续研究

1904 年杜威离开芝加哥大学，开始在哥伦比亚大学哲学系和师范学院任教。其间，尽管杜威花费了很多精力在哲学上，但他没有中断对教育理论问题的深入思考，这在很大程度上促使了《民主主义与教育》一书的形成。纽约大学教授塔利斯（R. B. Talisse）清晰地指出："通过与哥伦比亚大学师范学院的联系，杜威继续研究教育理论。这项研究的结果是 1911 年出版的产生了广泛影响的《我们如何思维》一书，以及 1916 年出版的教育哲学经典《民主主义与教育》一书。"（塔利斯，2002）[8]纽约大学教授迈耶也指出："1904 年杜威移居纽约，在哥伦比亚大学教哲学。十多年时间，他作为教授主要思考哲学，只有很少的精力关注教育问题。但在 1916 年，随着《民主主义与教育》的出版，这个长期的中断结束了。尽管它晦涩的文体给读者带来了沉重的烦扰，但《民主主义与教育》作为最重要的教育著作，受到了一些美国专家学者的热烈欢呼，他们甚至认为这本著作超过了《爱弥儿》和《理想国》。"（Meyer，1965）[495]

克雷明在《美国教育：城市化时期的历程（1876—1980）》（*American Education*：*The Metropolitan Experience* 1876-1980）一书中更是明确指出了《民主主义与教育》与哥伦比亚大学的关系："正是在哥伦比亚大学期间，杜威作为美国最杰出的和最有影响力的哲学家而赢得了世界性声誉。在三十多年里，他出版了一系列重要著作，并提出了更为成熟和更为完善的实验主义教育理论……也正是在哥伦比亚大学期间，杜威赢得了美国知名教育哲学家的声誉。他的思想，特别是《学校与社会》中所提出的思想，在 20 世纪初的第一个十年教育改革人士中的影响越来越大……杜威还在 1916 年出版了《民主主义与教育》。"值得关注的是，克雷明还特别提到了 20 世纪 20 年代以哥伦比亚大学师范学院的杜威及其学生克伯屈（W. H. Kilpatrick）为核心而形成的杰出教育理论家群体。他强调："这个教育理论家群体……以杜威《民主主义与教育》的理论为共同方向，从 1927 年起就开始系统地分析美国社会迅速工业化在教育领域所带来的巨大变化。"（Cremin，1988）[171,188]

还值得注意的是，美国教育家、哥伦比亚大学师范学院教授克伯屈在他的《回忆杜威与他的影响》一文中，提及了有关他与杜威《民主主义与教育》之间鲜为人知的情况，"当杜威完成了《民主主义与教育》一书的前七章时，他把这些章节交给我征询意见，并提出了这部著作的其他题目。当时，我正在教'教育原理'这门课程，于是，我开列了我在教学时感到麻烦的一些哲学问题的目录，送给杜威。起初，他拒绝接受这份目录，但是，后来他重新阐述了一些问题，这些就是现在所看到的这本已完成的著作中的一些章节"（简·杜威，2009）[144]。从克伯屈的回忆中可见，杜威在完成他的《民主主义与教育》一书的过程中至少吸收了克伯屈的一些意见和建议。

（三）当时正在美国如火如荼地开展的进步教育运动

19 世纪 90 年代至 20 世纪前期，进步教育运动波及全美国，影响巨大。在这次教育革新运动中，美国各地的学校就教育形式、内容和方法等方面开展了多种多样的实验。无疑，这场运动不仅对美国的学校教育产生了广泛的影响，而且对包括杜威在内的很多美国教育家产生了很大的冲击。美国教育史学家克雷明指出，《民主主义与教育》的许多观点，杜威"在更早的著作中早已预示过，并带有一种人们早已熟悉的口气。像任何名著一样，这部著作既是那个时代的反映，又是对那个时代的批判。它把进步教育许多不同的方面和谐地结合到一种范围广泛的理论之中，并使它们统一，为它们指出方向。正是它的出版，为教育革新运动带来了新的活力"（克雷明，2009）[108-109]。

美国塞顿·霍尔大学远东研究所教授贝里（T. Berry）指出："多年来，杜威在他自己的国家里是教师的教师。他获得了一种感觉，那就是他人生的一个特殊使命是教人们在科学、技术和民主的新阶段如何去生活和思维。此时，他已出版了他的最有影响的教育著作《学校与社会》和《民主主义与教育》。"（Berry，1960）[200]日本上智大学教授布卢伊特（J. Blewett）甚至指出："就如纯粹的古文物收藏者一样，那些可能想要很快就写好一篇有关杜威早期思想研究文章的人，可在这个事实中找到一些慰藉，即《民主主义与教育》（1916）、《人性与行为》（1922）和《自由与文化》（1939）这些著作的许多思想是在1894年前勾画出来的……"（Blewett，1960）[35]

尽管美国进步教育运动对杜威的教育思想发展以及《民主主义与教育》的形成产生了重要影响，但很多西方教育学者也认为，杜威本人的思想和实践也是美国进步教育运动的一部分，并为这个运动做出了关键性的贡献。澳大利亚悉尼大学教授康奈尔（W. F. Connell）指出，"杜威对于进步教育运动的主要贡献是关键性的：他为它提供了一个系统的理论。《民主主义与教育》是对20世纪前半期美国学校教育改革政策的主要说明"（Connell，1980）[89]。美国亚利桑那州立大学教授韦布（L. D. Webb）也指出，杜威的"经典之作《民主主义与教育》不仅对其教育理论提供了强有力的陈述，也为一代进步教育家提供了理论依据。杜威不仅对哲学和教育有影响，而且对法律、政治理论和社会改革产生了影响。杜威为进步教育提供了智力基础，也被认为是进步主义时代美国知识分子的真正代言人"（韦布，2010）[266]。塔利斯（R. B. Talisse）也指出，因为《民主主义与教育》这本经典著作的出版，"杜威很快就被视为'进步教育运动'的领袖，而且至今仍被奉为主要的教育理论家"（塔利斯，2002）[6]。

二、《民主主义与教育》的主要内容

《民主主义与教育》全书共 26 章，可分为四个部分；第一部分，教育性质（1—6 章）；第二部分，教育过程（7—17 章）；第三部分，教育价值（18—23 章）；第四部分，教育哲学总论（24—26 章）。与其他西方教育家相比，杜威在《民主主义与教育》这本书中更多地努力论证了民主和教育的有机统一。杜威在探究民主主义、科学进步、进化论、工业革命对于教育的意义的过程中，既对教育史上柏拉图、亚里士多德、洛克、卢梭、康德、费希特、黑格尔、赫尔巴特、福禄培尔等人的理论进行了批判，也对当时的进步教育运动以及自己的教育观点进行了比较系统的总结，从而确立了一个完整的实用主义教育理论体系。康奈尔在《二十世纪世界教育史》（*A History of Education in the Twentieth Century World*）一书中专门刊印了《民主主义与教育》1916 年英文版的封面，并这样写道："1916 年，20 世纪最重要的教育著作出版了，这就是约翰·杜威的《民主主义与教育》。它是阐述教育与民主主义之间关系的一次精心而深思的尝试……它使教育与当代生活联系起来，并促使了对管理、教学和课程设计的整个结构的重新思考。无论对美国教育家还是对整个民主世界的教育家来说，这本著作已经成为一个重要的且有广泛参考价值的理论著述。杜威写作《民主主义与教育》一书的时候已是 57 岁，这时他早已因为对哲学、心理学以及教育理论和实践的贡献而知名"（Connell，1980）[79,72-73]。

就《民主主义与教育》的主要内容而言，西方教育学者的论述可以归纳为：《民主主义与教育》一书的主题、《民主主义与教育》中的民主思想、《民主主义与教育》中的教育理念、《民主主义与教育》中的哲学观点、《民主主义与教育》中的心理学观点五个方面。

（一）《民主主义与教育》一书的主题

从杜威《民主主义与教育》的书名，就可以清楚地看到，《民主主义与教育》这本著作主要论述民主主义和教育的关系。布鲁巴克指出，在《民主主义与教育》中，"杜威第一次系统而完整地论述了教育与民主的关系。在教育改革沿着民主路线走过一个世纪历程之后，这本书的出版具有重要的历史意义。直到此时，还没有一个人能够全面理解19世纪教育民主化趋势所具有的广泛而深远的含义。然而，杜威完成了这个历史性任务。他重新审视这一时期繁杂的观点，提出一种建设性的综合理论，以指导未来的教育实践。在这本论著的开始部分，杜威列举了民主对教育的贡献，这是众所周知的事实。但是，他坚持认为，民主政府的成功取决于民众的教育"，"在撰写《民主主义与教育》的过程中，杜威并不像柏拉图那样描绘一个乌托邦。他认识到，他所主张的民主教育，不是仅仅靠个人主观努力和计划就可以实现的，而是在一个科学时代通过制造业、商业、运输业和通信等多种途径相互影响的社会副产品"。（布鲁巴克，2013）[52-53]

英国格拉斯哥大学教授拉斯克（R. R. Rusk）、阿伯丁大学教授斯科特兰（J. Scotland）在《伟大教育家的学说》（*Doctrines of the Great Educators*）一书中也明确指出，"考虑到杜威的主要著作《民主主义与教育》的书名，我们不能不考虑他的政治学说而得出我们的结论……一个民主国家应该具有民主的教育形式……使教育是真正民主的；从杜威的著作中能够获得新的启示以加强这些努力"（拉斯克，斯科特兰，2013）[285-286]。

雷比也指出，"1916年问世的《民主主义与教育》……阐述了民主主义和教育之间的关系。这是杜威论述民主思想的主要著作……在这本民主论著中，我们看到了杜威为生活和教育所提供的具体形式"（Raby，1960）[103]。

关于《民主主义与教育》一书的主题，论述得最为明确的是克雷明。

他写道："正如杜威1899年所设想的，一个'更有价值的、可爱的、和谐的'新社会是民主主义的具体体现。杜威在他的民主主义概念中，设想了一种对教育的强制要求。"同时，他还具体指出，杜威《民主主义与教育》一书的主题在下面这段话中得到了最清晰的阐述（克雷明，2009)[109]。

"民主政治热心教育是一个众所周知的事实。根据表面的解释，一个民主的政府依赖于选举人和受统治的人都受过教育，否则民主是不能成功的。因为民主的社会既然否定外部权威的原则，那就必须用自愿的倾向和兴趣来替代，而自愿的倾向和兴趣只有通过教育才能形成。但是，还有一种更深刻的解释：民主主义不只是一种政府形式，它首先是一种联合生活的方式，是一种共同交流经验的方式。人们参与一种有共同利益的事，每个人应该参照别人的行动，考虑别人的行动，使自己的行动有意义、有方向。这样的人在空间上扩大范围，就等于打破了阶级、种族和国家之间的屏障。这些屏障过去使人们看不到自己活动的全部意义。这些数量更大、种类更多的接触点表明，每个人应该对更加多样的刺激做出反应，鼓励个人变换他的行动。这些接触点使个人的能力得以自由发展。只要行动的刺激是片面的，这些能力就依然受到压抑。因为这种刺激必须在一个团体里。这个团体由于排他性而排除了很多社会兴趣……一个变动的社会，有许多渠道把任何地方发生的变化传播出去。这样的社会必须教育它的成员发展个人的首创精神和适应能力。否则，他们将被突然遇到的种种变化所迷惑，看不出这些变化的意义或关联。"（杜威，2001)[97-98]

（二）《民主主义与教育》中的民主思想

杜威在《民主主义与教育》一书中对民主（democracy）思想进行了充分的阐述。雷比在《约翰·杜威与进步教育》一文中专门列出一小节论述《民主主义与教育》，并指出，"'民主主义'是什么？有一本书对这个问题进行了回答，那就是《民主主义与教育》。这本书展现了杜威的民主主义……民主主义是杜威的核心思想。在《民主主义与教育》的序言中，他表明这个讨论包括了'对那些认知和道德理论进行批判性的评价，它们是在早前的社会条件下形成的，但在名义上的民主社会中仍然起作用，阻碍民主理想的充分实现'"（Raby，1960）[90-91]。

克雷明指出，《民主主义与教育》是"杜威关于教育的主要著作，其中提出了他的民主主义概念，认为民主主义不仅是一种政治体制，而且是社会生活的形式；同时提出了关于教育的概念，认为教育是使个体在社会交往、智力、审美方面不断发展的社会过程，通过个体的发展才能使社会得到不断的更新"（Cremin，1988）[171-172]。澳大利亚新英格兰大学教授鲍温（J. Bowen）在《西方教育史》第 3 卷第 12 章里指出，"杜威在 1916 年写了他的最主要的教育著作，即知名的《民主主义与教育》。在这本著作中，他把不断改良的、高度文明的民主共同体作为唯一的社会组织和政府组织"（Bowen，1981）[422]。

在杜威把民主主义作为其教育思想的基础方面，美国教育学会主席、佐治亚州立大学教授厄本（W. J. Urban）和美国教育史学会主席、弗吉尼亚大学教授瓦格纳（J. L. Wagoner）明确指出，在《民主主义与教育》这本书中，"杜威还阐述了他对民主的看法：民主思想指导着他的教育思想，也指导着他之前在实验学校的教育实践。要知道，杜威的学校就是按照社会的模式来设想的，或者说，学校就是民主社会的雏形。在《民主主义与教育》中，杜威对民主下了明确的定义，这是其教育思想的基础"（厄本，瓦格纳，2009）[301]。美国思想家、纽约大学教授胡克（S. Hook）指出，杜威深信，"科学智慧的资源将使我们的社会制度进一步民主化，按照他自己在世时所目睹的成果和进步，不管有多少挫折，美国都将通过民主政治的方法，在同样方向继续避免社会混乱的弊端所滋生的专制主义。他凭这个信念生活，按这个信念而死，以这个信念写了《民主主义与教育》"（胡克，1990）[388-389]。

在论述杜威《民主主义与教育》中的民主思想的西方教育学者中，伦敦大学教育学院教授彼得斯（R. S. Peters）也许是持相反观点的。他写道："个人的发展和分享的经验，似乎对《民主主义与教育》来说是个例外，这是一本令人费解的著作，它论述教育多，论述民主少……杜威主要把民主看成是一种生活方式，对支持民主的公共机构制度的安排并不是特别感兴趣……这确实是民主主义的一个奇怪特征。这个特征体现了杜威对社会的强调。"（Peters，1977）[103]

（三）《民主主义与教育》中的教育理念

在《民主主义与教育》一书中，杜威对民主社会的教育进行了最充分的阐述。很多西方教育学者都提及了这一点。纽约大学教授格林（M. Greene）指出，"1916年，杜威出版了《民主主义与教育》一书，这是他的教育信念最明确的阐述"（Greene，1961）[75]。美国波士顿学院教授鲍尔（E. J. Power）更是明确指出："在一些主要著作《学校与社会》（1899）、《我们如何思维》（1910）、《民主主义与教育》（1916）、《人性与行为》（1922）和《经验与教育》（1938）中，杜威不仅挑战了过去的教育，而且挑战了现在的教育……他的著述的主要目的是创建我们所说的新的教育传统。创建这种传统的首要一步，以及给予民主主义一个确定保证的一步，就是系统阐述一种新的教育理论。"（Power，1970）[593-594]

在杜威对教育基本问题的阐述上，胡克在《民主主义与教育》的"导言"中指出，《民主主义与教育》一书"所讨论的观点和所采取的立场，在现代人深思熟虑地考察我们应该为什么目的办教育和为什么要办教育等问题时，对他所面临的许多主要问题仍具有很大的影响和贴切性。今天对教育感兴趣的许多明智的教育工作者或普通公民所最关心的一切基本问题，本书都直接地或间接地有所阐明"（胡克，1990）[378]。美国罗耀拉大学教授古特克（G. L. Gutek）也指出："作为一个群体的成员，杜威学会了与其他人合作，去讨论，去深思，以及最后去行动。基于开放的相互交流的合作行动实质上是民主的方法。因为这一点，对具有实验主义方向的进步学校来说，从《民主主义与教育》的书名就可看出，这是一本论述教育真理的名著。"（Gutek，1970）[194]

关于杜威的"生长"概念，厄本教授和瓦格纳教授指出，"最重要的是，《民主主义与教育》是把生长作为教育活动的本质来阐述的。教育即生长，生长通过教育而产生。任何将教育视为一种指向某种'目的'的活动的想法都忽视了教育中必要的发展特征。生长不需要任何目的，生长本身就是它的目的"（厄本，瓦格纳，2009）[302]。杜威的女儿简·杜威也指出："在《民主主义与教育》一书中，杜威阐述了哲学本身是'教育的一般理论'的观点，在某种意义上，也就把教育扩大到包括用来构成社会的个人气质、情感、智力和活力的所有因素。"（简·杜威，2009）[33]

美国蒙大拿大学教育学院院长普利亚姆（J. D. Pulliam）指出，"在《民主主义与教育》中，杜威把教育看成是一个生活过程，而不只是未来生活的准备。他主张教育是发展，只要教育是连续不断地发展，那么教育必将不但是一个生活过程，而且将继续成为一个社会过程。正如书名所表明的，如果学校是一个民主共同体，那么《民主主义与教育》论述的教育的社会过程就是最好的经验"（Pulliam，1991）[173]。

在杜威对教育的社会功能的阐述上，康奈尔指出，"杜威在他的《民主主义与教育》中以一种综合的眼光看待教育，充分地发展了他认为需要加以考察的最重要的观点。特别是，他探究了教育的社会作用，应用了他关于教育的社会功能的见解，并将此作为他分析教育问题的试金石"（Connell，1980）[85]。纽约市立学院教授伯克森（I. B. Berkson）也指出，"《民主主义与教育》开始讨论教育与社会存在和更新的关系。对于一个重要的时期来说，它不仅是杜威的一般哲学，而且也是杜威教育思想的最充分的阐述……这本著作创造性地、详尽地论述了需要重新构想的教育理论"（Berkson，1961）[101-102]。美国南伊利诺伊大学卡本代尔校区杜威研究中心教授博伊兹顿（J. A. Boydston）甚至这样写道："杜威在《民主义与教育》中大量地说到学校是一种社会机构，这种论述要多于《学校与社会》中的同类的论述。"（Boydston，1970）[135]

在杜威对学校工作的阐述上，克雷明指出，"《民主主义与教育》一书最初是打算作为公立学校教师和管理人员的培训教材，因此，该书详细地阐述了以上观点对于学校日常工作——学校的目标和宗旨、学习和教学的方法、课程教材等所具有的实际意义"（Cremin，1988）[172]。澳大利亚教育家斯基尔贝克（M. Skilbeck）也指出，"在一些地方，尤其在《民主主义与教育》的前面部分，杜威把学校简单地描述为儿童适应现代文化的机构"（Skilbeck，1970）[30]。

在杜威对思维方法的阐述上，伯茨指出，"杜威在1916年出版的那本具有广泛影响的著作《民主主义与教育》中，强调了科学和科学方法对于影响人类处理各种各样事务的重要性。在科学方法中，他发现了处理事务程序的原则，这种原则为他提供了探索经验、知识和思维等概念的线索，这些概念与理性主义者和智力主义者所持的概念有很大的差异。杜威把知识、思维与行动及其结果紧密联系起来，论述了基于问题解决的科学方法"（伯茨，2013）[602]。

在杜威对课程教材的阐述方面，杜普伊斯和戈登指出，"关于社会和课程教材之间关系的更为详尽的论述，可以在《民主主义与教育》中找到。在这本著作中，杜威反对将教材本身作为目的，认为教师教学的起点不应是系统的教材"（Dupuis，Gordon，1997）[141]。在《民主主义与教育》的第二部分，杜威讨论了专门的科目，对此，斯基尔贝克指出，"杜威关于中等教育课程的思想主要可以在《民主主义与教育》的第二部分找到，他试图提供一些不同科目的教学框架，通过教学培养反思性的探究精神，并影响学生的兴趣"（Skilbeck，1970）[24]。

（四）《民主主义与教育》中的哲学观点

美国华盛顿大学教育研究院教授沃思（A. G. Wirth）指出，"杜威观

察到，许多年来，《民主主义与教育》是他的哲学观点得到最充分阐释的一本书……"（Wirth，1966）[26]

很多西方教育学者直接论述了杜威有关哲学与教育关系的思想。博伊兹顿指出，"在《民主主义与教育》中可以找到对哲学的社会作用的进一步支持，他把哲学界定为教育的一般理论，或教育理论是它的最一般方面"（Boydston，1970）[37]。美国布朗大学教授阿查姆博尔特（R. D. Ar-chambault）指出，"从对杜威的所有著作的通览中，我们看到了基于方法和目的之间基本关系的连续性原理，它明显地表现在他的有关心灵和身体、理论和实际、目的和方法、科学和价值之间关系的概念上。这个原理延伸到哲学和教育之间。在杜威的《民主主义与教育》的一段著名论述中，他概括了关于这一问题的观点：'如果我们愿意把教育设想为形成关于自然和人类的智力和情感的基本倾向的过程，哲学甚至可以被界定为教育的一般理论'"（Archambault，1974）[29]。南伊利诺伊大学卡本代尔校区杜威研究中心教授戴克威曾（G. Dykhuizen）则指出，"杜威在《民主主义与教育》中阐明了20世纪民主社会所要求的那种教育，因为其建议是通过生物学和心理学的发现而提出的。这种讨论集中关注了杜威哲学的一些方面……"（Dykhuizen，1973）[177]

杜威还提出，社会哲学实际上就是教育哲学。戴克威曾指出，"在《民主主义与教育》第24章中，杜威说到其目的是'概括和阐明在这些考虑中所隐含的哲学思想'……哲学就是教育的一般理论……杜威通过讨论得出了这样的结论：所有的哲学实际上是社会哲学，所有的社会哲学实际上就是教育哲学"（Dykhuizen，1973）[179]。雷比也持有同样的看法："在《民主主义与教育》一书的名为'教育哲学'的概括性章节中，杜威用一种'批判的观点'概括了这本书的全部阐述。"（Raby，1960）[93]

（五）《民主主义与教育》中的心理学观点

在《民主主义与教育》一书中，杜威还阐述了他的心理学观点。美国教育哲学家胡克强调，"《民主主义与教育》一书最突出和最有远见的贡献在教育心理学或学习心理学领域。杜威在研究有效的教育，特别是学校和课堂的教与学的条件、因素和活动时，在有关兴趣和训练、动机和努力、方法和教材以及若干有关的题目方面所发表的意见，从他在世的时候起，经受了进一步探究的考验"（胡克，1990）[380]。

在杜威对儿童发展的阐述上，加拿大不列颠哥伦比亚大学教授普伦蒂斯（A. Prentice）指出，"在儿童研究上最重要的进展是由约翰·杜威在1916年出版的《民主主义与教育》所推动的。在这本著作中，他把未成熟界定为趋于发展的可能性，主张发展自身应该是延续一个人一生的一些东西。他极力反对把儿童期仅仅看成是为成人生活准备的一个时期的思想"（Prentice，1970）[63]。

在杜威对思维和学习的阐述上，美国马萨诸塞州威廉斯学院教授鲁道夫（F. Rudolph）指出，"在杜威的经典论著，即1916年的《民主主义与教育》中，他界定了思维和学习的必要条件。他说，首先，学习的内容必须是学生感兴趣的经验，其次经验必须由问题推动不断向前发展"（Rudolph，1962）[468]。

三、《民主主义与教育》的学术影响

《民主主义与教育》是美国20世纪最流行的教育哲学教材，且在国外教育界产生了广泛而深远的学术影响。鲍温指出，"《民主主义与教育》是一本篇幅很长的、综合的、内容丰富、庞大的著作……没有其他著作像它那样对美国教育产生那么广泛的影响……尽管《民主主义与教育》的文体和分析方法比较枯燥，但它是新时代振奋人心的宣言……《民主主义与教育》试图对那个似乎有点难以回答的问题，即年轻人在新时代如何成为民主社会的一个参与的、创造的成员提供答案"（Bowen，1981）[422-423]。

就《民主主义与教育》的学术影响而言，西方教育学者的论述可以归纳为下述三个方面。

（一）《民主主义与教育》达到了教育经典著作的地位

对于杜威的《民主主义与教育》在西方教育史中的地位，戴克威曾明确指出，"《民主主义与教育》这本著作在专业教育者中几乎立即成为最好的畅销书。在不久以后，它在教育哲学文献中就被普遍认为是一本经典著作……当这本书的名声传播开来时，它被翻译成多种外国文字……"（Dykhuizen，1973）[179-180]

加拿大教育学者帕特森（R. S. Patterson）指出，"当杜威的《民主主义与教育》在 1916 年出版的时候，它被看作自卢梭《爱弥儿》以来最主要的教育文献。这本著作探究了民主、科学和工业化这些概念的教育含义，成为许多进步事业的一种主要理论资源"（Patterson，1970）[374]。迈耶也指出，"尽管这本著作很难阅读，但它在一些地方被赞美为一个美国人应该拥有的最重要的著作。这本著作也是美国绝大多数公共学校教师必不可少的向导"（Meyer，1957）[254]。

胡克更是强调了《民主主义与教育》的经典地位。他指出，"可能除了'教育与职业'一章某些部分以外，杜威的《民主主义与教育》一书现在仍是教育哲学和有关社会、政治、道德哲学各个领域的一部经典著作。虽然本书是 60 年前写的，它却仍具有新鲜的时代气息……在任何领域中，在原来作为教科书出版的著作中，《民主主义与教育》是唯一的不仅达到了经典著作的地位，而且成为今天所有关心教育的学者不可不读的一本书"（胡克，1990）[379]。

（二）《民主主义与教育》确立了新的教育哲学的基础

关于《民主主义与教育》对教育哲学的贡献，杜威本人写道："多年来，在一本名为《民主主义与教育》的书中，我的教育哲学得到了最充分的阐述"（Dewey，1949）。康奈尔也指出，"无论如何，《民主主义与教育》并非仅仅是为那些属于'革新'一类的学校教师所发布的一份宣言。正如它的副标题——'教育哲学导论'所表明的,它是适合所有教师的;它已成为两次大战期间在美国,也许在所有英语国家里最为流行的教育哲学教科书。它是普通教师改革传统学校的理论依据"(Connell,1980)[89]。

值得注意的是,在杜威《民主主义与教育》出版的当年,美国教育评论家拜尔(T. P. Beyer)就带着十分肯定的语调写道:"《民主主义与教育》与柏拉图的《理想国》和卢梭的《爱弥儿》可以同等看待,在教育哲学史上这三本书代表了划时代的三个阶段"(Beyer,1916)。此后,美国斯坦福大学教育学院院长卡伯莱教授(E. P. Cubberley)也热情地欢呼《民主主义与教育》一书的出版。他指出,随着《我们如何思维》和《民主主义与教育》的出版,"一种新的教育哲学的基础确立了"(Cubberley,1934)[693]。哈佛大学教育学院教授乌利希(R. Ulich)也指出,"尽管杜威最有声誉的著作《民主主义与教育》在风格上不能与怀特海的《教育目的》相媲美,但毫无疑问它是现代教育哲学的重要文献之一"(Ulich,1963)[616]。

杜威的许多著作都有一个"二元论"书名,如《儿童与课程》《学校与社会》《民主主义与教育》《经验与教育》等。美国得克萨斯基督教大学教授辛普森(D. J. Simpson)和加拿大蒙特利尔大学教授杰克逊(M. J. B. Jackson)指出,在杜威学派中,只有杜威本人在批判二元对立的双方的基础上,使对立的双方在一个合理的、综合的教育理论体系中实现了折中妥协(Simpson, Jackson, 1997)[6]。杜普伊斯和戈登也持有同样的观点:"杜威自己在他的重要著作《民主主义与教育》中始终论述了二元论问题。"(Dupuis, Gordon, 1997)[117]

(三)《民主主义与教育》成为产生世界性影响的著作

《民主主义与教育》一书出版后,曾被译成多国文字,产生了世界性影响。克雷明写道，到 1916 年《民主主义与教育》出版时，"杜威已被公认为进步主义的最主要的发言人，不管他写什么文章，都保证有众多的感兴趣的读者。一点也不使人意外，《民主主义与教育》一出版，立刻就在一些地区引起轰动。人们认为这本书是自卢梭的《爱弥儿》问世以来对教育学所做的最显著的贡献"（克雷明，2009）[108]。美国教育学者德沃金（M. S. Dworkin）指出，"杜威的思想通过他的教学、文章以及《民主主义与教育》等著作，传播到全美国和世界"（Dworkin，1959）[8]。据美国教育学者帕苏（A. H. Passow）统计，《民主主义与教育》一书被翻译成 17种文字，具体包括：阿拉伯文、保加利亚文、中文、捷克文、德文、古吉拉特文、希伯来文、伊朗文、意大利文、日文、朝鲜文、马拉萨文、波兰文、葡萄牙文、塞尔维亚—克罗地亚文、西班牙文、土耳其文，其中德文有 2 个译本、意大利文有 2 个译本、日文有 6 个译本、朝鲜文有 2 个译本（Passow，1982）。

对于中国来说，杜威的最大影响是在教育方面，《民主主义与教育》的影响尤其大。迄今为止，《民主主义与教育》的中文译本有 8 种。其中，影响最大的是 2 种译本：一是邹恩润译的《民本主义与教育》；二是王承绪译的《民主主义与教育》，这是我国改革开放以来该书发行量最大的版本。美国夏威夷大学教授克洛普顿（R. W. Clopton）、香港新亚学院教授吴俊升（Tsuin-Chen Ou）将杜威在中国的部分演讲翻译为英文①。他们指出，杜威在中国所做的教育哲学家演讲，"在内容上有点像他的名著《民主主义与教育》"（Clopton，Ou，1973）[8]。

美国工业民主联盟执行董事、杜威 90 岁生日宴会组织委员会主席莱德勒（H. W. Laidler）在杜威 90 岁生日宴会上的"开场白"中谈及了《民主主义与教育》在德国翻译出版的情况：杜威教授教过的学生埃里克·许拉（E. Hylla）发来了贺信，"信中表达了其他民族对杜威博士民

---

① 杜威的英文演讲稿未保存，所以从汉语译回英文。

主思想的渴望，以及一些教育工作者立志将这种广泛追求的思想传播给自己国家人民的奋斗历程。这位学生在希特勒政权成立的前几年将杜威的《民主主义与教育》译成了德文。这本书受到了广泛的关注，但在希特勒上台后，这些书几乎全部被销毁了"（简·杜威，2009）[404]。

劳顿和戈顿提及了《民主主义与教育》在当时苏联的流行情况："受卢那察尔斯基（Lunacharsky）的激励，一些学校试图在杜威教育思想的基础上进行实验；另一些学校只不过继续传统的课程和正规的教学方法……1928 年杜威访问苏联，他的一些著作在一些年里仍然很流行。一位进步教育家沙茨基（Shatsky）翻译了《民主主义与教育》的一部分，设计教学法有一段时期在一些学校里还是流行的。"（Lawton，Gordon，2002）[176]

日本教育学者、密歇根大学教育学院博士小林繁夫（Nobuo Kobayashi）在他的博士学位论文中提及了《民主主义与教育》在日本的翻译出版情况："在《民主主义与教育》出版后不久，帆足理一郎（Hoashi Riichiro）对这本书有深刻的印象，并立即决定把它翻译成日文。1918 年在芝加哥大学获得他的博士学位后，他回到日本担任了早稻田大学教授，并于第二年（1919 年）出版了这本书的日文译本。它用的书名是《教育哲学导论》，那正是杜威为他的书所写的副题。在帆足理一郎看来，他顾虑在当时日本的人们会反对使用'民主主义'这个词，所以就用不会冒犯的副题来代替。另一位研究西方教育学的学者田制佐重（Tasei Saju）在《民主主义与教育》的日文本翻译上肯定先于帆足理一郎，他于1918 年出版了他的日文译本，然而它是一个节译本。因此，帆足理一郎的译本是《民主主义与教育》第一个完整的日文译本。""1952 年，帆足理一郎对他的《民主主义与教育》日文译本又进行了修订。"（Kobayashi，1964）[32,35]

参 考 文 献

伯茨，2013. 西方教育文化史［M］. 王凤玉，译. 济南：山东教育出版社.

布鲁巴克，2013. 教育问题史［M］. 单中惠，王强，译. 济南：山东教育出版社.

杜威，2001. 民主主义与教育［M］. 王承绪，译. 北京：人民教育出版社.

厄本，瓦格纳，2009. 美国教育：一部历史档案［M］. 周晟，谢爱磊，译. 北京：中国人民大学出版社.

胡克，1990. 导言［M］//杜威. 民主主义与教育. 王承绪，译. 北京：人民教育出版社.

简·杜威，2009. 杜威传（修订版）［M］. 单中惠，编译. 合肥：安徽教育出版社.

克雷明，2009. 学校的变革［M］. 单中惠，马晓斌，译. 济南：山东教育出版社.

拉斯克，斯科特兰，2013. 伟大教育家的学说［M］. 朱镜人，单中惠，译. 济南：山东教育出版社.

塔利斯，2002. 杜威［M］. 彭国华，译. 北京：商务印书馆.

韦布，2010. 美国教育史：一场伟大的美国实验［M］. 陈露茜，李朝阳，译. 合肥：安徽教育出版社.

Archambault R D, 1974. John Dewey on education, selected writings［M］. Chicago and London：The University of Chicago Press.

Berkson I B, 1961. Science, ethics, and education in Dewey's philosophy［M］//William W B, Stanley L. John Dewey：master educator. New York：Society for the Advancement of Education.

Berry T, 1960. Dewey's influence in China［M］//John B. John Dewey：his thought and influence. New York：Fordham University Press.

Beyer T P, 1916. What is education?［J］. Dail, 61：101.

Blewett J, 1960. Democracy as religion：unity in human relations［M］//John B. John Dewey：his thought and influence. New York：Fordham University Press.

Bowen J, 1981. A history of western education：vol. 3［M］. London：Methuen.

Boydston J A, 1970. Guide to the works of John Dewey [M]. Carbondale: Southern Illinois University Press.

Butts R F, 1978. Public education in the United States, from revolution to reform [M]. New York: Holt, Rinehart and Winston.

Clopton R W, Ou Tsuin-Chen, 1973. John Dewey: lectures in China, 1919–1920 [M]. Honolulu: The University Press of Hawaii.

Connell W F, 1980. A history of education in the twentieth century world [M]. New York: Teachers College Press.

Cremin L A, 1988. American education: the metropolitan experience, 1876–1980 [M]. New York: Harper & Row.

Cubberley E P, 1934. Public education in the United States: a study and interpretation of American educational history [M]. Boston, New York: Houghton Mifflin Company.

Curtis S J, Boultwood M E A, 1966. An introductory history of English education since 1800 [M]. London: University Tutorial Press.

Dewey J, 1916. Democracy and education: an introduction to the philosophy of education [M]. New York: The Macmillan Company.

Dewey J, 1949. Philosopher in the making: autobiography [J]. Saturday Review of Literature, 32.

Dupuis A M, Robin L G, 1997. Philosophy of education in historical perspective [M]. Lanham: University Press of America.

Dworkin M S, 1959. John Dewey: a centennial review [M] //Dewey J. Dewey on Education. New York: Bureau of Publications, Columbia University.

Dykhuizen G, 1973. The life and mind of John Dewey [M]. Carbondale: Southern Illinois University Press.

Greene M, 1961. Dewey and American education, 1894–1920 [M] //William W. B, Stanley L. John Dewey: master educator. New York: Society for the Advancement of Education.

Gutek G L, 1970. A historical introduction to American education [M]. New York: Crowell.

Kobayashi N, 1964. John Dewey in Japanese educational thought [M]. Ann Arbor, Mich.:

Malloy Lithoprinting.

Lawton D，Gordon P，2002．A history of western educational ideas ［M］．London：Woburn Press.

Meyer A E，1957．An educational history of the American people ［M］．New York：McGraw-Hill.

Meyer A E，1965．An educational history of the western world ［M］．New York，McGraw-Hill.

Passow A H，1982．Dewey's influence on the world education ［J］．Teachers College Record，83 （3）：401-418．

Patterson R S，1970．Society and education during the wars and their interlude，1914-1945 ［M］//Wilson J D，Stamp R M，Audet L P．Canadian education：a history．Scarborough，Ont.：Prentice-Hall of Canada.

Peters R S，1977．John Dewey's philosophy of education ［M］//Peters R S．John Dewey reconsidered．London：Routledge and Kegan Paul.

Power E J，1970．Main currents in the history of education ［M］．New York：McGraw-Hill.

Prentice A，1970．The American example ［M］//Wilson J D，Stamp R M，Audet L P．Canadian education：a history．Scarborough，Ont.：Prentice-Hall of Canada.

Pulliam J D，1991．History of education in America ［M］．New York：Maxwell Macmillan.

Raby J M，1960．John Dewey and progressive education ［M］//Blewett J．John Dewey：his thought and influence．New York：Fordham University Press.

Rudolph F，1962．The American college and university：a history ［M］．New York：Knopf.

Simpson D J，Michael J B J，1997．Educational reform，a Deweyan perspective ［M］．New York：Garland Pub.

Skilbeck M，1970．John Dewey ［M］．London：Collier-Macmillan.

Ulich R，1963．Three thousand years of educational wisdom ［M］．Cambridge：Harvard University Press.

Wirth A G，1966．John Dewey as educator，his design for work in education，1894-1904 ［M］．Huntington，N. Y.：R. E. Krieger.

"二战" 前德国对杜威教育思想的吸收：外来思想和民族认同的碰撞

赵　康[①]

一、引言

　　杜威教育思想的全球性扩散与吸收，影响了世界众多国家的教育理论和实践。然而总有例外，而这样的例外在德国体现得尤为突出。德国学者诺贝特·格鲁伯（N. Grube）指出，1945 年之后，杜威对德国的教育学影响甚微（Grube，2012）[208]。教育哲学家于根·欧克斯（J. Oelkers）在1993 年德文版的《民主主义与教育》的后记中提到，在德国，杜威一直是一个"边缘人"，较其他许多国家而言，"很少被阅读，很少被翻译，更不被讨论"（Oelkers，1993）[492]。似乎到了 20 世纪末，德国才出现对杜威教育思想的关注。可事实上，早在 20 世纪初期至"二战"前，德意志帝国和魏玛共和国对杜威教育思想就有所吸收了，只是没有在当时的教育界产生可观影响，反而遭到冷遇、篡改、批判和贬损。德国纳粹党执政

---

　　① 作者简介：赵康（1974—　），山西太谷县人，博士，浙江大学教育学院副教授，主要从事外国教育思想史、教育基本理论和教师教育研究。

后，政府强令彻底中断了对杜威的研究。"二战"后，东西德对杜威教育思想的吸收活动也充满挫折（Bittner，2005）[157-171]。在欧克斯看来，这些现象源于德国对杜威思想的早期吸收的失败，以及因这一失败经历造成的对杜威的长期误读（Oelkers，1993）[497]。本文力图对 20 世纪初至"二战"前德国对杜威教育思想的吸收状况做一考察，同时探究杜威教育思想在当时德国不被看重的原因，以其为案例呈现跨国界的教育思想在不同文化和意识形态中可能遭遇的困境。

二、德意志帝国时期：学校改革、民族主义与杜威教育思想的引入

20 世纪初期的德意志帝国是一个君主立宪制联邦国家。一些德意志教育学家对杜威教育思想已有所接触，并以其思想支持各自的理论，服务于各自的目的。自由进步主义教育学家威廉·芒奇（W. Münch）在柏林以杜威的《学校与社会》支持其"劳作活动"（arbeitsbethätigung）的思想；慕尼黑大学教育改革家威廉·弗尔斯特（W. Foerster）通过杜威教育思想展示学校与社会可以怎样和谐地结合起来；汉堡学校改革家卡尔·格茨（C. Götze）在德国北部支持杜威的教育思想；启蒙文学家约翰·格拉泽（J. Gläser）在不莱梅使用杜威的教育思想支持其"体验教育"（erlebnispädagogik）的理念；教育学家和哲学家保罗·巴尔特（P. Barth）在莱比锡将杜威模式的学校视为一种"劳作团体"（arbeitsgemeinschaft），并获得了当地教师培训学校的支持。此外，"学校改革者联盟"（bund der entschiedenen schulreformer）的成员借助杜威的著作力图把课程与现代工业联结起来。因此，美国学者罗伯特·韦格纳（R. Wegner）指出，"有证据表明德国教育学家和改革者在 1908 年之前就熟悉杜威的教育学著作，也很欣赏和看重他的著作"。但是，"这种熟悉主要是基于杜威的《学校与社会》这部著作"（Wegner，1978）[104]。而说到这本著作在德国的传播，

不能不提到路德维希·古利特（L. Gurlitt）。

路德维希·古利特是柏林施泰格利茨区（Steglitz）高级中学的一名古典学科教师，也是一名直言批判德意志帝国学校教育的激进改革派。他认为德意志帝国旧有的教育系统陈腐而虚伪，只关注国家及其层级制度的维持，而传统教育限制儿童的潜能，父母往往把自己的意愿强加在儿童身上。因此，他抨击旧学校体制漠视儿童的本性、自然发展、好奇心和艺术表达；他鞭挞忽视儿童兴趣与需要的教学方法，主张"儿童中心"观，支持杜威教育思想。参照杜威关于学校作为"雏形社会"的概念，他指出德国学校"应当像杜威所解释的，成为小型有机体和社会团体，使国家、城市和乡村的共同财富得以在其中再生"（Gurlitt, 1903a）。他创立了"新教育学会"（gesellschaft für neue erziehung），致力于完善学校改革的新原则，把杜威教育思想引入德国教育改革运动。他指出，杜威和德国学校改革者一样，对公立学校的管理问题非常不满。在他看来，杜威能充当他们的顾问，解答他们的问题，所以翻译杜威的《学校与社会》具有建设意义。他期望学校改革者们能通过阅读这本书而反思其中的教育原理，增强各自的改革信念。

1903年古利特翻译了《学校与社会》的第一章，并以《学校与公共生活》（*Die Schule und das öffentliche Leben*）为题在期刊《教育心理学杂志》（*Zeitschrift für Pädagogische Psychologie*）上发表（Gurlitt, 1903b）。次年，他的妹妹埃尔丝·古利特（E. Gurlitt）负责翻译了《学校与社会》的第三、第四章。1905年他们又把第二章翻译出来，与其他章节合并成书出版。虽然译者的署名最终为埃尔丝·古利特，但至少有一章由路德维希·古利特翻译，而且译文很可能经过两人共同协商而成。这个译本流传极广，是其出版后数十年里德国读者对于杜威教育思想的重要认知来源（Bittner, 2000）[84]。

尽管这个译本有助于杜威教育思想在德国的早期传播，但该译本并没有完全忠实于杜威的原著。古利特是德国教育学会（Verein für deutsche

Erziehung）的成员。该组织由卡尔·格茨领导下的学校改革派建立，从民族主义立场出发，试图改革德国学校体系，因此古利特非常热衷于民族主义教育。他与杜威一致的地方在于"反对传统学校体系，关注教育过程中的儿童"（Bittner，2000）[87]。但是，古利特却借用杜威思想支持自己的民族主义导向的教育政治主张，支持德意志帝国当时的社会政策。他担心美国通过教育改革而在精神力量上超越德国，因此希望加强德意志民族的精神力量。他指出，"我们必须仍然保持精神武器的锋利。相比于过时的炮火和战船，过时的学校对于我们的人民来说或许是一个更大的危险"（Gurlitt，1904）[165]。他认为"拯救"德国有赖于适合的"国民教育"（volkserziehung）。他在译本的前言中声称："当观念继续进步，学校教育问题就必须从宏观的国家与社会意义层面进行讨论。目前在这条精神道路上几乎没有人能超越美国教育学家杜威。"（Bittner，2000）[88-89]其实，此处误读了杜威。杜威在《学校与社会》中并没有谈到民族性（nationality）与社会性（sociality）的联系，而只是提到通过教学中的手工活动将个体与社会连接起来。而古利特声称："成长的青年一代，无论出身什么阶层，都会因这样的国民教育而获取人民的最高和最普遍的精神财富。"（Gurlitt，1904）[163]这好像是在说杜威的目的与德意志帝国的主张是一致的（Bittner，2000）[89]。他总结："杜威这篇著作的基本理念是，我们应尽可能使青年人不受陈腐的书本知识打扰，应激起他们的自省和自觉，更加注重能力素质的培养；青年人应该更好地去准备理解和领会周围的自然界和社会。这一基本理念应在德国得到赞成和拥护，并在保持德国特定传统之下尽可能地付诸实践。"（Gurlitt，1904）[164]

古利特的译本与杜威原著意思的分离还体现在一些核心概念的翻译上。在翻译书名时，他特意把"社会"（society）翻译为"公共生活"（öffentliche Leben），强调"履行公共期望"的意思，至于杜威意义上的教育新一代"创造"或"改造"社会的含义则已缺失（Bittner，2000）[89]。这也使得"社会"与"共同体"（community）概念不好区分。此外，他在书中把"education"笼统翻译为"erziehung"，这个德语词特指某种"影响"带来某种"结果"，如"习惯"的养成，其目的是使儿童建立"内在秩序"，适应已有的社会文化秩序。这不能涵盖杜威的教育理论中的"创造性"及其含有的民主含义，因此在德语语境中未能准确表达杜威的教育理论（Bittner, 2000）[89]。古利特带着自己的政治与教育立场解读和翻译杜威，以服务于自己的政治和教育主张，在很大程度上曲解了杜威原本的教育思想，造成大量德国读者对杜威的长期误读。

德意志帝国后期，另一位民族主义倾向显著的教育学家格尔奥格·凯兴斯泰纳（G. Kerschensteiner）成为更为系统地研究、阐述和推崇杜威教育思想的德国教育学家。他在担任慕尼黑公立学校系统督导期间（1895—1919），不仅吸纳了杜威的大量思想，而且把其思想融汇到自己的教育思想体系中。他对杜威教育思想推崇备至。1910年他这样写道："我欣喜而感激地承认，杜威的著作在过去两年中占据了我的思想。对于他那些丰富多样的建议，我真要表示感激。"（Kerschensteiner, 1910）1915年3月21日，在给德国教育学家爱德华·斯普朗格（E. Spranger）的信中，凯兴斯泰纳谈到实用主义哲学和教育时这样说："除非他们也以我们灵魂的语言表达，不然我们不会吸收他们的思想。尽管多年来我很专注地阅读威廉·詹姆斯（W. James）的实用主义，但是他的书并没有影响我。然而，就许多问题的彻底性而言，我大大地受益于杜威的思想。我相信自己不是一个顺从的学生。我只是跟他学习我自己靠直觉而选择要学习的东西"（Kerschensteiner, 1966）。

20世纪初，德国的教育领域被唯心主义哲学统领，尤其是黑格尔的客观唯心主义。以制度统领的学校被视为"绝对观念"的体现。所有儿童的兴趣和欲望都要围绕魏玛学校的制度及相应设施展开。外在设置的课程凌驾于学生兴趣之上，学生的活动被固化于学校的建筑和设置之中。杜威教育思想与这种传统是相悖的。同杜威一样，凯兴斯泰纳认为传统学校必须加以改造，且这种改造需要基于对儿童的尊重，儿童将成为杜威所类比的哥白尼"日心说"中的"中心"——这无疑对传统制度具有颠覆性。凯兴斯泰纳写道，杜威关于"改造学校的实际建议很大程度上与我自己的想法一致，但是他的哲学思想和心理学思想的清晰性和明确性，他的教育逻辑的纯粹性和敏锐性，在我漫长的反思中激励我坚持自己的信念，并践行它们。通过研读他的著作，我之前模糊的观念变得彻底清晰了"（Kerschensteiner，1968）。

1908 年，凯兴斯泰纳在《公共教育问题》（*Das Problem der Volkserziehung*）中说自己读了杜威的《学校与社会》后非常欣喜和钦佩。这是他在自己著作中首次提到杜威。此后，他把杜威的很多教育思想融汇到自己的教育思想中。1909 年他刊登在《南德意志月刊》（*Süddeutsche Monatshefte*）上的论文《女子学校改革》（*Die Mädchenschulreform*）借用了杜威在同年出版的《教育中的道德原理》（*Moral Principles of Education*）中的大量内容。在界定品格概念时，他采纳了杜威的"品格"概念的三个要素：行动（force）、判断（judgement）和个体回应（personal responsiveness），再加上一个自拟的要素"情感回应的深度"（aufwühlbarkeit）。他还在论文中大量援引杜威关于道德原理的理论，如：认可道德的养成和发展是学校教育的目的；学校是道德养成的推动力之一；品格需要通过行动才能养成；品格培养是间接的、缓慢的等（Wegner，1978）。此外，他在1912 年的著作《劳作学校要义》（*Begriff der Arbeitsschule*）中提出"劳作学校"概念时，引用了杜威的《学校与社会》和《教育中的兴趣与努力》中的大量内容。劳作学校的理念是让儿童在各种学习形式中都积极和明智地参与。同杜威一样，他主张学校要包括体力活动与手工活动，"最重要的是，两种活动都应含有智力方面的努力"（Wegner，1978）。再有，杜威关于反思过程的分析也明显反映在他 1910 年以后的著作中。韦格纳认为凯兴斯泰纳的著作《自然科学课程的本质与价值》（*Wesen und Wert des Naturwissenschaftlichen Unterrichts*，1914）中的"逻辑思维"概念（der Begriff des logischen Denkens），基本上是借用了或直接引用了杜威的《我们如何思维》中的五步思维分析。凯兴斯泰纳的这本书陆续出了六版，被翻译成数种语言，其中很多篇幅是"杜威文本的直接摘录"（Wegner，1978），他还运用杜威的《教育中的兴趣与努力》中的内容发展他的"兴趣理论"，来回应赫尔巴特主义（Wegner，1978）。他甚至翻译了《我们如何思维》（并未公开出版）供自己写作使用。可以说，杜威教育思想凭借凯兴斯泰纳的著作，在德国获得了传播的载体和机会。

比利时教育哲学家弗兰茨·德·霍弗（F. D. Hovre）曾写道："凯兴斯泰纳的作品中，不仅字词和短语，而且整页整页的内容似乎都从杜威那里借来。不难看出，他1907年以后的著作几乎就是对杜威名言的详细阐释。"（Hovre，1931）[135]霍弗故此认为凯兴斯泰纳的声誉在很大程度上是靠阐释和宣扬杜威教育思想而确立的。鲁道夫·普朗特（R. Prantl）发现凯兴斯泰纳对杜威思想的吸收不加任何批判，认为他对杜威的吸收是"单一的依靠"（eine ausschießliche anlehnung）和"纯粹的收取"（ein reines herüberholen）（Prantl，1917）[130]。韦格纳也认为凯兴斯泰纳的大量著作要么是大量引用杜威的《学校与社会》《教育中的兴趣和努力》和《我们如何思维》中内容，要么是对这些著作的解释（Wegner，1978）。可是，凯兴斯泰纳对杜威教育思想的大量借用并不意味着他与杜威有着共同的哲学基础。虽然凯兴斯泰纳的劳作学校和杜威的实验学校在实践取向上有诸多相似之处，但是两种学校的哲学基础和目标并不同。不同于杜威的实用主义的本体论、认识论及其提倡的实验性的方法论，凯兴斯泰纳认为世界存在普世而永久的价值观和客观真理。这种分歧突出体现在：凯兴斯泰纳试图引导儿童接受康德所推崇的永久性和绝对性的价值，以及费希特所主张的民族主义原则；他批判实用主义哲学不接受关于价值等级的立场；他认为国家主权是最为重要的理想，教育最终只是为了国家的利益。凯兴斯泰纳把杜威的"雏形社会"的概念错误地翻译为19世纪传统德国的"国家"（der staat）概念（Wegner，1978）。"……他依然是一个有着强烈民族倾向的、供职于政府的教育学家。"（Rust，1965）[40]事实上，20世纪初期，凯兴斯泰纳的著作的基调显得"更具民族主义而缺少自由主义"
（Schorske，1972）[156]。韦格纳也认为："他对杜威的解释依然狭隘地局限于
民族主义教育哲学，显然与费希特的民族主义哲学更为相似，而杜威一定
不会接受这种民族主义教育哲学。"（Wegner，1978）

三、魏玛共和国时期：教育改造、民主理想与杜威教育思想的实验

"一战"结束后，德意志帝国覆灭，德国历史上第一个议会民主制共
和国——魏玛共和国（1918—1933）成立。魏玛共和国的一些教育学家和
教育领导者也从杜威那里寻求资源和灵感。鲁道夫·普朗特是当时系统地
解读和传播杜威教育思想的教育哲学家。他在自己的著作中比较了凯兴斯
泰纳与杜威，评论了凯兴斯泰纳对杜威毫无批判性的借用。1922 年，普
朗特还翻译了杜威的《我的教育信条》，并附上自己写的序言。1925 年，
即他去世后的一年，他妻子将其手稿《教育家杜威》（*Dewey als Pädagog*）
发表在《科学教育学季刊》（*Vierteljahrsschrift für wissenschaftliche Pädagogik*）
上。这一论文被认为是魏玛共和国时期"对杜威思想最基本的解读来源"
（Wegner，1978）。

在魏玛共和国崇尚自由民主的旗帜下，德国的学校改革者与进步主义
教育学家都认为，魏玛德国人民的生活发生巨大改变，教育系统也要有所
改造。一批德国教育学家前往美国考察新式的学校体系。他们返回德国
后，积极介绍和传播美国的教育思想和制度，许拉就是其中一位。1926
年，许拉获得普鲁士文化部部长卡尔·海因里奇·贝克（C. H. Becker）
的支持，被派往美国哥伦比亚大学教师学院研习美国的学校体系，以期为
改造普鲁士学校体系提供建议。他在那里结识了杜威，并常去听杜威的讲
座，二人建立了友谊。1927 年，许拉返回柏林，为政府撰写出关于美国
学校体系的报告。1928 年，此报告出版成书，名为《民主学校：美国教

育事业概述》（*Die Schule der Demokratie：Ein Aufriβdes Bildungswesen der Ve-reinigten Staaten*）。1929 年，许拉发表了《杜威的教育理论》（*Die Bildungstheorie John Deweys*），认为在杜威主张的教育理论中，受教育者应该成为"坚定地在他的工作中扎根的人，并能创造性地开展工作，能将工作塑造得充满精神意义"（Hylla，1929）。

当时，新教育运动已经影响德国学校教育。德国教师联合会呼唤新式的普通初等学校，以吸收各个社会阶层的儿童。这个联合会提出给儿童更多自由，强调实验与知识的实际应用。不同于传统的魏玛学校制度，魏玛共和政府建议给学校更多自主性。一些学校改革者主张学校应关注社群的需要，并把学校视为改造社会的推动者。1929 年，一些德国读者发现德国学校改革者和杜威类似于"思想同盟"，而且杜威思想足以拿来支持德国"劳作学校"的理念。许拉也看到了这种共同性。就学校改革而言，许拉本人希望把德国的学校民主化，并且希望把传统的死记硬背型的学校改造为劳作学校（Rust，1965）[87]。他认为杜威的著作可以帮助自己实现这两个理想。在此背景下，他决定把杜威的《民主主义与教育》翻译成德文。同时，出于实际考虑，他认为此书的德文版可以帮助德国读者更容易地理解他写的关于美国学校体系的报告。1928 年，他在《民主学校》中写道："在过去二十年中，杜威的思想对德国教育学思想产生了强烈而恰当的影响，特别是在凯兴斯泰纳的著作中，他一次次以极大的推崇引用杜威思想。不幸的是，杜威自己的著作，可能除了《学校与社会》之外，还没有被翻译为德文。有人希望至少他最重要的著作很快会有德文版。对他们来说，我国学校工作者将第一次意识到，我们因为有了这样宝贵的教育新观念，会感到大大受益于美国。"（Wegner，1978）1949 年，在给杜威 90 岁生日的贺信中，许拉回忆道："当我返回德国后，我力图给我的同行们叙述美国的学校生活。我发觉这项工作必须通过一本书来介绍其背后的哲学。我觉得把您 1916 年的经典之作《民主主义与教育》翻译为德文，是再好不过的做法了。"（Wegner，1978）1930 年，许拉翻译的《民主主义与教育》（*Demokratie und Erziehung*）德文版问世。1949 年此书再版，1964 年经修订出了第三版。据统计，该译本出现后，来自哲学家、教育理论家和实验学校校长等各界人士撰写的至少 30 多篇书评立刻涌现出来（Wegner, 1978）。这反映出《民主主义与教育》在当时德国教育界产生了较强烈的反响。

这一时期，有些改革派教育官员在实际工作中对杜威教育思想在德国的吸收也给予支持。贝克在 1921 年和 1925—1930 年任普鲁士文化部部长，他是改革魏玛共和国教育系统的重要官员和执行者之一。为了改革魏玛共和国的教育系统，他派遣许拉赴美考察美国的学校制度。1930 年 11 月 10 日，他以普鲁士文化部部长的身份，在哥伦比亚大学师范学院演讲时说："美国的教育理念支持了魏玛共和国的基本的民主改革，杜威的许多思想已经被采纳，而他的其他一些思想则对实际改造我们的教育体系有直接或间接的影响"（Becker, 1930）。魏玛共和国末期，在贝克的支持和许拉的推动下，杜威教育思想一时间获得德国官方默许——他们推荐"初等和中等学校的教师都阅读杜威的《民主主义与教育》，作为这些学校培训教师不可分割的一部分"（Wegner, 1978）。

另有一些教育学家则在实践中运用杜威教育思想。弗里茨·卡森（F. Karsen）是当时德国一位具有国际声誉的学校改革家。他把杜威教育思想用于自己的教育实践中。卡森在 1921 年创办了"卡尔·马克思学校"并担任校长，其宗旨并非要固化马克思的意识形态，而是力图赋予学生更多自由，同时培养他们强烈的社会责任感，使他们成为具有民主意识的公民。他抨击传统教育和政治生活中的权威主义，认为民主不仅是一种政府形式，更是一种生活方式，而学校恰恰是民主生活中的一种实验。他认为，"旧的教育系统建立在权威基础之上，服从德国皇帝的意志。魏玛共和国面临的问题是如何把这一系统民主化"（Karsen, 1943）[332]。卡森显然从《民主主义与教育》中找到了解决这一问题的资源，促进了他自己的教育理论与实践的形成。1927 年，卡森赴美考察进步主义教育，会见了杜威和克伯屈，深受"设计教学法"影响，遂打算将其引入自己在柏林的劳作学校。杜威对卡森的影响，可从其创办的卡尔·马克思学校与杜威学校的诸多相似之处看到，如：学生通过自己的经验获得知识；课程基于"设计教学法"；学校的活动强调集体与合作精神；学生在学校中过民主社群生活等。

耶拿大学的教育学教授彼得·彼得森（P. Petersen）在阅读了凯兴斯泰纳的著作后，系统阅读了杜威的《学校与社会》，这促使他发展了"小组教学"（gruppenunterricht）的思想。1925—1930 年，他在耶拿创办了一所实验学校，将这一思想付诸实践。他使用杜威具有民主特色的教育思想支持其"倡导社群生活的学校"（lebensgemein schaftsschule）的理念，使学生的个人兴趣与社会取得和谐。他制订了"小耶拿计划"（der kleine jenaplan），类似于《学校与社会》中的内容，将学生分为 6—7 个组，分组的原则与杜威的思想如出一辙，并与杜威的实验学校有许多相似之处。在这所学校中，教师的角色不是发号施令和扮演权威，而是学生的同道人和引导者。儿童之间彼此配合，分担学校的工作和责任。

四、"二战"前德国对杜威教育思想的负面解读：篡改、批判与贬损

如上所述，德意志帝国时期，一批学校改革派已关注杜威的教育思想，遗憾的是，种种现象表明这种吸收活动只是零星出现，并未形成大局面。故杜威教育思想在德国的教育实践中的影响是边缘性的，其声音是微弱的。古利特在当时被认为是激进而危险的改革派，当政者对他的思想听之任之，没有积极回应。由于长时间内大多数德国读者都参阅他翻译的《学校与社会》，其民族主义倾向的翻译导致在很长一段时间内德国民众对杜威的理性理解被阻碍。凯兴斯泰纳虽对杜威极为推崇，但他主要把杜威的思想放在自己的著作中诠释，与杜威原著界限模糊。这一时期，"公共

意见、政府、政党和学校当权者，或者没有注意到杜威的教育思想，或者即使注意到，他们也很少抱以赞成的态度，而是采取一种敌视的姿态"（Wegner，1978）。魏玛共和国时期，德国对杜威的吸收和理解也没有重大突破。虽然杜威关于"民主社会"的教育思想相当程度上加深了当时魏玛共和国的教育改革信念，然而由于纳粹党的篡权，这一影响非常短暂而有限。虽然卡森和彼得森等人在各自的实验学校践行了与杜威相似的思想，但当时的政治环境以及各自的哲学和宗教立场使其不敢公开表明自己在实验杜威教育思想。如比特纳所言："教育改革者采纳了杜威学校的实践结果和结论，但他们却将其植入别的意识形态和思想体系之中。"（Bittner，2000）

可以说，在"二战"之前，德国主流教育圈很少关注杜威教育思想。即使他们偶尔对杜威教育思想有所注意，往往伴随着篡改、批判和贬损杜威思想等负面现象。第一，如上所述，这一时期的德国教育学家都或多或少篡改了杜威教育思想，使其服务于各自的意图。许多教育学家都戴着民族主义的眼镜解读杜威，就是到了 20 世纪 30 年代，德国的众多知识分子对杜威的重新诠释还是带着浓重的民族主义色彩。在哲学家爱德华·鲍姆加藤（E. Baumgarten）和金特·雅各比（G. Jacoby）等看来，杜威试图表述的"个体创造性"需要诠释得与德意志民族意志相符合，而民族意志体现为服从政治领袖和政府（Grube，2012）[207]。另一些德国知识分子，如弗雷德里希·索纳曼（F. Schönemann）和伊丽莎白·诺埃尔（E. Noelle）等，还把杜威的实用主义意义上的社群（community）概念与美国知识分子赫伯特·克罗利（H. Croly）和沃尔特·李普曼（W. Lippman）的国家主义思想混淆在一起。前者强调社群成员的"共同经验"和"共同的问题解决"，后者则强调自上而下的国家主义。他们脱离美国具体环境来解读这些概念，把"社群"概念篡改为德国语境中的"共同体"（gemeinschaft）概念（Grube，2012）[207]。第二，这一时期杜威的教育思想在德国的教育圈中遭遇了尖锐的批判。瑟加斯·赫森（S. Hessen）在 1930 年出版的《约翰·杜威的教育原理》（*John Dewey's Erziehungslehre*）中，从基督教立场出发对实用主义教育学进行批判，指出杜威的许多观点都特指芝加哥的实验学校，而且几乎没有讨论实用主义教育学在中等学校的可行性。这不仅质疑了美国教育思想在德国学校体系中的可行性，也质疑了从杜威哲学中抽取教育学的可能性。他的批判其实源于他对杜威实用主义哲学的抵制，因为 20 世纪初以唯心主义为主导的德国哲学界对来自美国的实用主义哲学基本上是排斥的。第三，杜威教育思想在当时的德国还遭到强烈的贬损。赫尔巴特学派批评杜威把学校和课程当成了"社会教育学"（social pedagogy）的基础。德国当时最具影响力的教育学家爱德华·斯普朗格，就直接贬损杜威教育思想的价值。在 1915 年给凯兴斯泰纳的信中，他认为杜威把教育简约为经济性的和技术性的活动，认为杜威的教育思想远远低于"德国教育的广度"（Spranger，1966b）[30]。可究竟是什么原因造成这些现象的呢？

五、20 世纪初德国的"教育语言"与杜威教育思想

为探究以上历史现象的原因，笔者试图从德国的"教育语言"（languages of education）及其与杜威教育思想之间的关系中寻找答案。"教育语言"作为一个概念由教育历史学家丹尼尔·特罗勒（D. Tröhler）提出。他指出，"教育语言"中的"语言"，"不是理解为反映'真实世界'的一种符号系统，而是一种产生意义的系统"（Tröhler，2011）[10]。"教育语言"是人们思考、言说和书写教育的"方式""风格"或"模式"。它揭示了"我们怎样思考、言说和书写教育（即我们的教育的主导性语言），以隐秘的方式受惠于宗教信仰和政治理想。"（Tröhler，2011）[2-3] 特罗勒认为，从"教育语言"入手研究教育历史现象，能再现特定历史时空中意识形态的样貌，以及意识形态与教育现象之间的关系，乃是教育研究的一种方

法。参照主导性教育语言，我们能够"分析出（某个历史时空中）基本的规范性态度，绘制出关于（教育）建议、论述、体系和概念的当代根源和历史根源布局图。当我们力图把最具承诺性的教育论述追溯回其关注的意识形态核心时，这样的布局图显得尤为关键。也因此，这样的布局图成为评价教育领域中不同方法和不同主张的工具"（Tröhler, 2011）[17]。那么，19世纪末20世纪初德国的主导性教育语言是什么？与当时作为外来思想的杜威教育思想之间是一种怎样的关系呢？

19世纪末20世纪初，德国的教育界受到狄尔泰（W. Dilthey）精神科学的影响，出现了"精神科学教育学"（geisteswissenchaft pädagogik）。此派教育学成为这一时期乃至20世纪德国的主导性教育语言，因为它来自德国根深蒂固的"教化"（bildung）传统。"教化"传统可追溯到16世纪德国路德宗的新教主义（German Lutheran Protestantism）以及后来的德国唯心主义哲学。18世纪末"教化"概念不仅涉及培养个体的灵性生命，而且演变得具有哲学和政治含义。德国哲学家赫尔德（J. G. Herder）把"教化"的意义从人的精神生命的生成延伸到民族（volk）发展的问题。沿袭赫尔德关于"教化"的传统，歌德、洪堡、费希特、黑格尔和狄尔泰等都对"教化"的意义做过各自的诠释和发展，使其意义与个体的自我生成和民族发展紧密相关。1918年，德国著名文学家托马斯·曼（T. Mann）把"教化"概括为"内在精神生命的培养与生成"（Mann, 1993）[249]。1933年，狄尔泰的学生、精神科学教育学代表人物之一赫尔曼·诺尔（H. Nohl）定义"教化"为"文化中的一种主体性存在——是灵魂的内在形式和精神姿态。在主体自身的作用下，主体具有了某些外在事物所具有的特质（那些事物是由外而内达及主体的任何事物），力图生成统一的内在生命。正是这种内在生命塑造了主体的每个外在表达和行动"（Tröhler, 2011）[163]。诺尔认为这种教育方式只有在全面推行国民教育的国家中才可能实现（Tröhler, 2011）[163]。显然，在这一时期，精神科学教育学不仅关注个体内在精神生命的生成，而且演变得具有鲜明的民族主义色彩。

精神科学教育学的出现，与当时德国思想界弥漫着的二元主义分不开（Nohl，1926）。这种二元主义体现在实证主义与人的精神之间，多元与统一之间，以及外在与内在之间。首先，在实证主义与人的精神之间，精神科学教育学派信奉狄德罗的观点——"我们说明（explain）自然，我们理解（understand）内在生命"，与实证主义划清了界限。其次，在当时新教育运动的大气候下，德国涌现了多种多样的教育改革潮流。诺尔认为在它们之间一定有一个终极的统一体，于是在1926年提出了"德国人新理想的统一体"。这不仅统一了多种形式的进步主义教育，而且用进步主义教育发展出精神科学教育学的民族观。特罗勒认为，这种"统一"实际是排斥与德国"教化"传统的教育理论相冲突的、外来的和多元的教育思想，包括杜威的实用主义教育思想（Tröhler，2011）[167]。这可以解释除了杜威之外，为什么当时其他进步主义教育学家的教育方法和思想也没有在德国学校实践中被广泛采用。最后，当时德国存在两种整体性的建构需要有所统一：内在人格（personhood）和民族国家（national volksstaat）。1914年，诺尔的导师、唯心主义哲学家鲁道夫·欧肯（R. Eucken）在其著作中提出德国的民族性格体现为"内在精神生命"（an inner spiritual life）。这种生活起初是路德宗新教性质的，随着历史发展逐渐演化为德国人生活与思想的特征。这也使得德国哲学显出与其他国家不同的特征（Tröhler，2011）[152]。托马斯·曼也认为，人不仅是一个社会存在，而且是一个形而上的存在，与之相关的是通过教育（bildung）而生成的"人格"（personhood），即通过努力和自我修养而产生的内在精神生命。对于外在于个体的"民族"，德国人则理解为共享语言、文化、宗教与风俗的共同体。因此，在曼看来，"民族"（英语为"nation"，德语为"volksgemeinschaft"）是先于"政治"和"社会"而存在的（Mann，1993）[518]。国家应视"民族的统一性"为内在人格生长的土壤；而民族教育是"教化"的基础，以此培养德意志民族认同感（Tröhler，2011）[154-159]。这样，曼将人的内在与外在建立起了联系。可以看出，当时德国教育所用的主导语言是人民国家（volksstaat），或种族国家（ethic nation），或共享一种精神的共同体（the community that shares an ethos）。这与杜威意义上的民主（democracy）概念是不同的。

因此，德国的民主概念并无多样性和多元性的含义，只含有"民族同胞的统一性"的意义。德语中的"共同体"（gemeinschaft）含义与杜威意义上的共同体/社群（community）并不相同。格鲁伯写道："在德国，'共同体'的含义有和谐的意思，有因意志、态度和倾向一致而形成的共同体的意思，有所谓人民自愿从属于民族道德和民族习俗的意思。"（Grube，2012）[207-208]而民族共同体（volksgemeinschaft）在德国思想界中被认为是上帝意志的体现。狄德罗的学生、德国现代教育体系的开创者斯普朗格在1926年写道："如今，民族性格实属神性的外衣（clothes of godhood）。"（Spranger，1928）[68]德国教育学家认为在以"教化"为目标培养下一代的过程中，必须以"民族共同体"的理念（而不是社会或公共领域）为参照开展国民教育。斯普朗格写道："我们需要的是……与德意志、民族、与国家捆绑在一起的个体精神和全面教育。"（Keim，1991）显然，当时德国主导性教育语言主张发展具有统一性的民族教育，基于多元性的民主原则必然被视为异类。曼就直接批判过民主观念，认为民主观念与基督教相悖，指出德国人的政治化发生在人民国家（volksstaat）中，而非民主观念中（Mann，1993）[264]。

总之，当时德国的教育语言中，"心灵（geist）""真正的生活""心性（inwardness）""感情的深度""人格的高度""人民国家"是占主导地位的规范性用语。这不仅缩小和划定了教育语言的范围，而且排除了与其相悖的其他教育语言共存的可能性，或使其他语言不具备重要意义，特别是与其冲突的概念，如多元性、协商、经验和民主等外来语言。不难看出，外来的杜威的教育思想，与融入德意志民族精神的高深的教育目标极不协调。精神科学教育学的主要代表斯普朗格甚至把杜威的实用主义贬低为"厨房和家务杂工的功利主义（utilitarianism），必须以德国的'理想的教化理论'予以反驳"（Spranger，1966a）[37]。

六、结语

本文考察发现，20世纪初至"二战"前，杜威教育思想之所以出现在德国，与其社会系统和教育系统内部的需求有关。从社会系统看，德国当时的社会变革与现代化进程要求在学校与工业社会之间建立联系，要求对学校进行改革。改革派希望通过建立新式学校，培养具有民族精神、适应工业社会的新一代，以满足新技术时代的需求，杜威的教育思想为此提供了一种解决方法。在教育系统内部，从个体层面看，教育学家出于自己的教育理想与实践目的，主动翻译、吸收和推崇杜威教育思想；从教育运动看，杜威教育思想与当时欧洲新教育运动的声音一致，激励了当时德国基于儿童中心和经验的教育思想。杜威关于通过职业开展教育的思想支持了德国的"劳作学校"的概念，赋予其一个恰当的意义和结构。魏玛共和国时期，国际进步主义教育运动促成德国人赴美国考察教育，形成一批推崇美国教育的德国教育学者，推动了杜威思想在德国的吸收。杜威的著作阐述了民主社会与教育实践的关系，与魏玛德国新民主宪法的精神一致。

然而，德国教育改革派没有认识到，德国在政治和社会意识形态方面的保守势力依然强大，在文化方面的传统更是根深蒂固。20世纪初，唯心主义哲学统领的德国哲学界几乎完全排斥来自美国的实用主义哲学，且前者还主导着的德国教育领域，使"精神科学教育学"成为德国主导性教育语言。它聚焦于德国"教化"传统的教育理论，强调心性，强调个体内在的、具有统一性的生命的生成；同时，精神科学教育学与当时宣扬德意志民族主义的国民教育统一起来，强调培养具有德意志民族认同感的国民。这一切与杜威强调的基于个体经验的知识观和教育观、强调个体与社会结合的、基于民主主义的教育理论有极大冲突。精神科学教育学家聚焦内在生命的养成，不关注教育的社会性，反对实用主义的基于经验的教育观，反对多元化和民主观念。杜威的实用主义被等同于功利主义。在这样的教育语言环境下，杜威的实用主义教育思想不仅很难得到德国主流教育学界的接受，而且很难在实践层面被深入推广。总之，"二战"前德国对杜威教育思想的吸收过程中，没有合适的"教育语言"环境，使得杜威教育思想在德国没有形成足够的影响，也可以说使德国教育传统失去了创新性地融合外来教育思想的机会。

通过分析当时德国的教育语言，我们看到由于意识形态的原因，德国读者对杜威思想形成"误解"和产生偏见，对德国"二战"之后及20世纪后半叶理性吸收杜威教育思想造成了阻碍。从更宏观的层面看，一国的教育系统中，主导性教育语言，即一个时空下主流意识形态对教育领域的所思、所说和所写的方式，会划定甚至构成人们所看到的、所听到的、所知道的，以及所实践的教育。换句话说，一种教育语言使得某些教育言说和实践具有可能性，同时，也会使得其他教育言说和实践受阻，甚至不具有存在的可能性。

参 考 文 献

Becker C H, 1930. The present educational situation in Germany [J]. School and Society （32）：608.

Bittner S, 2000. German readers of Dewey：before 1933 and after 1945 [M] // Oelkers J, Rhyn H. Dewey and European education：general problems and case studies. Dordrecht：Kluwer Academic Publishers.

Bittner S, 2005. The perception of Dewey's pragmatism in Germany after 1945 [M] // Tröhler D, Oelkers J. Pragmatism and education. Rotterdam：Sense Publishers.

Grube N, 2012. A "new Repulbic"？：the debate between John Dewey and Walter Lippman and its reception in pre- and postwar Germany [M] // Bruno-Jofré R, Schriewer J. The global reception of John Dewey's thought: multiple refractions through time and space. New York and London: Routledge.

Gurlitt L, 1903a. Ein neuer kamfgenosse: John Dewey [J]. Blätter für deutsche erziehung, V: 151.

Gurlitt L, 1903b. Die schule und das öffentliche leben I [J]. Zeitschrift für pädagogische psychologie, Pathologie und hygiene (5): 344–364.

Gurlitt L, 1904. Schule und öffentliche leben [J]. Türmer-Jahrbuch (3): 151–165.

Hovre F, 1931. Philosophy and education: the modern educational theories of naturalism, socialism, and nationalism [M]. New York: Benziger Brothers.

Hylla E, 1929. Die bildungstheorie John Deweys [J]. Pädagogisches Zentralblatt (9): 711.

Karsen F, 1943. "German education under the Weimer Republic." [M] //Harry N R, Herbert S. Encyclopedia of modern education. New York: Philosophical library of New York City.

Keim W, 1991. Paedagogen und paedagogik im nationalsozialismus-ein underledigtes problem der erziehung-swissenschaft 16 (Studien zur Bildungsreform) [M]. Frankurt am Main: Verlag Peter Lang. 3. Auflage.

Kerschensteiner G, 1966. Letter sent to Eduard Spranger on 21 March, 1915. Briefwechsel [M] //Englert L, Kerschensteiner G, Spranger E. Briefwechsel 1912–1931. Munich/Vienna: Oldenbourg.

Kerschensteiner G, 1910. Der Begriff der staatsbürgerliche erziehung [M]. Leipzig: B. G. Teubner, (v–vi).

Kerschensteiner G, 1968. "Selbstdarstellung," ausgewählte pädagogische schriften [M]. Paderborn: Ferdinand Schöningh, Band II.

Mann T, 1993. Betrachtungen eines unpolitischen [M]. Frankfurt: Fischer Verlag.

Nohl H, 1926. Die einheit der pädagogischen bewegung [J]. Die Erziehung (1): 57–61.

Oelkers J, 1993. Dewey in Deutschland: ein mißverständnis [M] //John Dewey: Demokratie und erziehung. Eine einleitung in die philosophische pädagogik. Weinheim: Julius Beltz.

Prantl R, 1917. Kerschensteiner als pädagogik [M]. Paderborn: Ferdinand Schöningh.

Rust V D, 1965. German interest in foreign education since the World War Ⅰ [M]. Ann Arbor：Michigan Unversity.

Schorske C, 1972. German social democracy 1905-1917 [M]. New York：Harper & Row.

Spranger E, 1928. Der deutsche Klassizismus und das Bildungsleben der Gegenwart [M]. Erfurt：Kurt Stenger Verlag.

Spranger E, 1966a. Letter sent to Georg Kerschensteiner on 11 March 1915 [M] // Englert L, Kerschensteiner G, Spranger E. Briefwechsel 1912-1931. Munich/Vienna：Oldenbourg.

Spranger E, 1966b. Letter sent to Georg Kerschensteiner on 14 March 1915 [M] // Englert L, Kerschensteiner G, Spranger E. Briefwechsel 1912-1931. Munich/Vienna：Oldenbourg.

Tröhler D, 2011. Langauge of education：protestant legacies, national identities, and global aspiration [M]. New York：Routledge.

Wegner R, 1978. Dewey's ideas in Germany：the intellectual response, 1901-1933 [D]. Wisconsin：The University of Wisconsin-Madison.

21世纪俄罗斯学者
对杜威民主主义教育思想的评析

李申申　　贾英伦[①]

杜威作为世界级的著名教育家、哲学家和社会活动家，其思想在整个20世纪乃至今天对世界各国教育仍有巨大的影响，几乎无人能出其右，对俄罗斯教育的影响亦然。无论是20世纪20年代对杜威思想的极力推崇、吸纳与借鉴，还是30年代，尤其是杜威参与托洛茨基案后对杜威思想的否定与批判，50—60年代冷战时期对杜威的冷漠，以及80年代末以来"苏联开始实行教育人性化和民主化，探索新的教育标准，开始重新评价杜威的教育遗产，他的被遗忘的思想才得以重见天日"（Маминова，2013），俄罗斯教育界与杜威都有着解不开的渊源。正如俄罗斯当代学者玛米诺娃（Н. В. Маминова）所说："虽然不同历史阶段教育界对杜威的评价不一致，但俄罗斯教育界比任何西方国家都关注杜威教育思想。"（Маминова，2013）

进入21世纪，俄罗斯学者在新的历史条件下，以更加理性、客观的

---
① 作者简介：李申申（1948— ），女，河南郑州人，河南大学教育科学学院教授、教育科学研究所研究员、博士生导师，主要研究方向为中外教育史；贾英伦（1973— ），女，河南唐河人，华北水利水电大学外语学院讲师、博士、河南大学教育学在站博士后研究人员，主要研究方向为俄罗斯教育、翻译理论。

态度研究杜威的民主主义思想，并论证了研究杜威民主主义教育思想的迫切性与现实意义。

一、杜威教育思想的现实意义

罗卡切娃（Е. Ю. Рогачева）指出："从 80 年代起，在教育合作的浪潮中，冈察洛夫（Гончаров）、古烈耶娃（Гуреева）、马雷什（Малиш）、马利克娃（Малькова）、皮沃瓦洛夫（Пивоваров）、皮利波夫斯基（Пилиповский）、西德洛夫（Сидоров）、弗拉德金（Фрадкин）、赫麦里（Хмель）等人把杜威的教育思想引入教育大辩论中。对杜威著作的特别关注和对其教育遗产的兴趣出现在 20 世纪 90 年代，当时正逢俄罗斯对学校进行民主化改革。对以人为本、教育的反省模式、公民教育问题和互动教学法等的关注刺激教育界在 20 世纪和 21 世纪之交向杜威寻求'新的智慧。'"（Рогачева，2006）

进入 21 世纪，面对时代发展对教育的需求，以及俄罗斯教育中存在的问题，不少俄罗斯学者呼吁重视杜威的教育思想，强调杜威教育思想所具有的现实意义，以及在俄罗斯研究杜威教育思想的紧迫性。

（一）研究杜威教育思想的现实意义

俄罗斯学者首先论述了杜威教育思想对当代世界教育发展的意义。学者魏迪亚科娃（З. В. Видиякова）总结性地阐释了杜威民主主义教育思想的现实意义："研究表明，杜威的民主主义教育学为解决众多教育问题提供了答案，这些问题大到教育的宏观问题，如确定教育目标、教育任务（思想教育和教学），小至具体的教学问题等。此外，在肯定其设计教学法的作用——学生可以了解文化、传统、人民的信仰的同时，杜威的教育学还重视宗教教育。我们认为，杜威民主主义教育学的人文本质就在于此。在确立和发展民主生活基础的今天，杜威民主主义教育学的现实性和重要性在日益增长。"（Видиякова，2012）俄罗斯联邦会议国际关系专家别洛茨维托娃（Е. М. Белоцветова）认为："杜威是阐明实用主义哲学流派的社会—政治意义和教育功能的创始人之一。他研究了实用主义的科学方法论，他关于有效行为方法的探索为新的哲学学说的诞生奠定了基础……杜威所倡导的社会福祉观和社会秩序理论遵循正当的人文主义原则，致力于发展人的理性和智慧……杜威研究出的科学方法论是成功的人类活动的工具。杜威向我们证明，真实可信的知识加上正确使用科学方法，能在解决难题的探索中给予个人以理性的自由。"（Белоцветова，2010）

知名学者罗卡切娃在杜威教育思想研究方面卓有成就。她指出，"一百年前杜威成为主张培养'听话顺从的学生'的赫尔巴特教育学派的反对者。杜威认为，在民主化进程中，这样的品质妨碍有效管理和组织社会，他号召社会每个成员成为有责任心的、积极的公民，他看到了学校里有'社会生活的萌芽'……杜威把教育理解成'生长'，把知识和教学视为依靠学生经验，发展学生个性的手段，他的这些观点至今还是宝贵的。杜威提倡学会合作，号召成年人和儿童一起活动，'以做促学'……在当代全球化背景下，为了更好地理解教育借鉴的问题，深入、全面地剖析杜威教育学有非常重要的意义"，"在 21 世纪，杜威的民主观和教育观继续被借鉴，因为这些观点充满人文气息和人文关怀……他的教育思想为学生个性的和谐发展、成为积极的公民和充满创造力的个体创造了条件。杜威教育哲学具有深度、开放性和前瞻性，一代代教育者将把他的教育遗产视为教育改革讨论中的'强劲声音'"（Рогачева，2006）。

（二） 在俄罗斯研究杜威教育思想的紧迫性

罗卡切娃指出："从 20 世纪 80 年代末起俄罗斯开始努力探寻实现教育现代化、发展教育理论的路径……研究杜威教育学对世界教育理论与实践的影响，可以使我们更深入地理解 20 世纪教育现代化和改革事业的成败原因。"（Рогачева，2006）"新千年在人类意识中强化了相互依存的关系，跨文化对话使我们必须关注历史比较教育学的研究，必须揭示世界一体化背景下文化相互依存的进程和影响因素。""杜威强调不断改革中的反思性经验、民主和教育的内部相互关系、主体间性思想和交往活动理论——所有这些课题在今天的学校和教育发展中依旧具有迫切性。"在分析了俄罗斯有关杜威研究的现状后，罗卡切娃说："目前在俄罗斯缺乏关于杜威的概括性的教育史论著，很少有人揭示杜威的教育思想和教学法在不同文化背景下被接受的过程。目前这方面的需求非常迫切。"（Рогачева，2006）为此，她选择了"杜威教育学对 20 世纪教育理论与实践的影响"作为答辩论文的题目。

卡洛博娃（А. Э. Коробова）指出："20 世纪末以来教育的人文化思想越来越重要，个人的发展、自律能力和与人合作能力成为人生的要义，社会的教育价值取向发生转变。现代教育要能促进受教育者创造性掌握和接受人类文化、生活方式、民族传统中的普遍和特殊之处，促进受教育者树立对其他民族文化体系的正确态度。许多学者认为，多元文化性是现代教育的显著特征。20 世纪 90 年代，教育发生了很大变化，教育者可以自由进行教育实验，他们对教育教学理论问题的探讨，使得寻找最佳教育教学方式和教学手段成为可能，这种变化促使教育者必须研究杜威的教育遗产，因为杜威的教育思想曾对全世界教育理论与实践产生巨大影响。"（Коробова，2000）

魏迪亚科娃也指出："近二十年来，俄罗斯的现代化进程对学校发展影响强烈，要求学校发生质的更新，对学校教学水平、学生品德培养提出更高要求，社会对当今学校状况和学校所进行的改革不满意。当今俄罗斯学校所发生的变化就是对社会意见的反映：建设'我们的新学校'，推行培养新一代国家教育标准，改变教学内容和教学方法。近十年最明显的创新之一就是实行设计教学法。该法在苏维埃学校成立之初已得到认可，然而在 20 年代末遭到猛烈批评，1932 年被禁止。当今学校的实践表明，设计教学法能很好地和其他教育模式相融合，有计划地运用它，可以解决许多思想教育和教学问题。由此引起我们必须探究设计教学法创始人之一杜威的理论遗产……以培养民主社会所需要的人才。"（Видиякова，2012）

托米娜（Е. Ф. Томина）说："由于俄罗斯民主社会氛围的发展，培养人的个性的需求在俄罗斯产生，因此培养学生个性有了极大的可能性……这更为突出地显示出杜威教育体系对发展当代俄罗斯教育的重要性。"（Томина，2011）

俄罗斯当代著名教育家科尔涅托夫（Г. Б. Корнетов）撰文指出："杜威研究的两个问题，对于俄罗斯当今社会来说，是尤其急需解决的。第一个问题，教育是为了民主；第二，教育是为了孩子。只有这两个问题解决了，才能研究现代学校的民主化前景，才能以设计教学法为基础组织教育。"（Корнетов，2009）[2]

二、杜威教育思想再认识

在新的时代背景下，俄罗斯学者较为客观地分析了杜威教育思想的诸多方面。

（一）阐释民主主义教育原则

科尔涅托夫对杜威的民主主义原则及其同教育的关系进行了较为详尽的阐述。他指出："杜威把学生置于教育问题的中心，这样不可避免碰到一个难题——必须处理好人与社会的和谐关系。杜威找到了解决问题的钥匙——巩固和发展民主主义。"在此基础上，他引用杜威的《人的问题》，进一步阐释了杜威关于民主与教育的关系："民主主义是教育的原则。作为民主主义的拥护者，杜威提出，社会组成、法律制度和机构组织都是为人而设立的，而不是人的存在是为了它们，它们是培养个体的工具。他要求任何规章制度的制定和国家机构的设立都要考虑以下出发点：释放人的天赋能力、把人的天赋能力变成现实力量、将人的能力相互协调作为社会力量高效运转的范例……对于杜威而言，'很显然，民主与教育的关系是双向的、互逆的，是血肉相连的'，'民主本身是教育的原则、标准和政策'，民主政治本身'具有思想教育意义，因为它把我们作为民主社会的个体，赋予我们思考的责任'"（Корнетов，2007）[26-48]。

学者乌里弗松（Б. Л. Вульфсон）强调，"杜威以自由者、民主者的身份，通过社会问题的棱镜思考教育的任务。他认为民主不单单是政治上的自由，民主意味着为每个社会成员创造机会，使其在经济生活和公民生活中表现出主动性、创造性，使其具有做人的尊严感。民主社会应使每个公民具有社会责任感，每个公民应为个人行为负责，能协调自己和他人的利益，形成行为自我调控的机制"。乌里弗松还强调："作为资产阶级自由主义者，杜威反对任何形式的极权主义。20 世纪 30 年代杜威对此问题很关注，当时极权主义在欧洲多个国家盛行。杜威指出……在极权主义国家里普及初等教育并不一定意味着政府造福于人民，普及初等教育也可能成为独裁者的有力武器，加强他们对民众的影响，因为许多人盲目相信媒体……杜威以德国为例指出，'德国的教育很好，文盲率全球最低。德国学者的渊博学识和大学的科研能力举世闻名。尽管如此，正是德国的中小学学校成为极权主义鼓吹的肥沃土壤，而高校则成为魏玛共和国的反动中心。'"（Вульфсон，2004）

别洛茨维托娃（Е. М. Белоцветова）在其副博士答辩论文中，从政治学和社会学的角度解读了杜威对民主的理解："杜威非常明白，不受伦理道德原则控制的社会自由竞争、在道德原则方面无意识地滥用技术资源，这些公众行为将对社会产生大的危害性，这些行为不仅使个人失去人性，而且对其本人也有很大危害性。对社会问题的这些见解促使杜威创建特殊方法，发展和培养人性。对于确定个人在社会中的作用、培养个体的社会'习惯'、理解'自由'是民主国家的主要气质，这些方法是非常必要的。通过揭示代表民主国家的自由和利益的人性概念，杜威倡导深入揭示社会所存在问题的实质，促进社会发展形成有效机制。民主国家的人不仅应该有文化有知识，而且应掌握'自由'这个概念的合格品质，这样个人才能做出独立判断，确定自己的义务范围，其中包括社会义务，即履行公民责任"（Белоцветова，2011）。

（二）理解"经验"的价值

当代俄罗斯学者对实用主义经验论进行了较为深刻的解读，对杜威关于经验是人与环境交互作用的结果、正是在经验的获得和持续不断的改造中儿童不断地生长等观点进行了正面阐释。

古辛斯基（Э. Н. Гусинский）指出："'经验'是杜威哲学的核心概念，'经验'把人和世界连接成一个连续的统一体，因此杜威所创立的教育哲学流派被称作实验主义……实验主义认为，人对世界的了解只有在人与世界的独立而积极的相互作用中才能实现……信仰和价值观不是以现成的形式给予个人，个人也不是从社会消极地接受价值观和信仰，个人价值观和信仰的形成是个人在无休止的生命体验过程中积极劳动和智性思考的结果。"（Гусинский，1999）

科尔涅托夫指出，杜威"把哲学看作一种教育理论，认为哲学是培养理智的工具和建设美好生活的方法"（Корнетов，2009）[18]。毕姆-巴德（Б. М. Бим-Бад）阐释了杜威关于哲学与教育学之关系："杜威的教育思想在很多地方和康德思想、詹姆斯实用主义相关联。但杜威并不是在进行教育探索活动之初就接受了实用主义，而是当他在改革中小学和当时占统治地位的教育学的实验已经取得社会承认时才转向实用主义。实用主义作为一种哲学，杜威认为它没有义务思考和复写现实，而是要帮助人们解决生活问题和人生大事（实用在希腊语中是'事情''行动'。在康德哲学中'实用'是实践，而不是理论）。杜威认为，哲学不仅仅是认识和解释世界，而是一种解决实际问题的方法和在实践中把世界变得更好一些的方法。哲学不是教育学的基础，教育学也不是哲学的基础，二者是一回事，因为哲学不是别的，而是要彻底解决人类最难的、最重要的任务——教育的实践问题。"关于杜威的经验理论，毕姆-巴德进一步论述道："杜威的教育学—哲学体系依靠的是一系列特殊的范畴，其中最重要的也许是'经验'。杜威认为，只有当人们理解了经验包含了积极和消极这两个相互关联的成分后，才能理解经验的属性……教育不是从外部额外强加给儿童和青年的一种东西，而是受教育者个人能力的生长和开发其与生俱来的天赋。杜威把教育理解为经验的生长，但什么是'生长'呢，这也是杜威教育哲学体系的一个重要范畴。生长——这是人在所有时期最重要的、占主导地位的天赋和使命，包括智力上的生长和道德上的生长。因为生长是生命的特点，教育像生长一样，也是生命的特点……杜威赋予生长这么重要的意义，以至于他提出'如果我们把道德教育理解为生长，那么我们就能接受民主，不然就相反'……进步教育并不是完全和传统教育相对立的教育。进步教育指的是渐进性教育，它的每一阶段增添的是生长方法、进步方法、发展方法和完善，这是终生的进步。"（Бим-Бад，2010）

罗卡切娃指出："杜威的哲学强调三种元素：经验理论、自然主义和理性理解。杜威认为，经验是生命体和物理环境、社会环境相互作用的结果，经验就是过程、历史和交往联系，是人的所有活动的全部生命世界……杜威实用主义哲学和以其为基础的教育学的核心观点在于：把教育理解为'生长'，发展的过程是开放的和面向未来的，而未来在很大程度上取决于现在和对前景的规划。"（Рогачева，2006）

魏迪亚科娃指出：杜威"认为教育不是从外部向儿童灌输什么，而是能力和品质的生长发展，这样每个人才能在阳光下生活"，"以儿童发展、兴趣和需求为取向的教育是在富有成效的师生相互关系中培养民主价值观的必要条件"（Видиякова，2012）。

（三）赞同培养独立思考能力和首创精神

罗卡切娃指出："杜威认为，民主因素的产生和确立将促使社会生活以崭新方式进行，将经常为解决社会不断产生的新问题提供创造性思路和反省思维……杜威认为，从理性角度看，教育应和反思紧密相连，否则，'实践活动变得机械和墨守成规，道德规范变得模糊和退居次要地位，美学欣赏变成多愁善感'……作为教条主义的反对者，杜威鼓励教师和学生发展实验思维方式，研究问题教学法，改变'赫尔巴特的形式教学法'。他认为，学校的主要作用是给予儿童机会，让他们积累在合作中生活的成功经验，他努力把合作思想和交流思想作为组织学校生活的基础。杜威的这种思想被沿用至今。"罗卡切娃还指出，杜威亲自编写了培养大学生反思能力的教程（Рогачева，2006）。

科尔涅托夫论及杜威强调培养儿童独立思考能力的重要性："杜威指出，在民主条件下，'为社会行为负责和管理社会是每个社会成员的责任'，他还指出，教育应该'培养每个人承担这种责任的能力，使每个人了解人民的生活条件和需求，发展每个人有效参与社会管理的能力。'他说，如果'儿童只学会服从命令做这做那，仅仅因为告诉他要这样做，如果儿童内心没有培养起对自己能力的信任和独立思考能力，那么不言而喻，在完善民主和传播民主思想的道路上将遇到重重障碍'。"（Корнетов，2007）[102]

乌里弗松指出了杜威对培养学生批判性思维的重视："杜威认为，人类的思维总是有一定的目标，从具体的问题情境出发，试图用最合适的方法解决问题。但是必须对以前的任何理论和思想持批判态度，必须通过实验检验它们。这种思维的形成有赖于个人经验，教育应把培养学生的批判思维作为主要目标。"他引用杜威的话指出："现在的学校主要向学生传递现成信息，而不是培养其批判性思维，学校现在的教学法扼杀学生的求知欲……如果找不到解决'教什么、怎么教'这一问题的办法，学校的教育活动将威胁到民主主义的发展。"因此，"学校的改变不只是结构上的改变，杜威提出学校的活动应进行根本性改变"。乌里弗松还指出杜威对培养学生独立创造精神的强调："杜威在反对学校现行教规的同时，还经常强调，进行成功教育活动的条件是承认学生的兴趣、需求、能力在教育中具有首要意义。杜威认为教师的最重要职能是用各种方法培养学生的独立精神，唤醒其求知欲、追求独立创造的精神。"（Вульфсон，2004）

魏迪亚科娃谈到杜威的情境教学法时指出，杜威情境教学法的主旨即在于"刺激学生思考，促进学生进行积极认知活动"。她说："杜威很重视教育情境，把其视为有效的教学手段，他指出使用该手段应遵循以下条件：（1）设置障碍情境；（2）确定情境的概念并界定其边界；（3）设想解决情境问题的可能方法；（4）通过推理各种设想之间的关系来发展学生思维；（5）继续观察，促使情境问题彻底解决。"（Видиякова，2012）

托米娜指出："杜威认为，新的先进学校的最主要任务是发展儿童的反思能力、适应社团的能力，培养儿童独立的人格！他认为，如果学校能用服务于社会的精神来熏陶自由的群体中的每个儿童，为他们配置培养首创精神的设施工具等，那么我们的社会将变得更公正、更和谐。"她认为，"杜威的教育学是在社会危急时刻形成的有价值的东西，这是阐释杜威教育范式的基础。杜威提供的教学法主要是培养学生的独立思考能力和发展学生的智性"（Томина，2011）。

古辛斯基在他翻译的《民主主义与教育》的序言中指出："在实验主义的阐释中，教育是通向自由之路。我们的自由程度取决于我们能在多大程度上理智地参与社会生活和独立思考，而不单单是被动地对社会活动做出回应和评价，因为正是我们自己决定我们对外界因素所做出的评价的性质。只有下列情况下我们才是自由的：当我们的活动是思考我们自身经验的结果的时候，当我们不允许外界影响使我们摇摆不定的时候，当我们有能力迎接新事物，有能力用自由研究方法考量新事物并能利用该实验结果来指导我们的行为的时候。"（Гусинский，1999）

（四）认可"做中学"和"设计教学法"

一些俄罗斯学者批判了当前学校与家庭仍恪守压抑儿童的传统教育教学方法。科尔涅托夫批评现代教育中仍存在阻碍儿童自由和全方面发展的教学观。针对这种现象，他说："教育可能不仅是福利，也可能成为罪恶，给正在成长的一代造成不可挽回的危害……很显然，传统教育教学观依旧在家庭教育和学校教育实践中占主导地位，这不仅阻碍民主教育，而且阻碍俄罗斯社会的民主化改革进程。"（Корнетов，2009）[2]

有学者指出，"做中学"的实践性教学是激发儿童生命活动的教学，有利于纠正俄罗斯教育的弊端。罗卡切娃指出："杜威不认为学校是'生活走廊的前厅'，他认为在学校受教育是儿童积极的生命活动，而不是外力强加给他的……教学过程对于儿童来说就是'动手做那些能激发他们的感觉、理解力、想象力、评判力、动手能力的事情'，儿童们乐于做这些事情。"（Рогачева，2005）[34-37]魏迪亚科娃把杜威的"做中学"的教学看作生命体在成长过程中获取知识、学会与人交往、克服所遇到的各种矛盾的基础性原则与方法。她引用《民主主义与教育》指出，"杜威组织教育的基础是以做促学原则"（Видиякова，2012）。

另一些学者指出，"做中学"的原则和"设计教学法"是真正能激发儿童思维品质和首创精神的教学。乌里弗松写道："杜威所研究的小学教学模式之一是'以做代学'。追求独立行动——这是人的本性，不应该被忽视，相反，应该有目的地利用它。不允许学生大部分上课时间都在听老师讲授，教室应该变成实验室。因此课堂大部分时间应让儿童动手完成一些设计活动，活动难度应逐渐加大。学生在活动中会遇到一些困难，他们会利用已有的知识和技能克服困难。这将在学校创造学生爱学习的氛围，使学生感受到独立创造、探寻、发现的快乐……杜威还指出，应该将游戏活动系统地纳入教学过程中。他认为儿童和他人及世界的协作需求首先是在游戏中产生的，并且游戏是发展儿童智力、道德、意志品质的有效手段。杜威对发展问题教学法做出重要贡献，他认为问题教学法与直观讲解法相比，有无可争辩的优点。学习过程中产生的疑问使学生发现自己以往所掌握的知识的不足之处，这将促使学生积极探寻，解决问题，从而使学生形成认知独立性，发展批判性思维和创造能力。"（Вульфсон，2004）

魏迪亚科娃指出："杜威颠覆了传统的教学流程（学生先掌握知识、技能，然后运用它们）。他认为，学生在和社会、文化环境相互作用过程中遇到问题后，应主动解决，这样他会积极行动、发现和运用解决问题所必需的知识，获取运用知识的实践经验，积累各种技能，培养各种能力。而且学生不只是掌握纯粹的文化知识，而且发展了情商和思维能力。"（Видиякова，2012）

基于以上认识，一些俄罗斯学者对杜威的芝加哥实验学校给予了较高的评价。罗卡切娃直接在美国考察教育并收集了大量相关资料。她指出："杜威创办的芝加哥大学实验学校……从根本上改变了人们对教学法的看法，实验学校调动学生学习的积极性，把民主思想引入教室……在这里诞生了把学习和生活结合起来的实验学校模型，在这里他的教育哲学得以形成并被接受。"（Рогачева，2006）科尔涅托夫也高度评价了芝加哥实验学校（Корнетов，2009）[3-4]。

俄罗斯学者也指出，杜威强调的实践性教学与分科教学并不矛盾，杜威对"设计教学法"的看法具有辩证性。罗卡切娃写道："在分析杜威的芝加哥学校档案基础之上推翻了杜威批评者的观点，他们认为杜威完全脱离学科教育原则，仅仅关注完全由项目活动组成的教学大纲……在《我的教育信条》（1897）中，杜威写道：'教育进步有两个方面——心理的和社会的，两者缺一不可，否则就可能产生不良后果'。在实验学校的教学计划中杜威制定了两个衡量标准：各种活动（从学生方面讲）；学科内容的逻辑组织单位，像化学、物理、生物、数学、历史、外语、文学、音乐、体育（从教师方面讲）。这就是说，杜威并没有全部抛弃学科原则，他的教学大纲并非如通常贴给他的标签那样是基于设计教学法的。"（Рогачева，2006）

托米娜指出，杜威并没有把"设计教学法"绝对化，而是能辩证地加以评价："设计教学法运用了杜威研究的教学原则'以活动促教学'。杜威认为教学工作应建立在积极的基础之上，应通过学生合理的活动来完成，向学生们展示他们个人的兴趣对于获取对其一生有用的知识很重要。杜威批评了克伯屈的一些教育理念，认为不应该让所有的教育都围绕设计教学法而开展，因为这种方法是短时性的，经常具有偶然性和平淡性，因此对于全面教育是不适用的。学生在设计活动中获取的知识具有技巧性，而不具理论性，因此杜威建议把设计教学法和其他教学法结合起来"（Томина，2011）。

托米娜进一步指出了杜威教学法思想对俄罗斯教育实践的影响："20世纪80年代，在合作教育学浪潮中，苏联教育学重新审视杜威的教育遗产。在思考学校民主化形成过程、新的内省教育模式、互动教学法中，苏联教育界对杜威教育学研究升温。从1991年起，杜威式实践在俄罗斯许多中等学校低年级中涌现，杜威的理论成为俄罗斯的当代教育理论。在俄罗斯教育界，设计教学法在三个领域获得新生：第一，在使用多种教育技术的学科教育领域，不论是中等教育的主要阶段还是职业教育的初级阶段；第二，教育实现计算机化的进程中，出现了由学生和教师分组完成或电脑代替教师的程序；第三，设计教学法在与世界并轨的大学本科教育和中学教育里被积极使用……进入21世纪后，俄罗斯开始重新思考教育的价值体系，被称为'价值革命'，实现了从信息灌输教学法向提出问题培养学生科学探寻意识的启发式教学法的转变；设计教学法内容得到更新，目的在于实现因材施教，为每个学生创造机会，找到适合其学习的方法；出现了更多使用电子资源、互联网资源的机会。现在，俄罗斯学校正在广泛使用杜威所研究的分阶段问题教学，这样可以提高学生积极性，激发其兴趣、能力，为其创造更多的可能性。俄罗斯的教育者提出任务：把学生培养成灵活的、有创造力的、会思考的、愿意和其他学生合作的积极的而不是消极的个体。"（Томина，2011）

（五）肯定杜威关于学校是实现民主社会的首要工具的思想

杜威对教育的重视主要体现在他认为教育是根治社会弊病、消弭社会动荡、培植合作精神、实现民主主义社会的有效工具，而学校则是达成这一目的的首要机构。当代俄罗斯学者对此持赞同态度。科尔涅托夫指出："杜威是社会变革论和自由民主主义的无条件信徒，他认为社会实现民主化的主要杠杆是'全面教育。'"（Корнетов，2009）[8]他引述杜威的观点："当学校在培养和教育每个孩子成为社会团体成员时，要使服务社会的精神渗透其内心，使其具备开展创造性独立活动的能力，这样我们将具有最坚实、最好的民主保障，我们生活的广阔社会将变得更高尚、更舒适、更和谐。"科尔涅托夫还指出，杜威认为学校中的班级集体应成为"探索者群落"。他说："杜威认为，社会民主改革的前提，是为人的发展创造特殊环境，使他发展成为民主主体。杜威认为，学校就是这样的首要的特殊环境。民主技能的教育首先在班级可以实现，班级应变成探索者群落……自由及把自己的观点和别人观点相结合这一问题，对于儿童来说是困难的。必须训练儿童与同龄人自由对话交流，在交流中逐步解决这个问题。这种交流应确保：（1）自由发表意见；（2）逐步形成、发表和论证意见；（3）理智的责任感，批评和倾听的能力（理解、接受、有理有据地反驳）；（4）与人妥协、协调的艺术；（5）保持个性的权利；（6）为共同探寻真理做出贡献的义务。在这样的环境里每个人有自由权利，有限制规则，可以积累个人经验，对话，共同参与，公开探索经验，发掘和使用知识，促进社会性和个性的发展。班级变成探索者群体的同时，也成为使儿童认识集体的方式……这不可能是传统教育学框架下的基本民主训练，而是今天我们所广泛普及的公民教育。探索者群体的主要特征是：独立思考与批判反思、理智和自由。"（Корнетов，2007）[107-115]

乌里弗松也指出："杜威认为学校是达到真正民主主义的主要工具，'创造良好社会的唯一基础性工具是公共学校系统'。赋予学校改造社会的职能——这是杜威主义的主要观点之一。但是为了完成这个重要的使命，学校本身应该进行根本的改变。首先应该去除学校二元论，不允许为来自不同社会阶层的学生建立不同的学校，不允许把处于义务教育阶段的学生

划分成不同的等级。美国建立这样的学校比西欧要早得多，其中杜威起了很关键的作用。"（Вульфсон，2004）

魏迪亚科娃指出，杜威强调"学校是培养民主主义的最有效的首选渠道"。她写道："杜威把学校视为工具，为了在美国确立和完善民主制度，学校应为社会培养新人，培养具有服务社会精神的成员，具有创造精神的自由人。"（Видиякова，2012）

（六）褒扬杜威的教师教育思想

新世纪俄罗斯学者肯定了杜威的教师教育思想。罗卡切娃指出："杜威和帕克一起研究出培养教师的新理念，引起世界多个国家师范教育系统的关注，并付诸实践……在哥伦比亚大学师范学院，杜威继续完善教师培养体系和问题教学组织法。"她还指出，杜威提出并极力论证教学专业化，要求教师必须掌握教育理论和教学方法。杜威还提高了教育学的学术地位，解决了当时美国学术性大学与师范院校之间的矛盾，使教育学科得以立足于学术性大学。这一思想在世界教育史上产生了重大的影响（Рогачева，2006）。

（七）赞扬杜威是跨学科研究的典范

罗卡切娃明确指出："杜威是跨学科研究的典范，他把哲学、教育学和心理学结合在一起，试图把这些领域的知识联合在一起，以此来解决教育问题。正因为如此，杜威的理论成为以人本主义为基础的新教育学经典。"（Рогачева，2006）

科尔涅托夫指出，杜威"在《教育科学的源泉》（1929）一书中强调教育学的跨学科性质，认为应该依靠所有学科知识解决教育问题"（Корнетов，2007）[8]。

三、在理性研究基础上对杜威的较高评价

1968 年，杜威的著作《自由与文化》的俄文版只能在国外出版，在这本书的译者序中，杜威被称为"美国现代最有智慧的人之一"（Рогачева，2006）。

20 世纪 80 年代后期，杜威的思想被苏联学界认为"富有人文和民主气息"（Корнетов，2007）[12]。

21 世纪，俄罗斯学者终于完全摆脱了以前过分政治化、意识形态化的极端态度，回归到基于对教育规律本身的认知来评价杜威。

别洛茨维托娃这样评价杜威："杜威的人生好像就是在展示由其创立的工具实用主义，他一生都在努力履行智慧的教育者的公民责任。杜威是许多社会组织的成员，他为世人树立了作为公民应有的积极的立场态度的范例。当和美国保守信仰相矛盾时，他坚持自己的自由观点。他被当作左派自由者，虽然他对共产主义思想没有任何好感……杜威响应理性的号召，弘扬社会正义，一生保护弱势公民。他终生都在履行上天赋予他的'社会牧师'的公民使命。"（Белоцветова，2010）

乌里弗松主张对杜威的教育思想进行全面评价。他说："一个很复杂的问题——兼顾学生兴趣和掌握科学基础知识，在杜威的教育理论里没得到应有的充分阐释……然而，批判的狂风暴雨过去之后，近年来对杜威著作的兴趣开始复苏。他的一些思想和建议，如加强学校和社会联系、发展学生认知独立性的方法、反对满堂灌教学法等，完全符合现代教育观。"（Вульфсон，2004）

科尔涅托夫指出："杜威是反对传统权威教育、改革传统教育学和新学校运动中涌现出的许多领袖中最有影响力的人物……杜威认为，学校应实现理想社会的生活方式，积极与学校围墙之外具有共同经验的其他主体相互配合，努力成为社会中心，努力对周围社会施加变革影响。杜威把儿

童视为教育的中心，认为教育应和日常生活领域的实践相连，应致力于发展儿童有效参与社会生活的能力。教育的目的在合适的社会条件帮助下才能实现，社会条件应刺激儿童能力，唤醒其作为社会整体一个成员的意识。这样的教育致力于培养学生在探究（以做代学）中相互协作，这样学生对学习的兴趣才是发自内心的。"（Корнетов，2009）[5]

  罗卡切娃对杜威进行了较高的评价。她谈道："杜威的教育学不仅对美国的教育理论与实践的发展给予重要影响，而且在世界许多国家和地区具有重要影响……他是 20 世纪杰出的思想家、教师的教师，他的实用主义（工具主义）教育哲学和教育实验产生了巨大的国际影响……杜威还积极参与社会政治生活，倡导社会公平正义，因此多国政府在其生前就授予他荣誉称号，这些都奠定了杜威作为教育理论家和教育实践家的世界影响……毫无疑问，杜威对定位于儿童经验、兴趣和个性的教育文化的发展具有突出贡献。杜威在思想发展史上的地位，也许会被他的崇拜者和反对者进行不同的诠释，但是否定其重要影响的只会是那些忽视历史和逻辑的人……杜威的高尚品性、灿烂的创造个性、文化修养、多重社会角色使他成为 20 世纪教育基石上的关键人物……他不居功自傲，一生真诚、理智、慷慨、善良，他是优秀的导师、勇敢者和真正的公民。"（Рогачева，2006）

参 考 文 献

Белоцветова Е М，2010. Исторический мир《прагматизма》Джона Дьюи［EB/OL］.
　［2015-02-11］. http：//www. rusus. ru/？ act＝read&id＝216.

Белоцветова Е М，2011. Политическая философия Джона Дьюи и проблемы
　формирования гражданского общества［D］. Москва：Кандидат Политических
　наук.

Бим-Бад Б М，2010. Прогрессивная педагогика Джона Дьюи［EB/OL］.［2015-02-
　10］. http：//www. zenon74. ru/ school/ pedagogika-dzhona-dyui.

Видиякова З В，2012. Основные идеи демократической педагогики Джона Дьюи［J］. Вопросы Современной Науки И Практики（3）：85-92 .

Вульфсон Б Л，1992. Джон Дьюи и советская педагогика［J］. Педагогика（9，10）： 99-105.

Вульфсон Б Л，2004. Педагогика прагматизма Джон Дьюи［EB/OL］.［2015-02-08］. http：//pedsovet. org/component/option，com _ mtree/task，viewlink/ link _ id，2979/ Itemid，118/.

Гусинский Э Н，Турчанинова Ю И，1999. Джон Дьюи，демократия и образование. ［EB/OL］.［2015-02-01］. http：//old. russ. ru/edu/99-06-22/gusinsk. htm.

Джон Дьюи，2000. Демократие и образование：пер. с англ［M］. Москва： Педагогика-Пресс.

Карпачева Н В，2009. Педагогическое значение социальной среды в теории Д. Дьюи ［D］. Курск：Курский государственный университет.

Корнетов Г Б，2009. Каким быть образованию. Составление［M］. Москва：Карапус.

Корнетов Г Б，2007. Прогрессивистская педагогика Джона Дьюи［M］. Москва：АСОУ.

Коробова А Э，2000. Педагогические идеи Джона Дьюи и их интерпретация в отечественной педагогической теории и практике 20-30-х годов［D］. Волгоград： Волгоградская государственная академия физической культуры.

Маминова Н В，2013. Оценка педагогических идей Джона Дьюи в России［EB/OL］. ［2015-02-01］. http：//www. pedagog. vlsu. ru/. . ./fradkin2013/Maminova. pdf.

Маминова Н В，2011. Педагогическое наследиеидей Джона Дьюи：от традициик инновации［EB/OL］.［2015 - 02 - 01］. http：//www. m - proektov. narod. ru/data/ main-5/topic-1/page07. html.

Маминова Н В，2012. Реализация идей американских педагогов- прогрессивистов в отечественном педагогическом образовании первой трети XX века［D］. Владимир： Владимирский государственный университет.

Никовская Л，2011. Гражданское общество как ресурс модернизации в России［EB/ OL］.［2015-02-01］. http：//www. frgp. ru/news/2011-09-01-403/.

Рогачева Е Ю，2005. Педагогика Джона Дьюи в XX веке：кросс-культурный контекст

［M］．Владимир：ВПГУ．

Рогачева Е Ю，2006．Влияние педагогики Джона Дьюи на теорию и практику образования в XX веке ［D］．Москва：Институт теории и истории педагогики РАО．

Томина Е Ф，2011．Педагогические идеи Джона Дьюи：история и современность ［J］．ВестникОГУ（121）：360-366．

日本关于杜威的研究的特征和课题：
如何批判地吸收杜威的思想

梶井一晓[①]

一、在教育史的长河之中：导言

教育史上最重要的人是谁？是卢梭、洛克、裴斯泰洛奇、福禄培尔、迪尔凯姆，还是杜威呢？当然，选出最重要的唯一人选是比较困难的，但是杜威一定是绽放最耀眼光芒的那一位。杜威在教育史中绝对是最重要的人物之一，这是毋庸置疑的。

在这些教育家之中选出唯一人选的困难之处在于评判的标准不仅仅是他们的学说。他们的学说虽然各自独立，但同时彼此之间也产生影响。这种影响有直接的也有间接的，有批判的也有吸收的，是通过与许多前辈们的对话而得来的。如果重视这个对话的过程的话，他们和其他人一样，正是在教育史的长河中起到指明灯作用的前辈。这些指明灯无论哪一个都不

① 作者简介：梶井一晓（1972—　），男，日本岐阜县人，博士，日本冈山大学副教授，主要研究领域为教育史和教师教育理论。

可或缺。此外，生活在 21 世纪的我们也在历史的长河中与先驱者杜威相遇，我们继承了杜威的什么呢？

在本文中我无法将日本所有对杜威的研究都总结出来，因为研究杜威的学者恐怕和研究康德的学者一样多。虽然我们要对如此多的研究致以敬意，不过如果追溯所有的杜威研究的话，就会发现这些研究都过于关注客体。另外，各位学者们研究的主题、方法也是多样的。我发现，日本学界的杜威研究史也是批判吸收杜威学说的过程。

二、作为学问发展的杜威研究：从全盘接受到批判吸收

（一）近代日本的开端和杜威

杜威的学说在 19 世纪 80 年代末已传入日本。1888 年，元良勇次郎（1858—1912）发表的《美国心理学近况》将杜威的学说首先介绍到了日本（元良勇次郎，1888）。

1889 年，作为日本近代宪法的《大日本帝国宪法》颁布。宪法制定之前的 1885 年，日本确立了内阁制度，伊藤博文作为总理大臣组建了第一届内阁。伊藤内阁任命的第一任文部省大臣是森有礼。森有礼致力于促进学校教育制度的确立。他在就任的第二年就废除了之前的学制（1872 年颁布）、教育令（第一次 1880 年颁布、第二次 1885 年颁布），制定了帝国大学令、师范学校令、中学校令、小学校令等，巩固了国民教育制度的基础。众所周知，日本在明治政府时期开始近代化。在此之后，明治政府在原有的幕藩关系的基础上革新了政治、行政体制，拥立了新的官僚机构，开始构筑近代的政治、行政体制。明治政府在欧美寻求了近代化的模型。19 世纪 80 年代末，元良勇次郎将杜威的学说传播到日本时，作为近代国家的日本已经逐渐具备了实现教育近代化的能力。

在元良勇次郎之后，杜威的学说继续在日本传播。比如中岛德藏发表的《杜威伦理学纲要》（1900）、桑木严翼和田中王堂在东京大学发行的《哲学杂志》上关于实用主义的争论（1900）、上野阳一翻译的《学校与社会》出版（1900）、中岛力造发表《解读杜威和塔夫茨的〈伦理学〉》（1903）、孤田万一郎的译著《伦理学》（博物馆 1912）的发行、田制佐重的摘译《民主主义与教育》（隆文馆 1918）、帆足理一郎的《教育哲学概论：民主主义与教育》全译本等（早坂忠博，2010）[4-7]。由此可见，自元良勇次郎以后，日本研究者对杜威学说的介绍几乎与杜威思想的发展同步。这也是日本近代国家的发展和国民教育的确立步伐相一致的过程。

杜威在 1919 年访日使得其学说在日本广受欢迎。对于杜威的访日活动，涉泽荣一、新渡户稻造、吉野作造、小野荣二郎、姊崎正治、友枝高彦、桑木严翼等人都参与协助。他们之中的许多人都与东京帝国大学有关系。作为近代日本学术中心，东京帝国大学中哲学研究的主流，虽说是以井上哲次郎为代表的传统德国哲学，但是对美国新哲学的关心也逐步加强（笠松幸一，2010）[31-36]。杜威在这次访日期间，以"当今哲学的位置：哲学改造的诸问题"（The Position of Philosophy at the Present：Problems of Philosophic Reconstruction）为题的连续演讲（八天八场）在东京帝国大学举行，引起了听众们的关注。听众最多的时候可达约一千人（笠松幸一，2010）[36]。此演讲稿由中岛慎一翻译，在 1921 年以《哲学的改造》（岩波书店）为名出版发行。同年，千叶命吉将杜威在日本的演讲内容加以润色，译为《哲学的改造》（同文馆）公开发行。杜威结束访日后，接下来访问了中国。和在日本短暂的滞留不同，杜威在中国停留至 1921 年（佐藤尚子，1987）。

根据以上的研究动向，可以发现其具有两个特点。

第一，近代日本对杜威学说的接受首先是以哲学为中心进行的。元良勇次郎虽然是介绍心理学，但是采用的是"心理上的哲学"术语，接下来的中岛慎一等人主要研究也是将哲学当作自身学问的基础来吸收杜威的学说的。教育学在近代学问体系中，没有稳固自己的位置，只是在哲学中占有一席之地。此时，教育学在近代学术形成中正处于萌芽期。

第二，以上对杜威学说的吸收停留在全盘接受的程度。真正研究杜威，应该从单纯的欢迎、翻译、介绍的层次脱离出来。也就是说，大家对杜威的学说应该在锐意研讨、考察的基础上，采取批判吸收的态度，这是必不可少的。只有能从别人的学说中获得启发，然后形成自己独特的观点，才能称为学术。这种自觉的批判吸收态度在接下来要介绍的条原助市身上得到鲜明的体现。

（二）批判吸收态度下的杜威研究

条原助市是近代日本有自己思想体系的教育学家。条原助市将"理论的教育学"和"实践的教育学"体系化，对教育的理论和实践展开细致的考察。他在培养教师的中央机关东京高等师范学校学习，毕业后在福井县师范学校附属小学从教。其后，他对教育哲学渐生兴趣，进而进入京都帝国大学学习哲学史。条原助市特别关注杜威和新康德学派的哲学、教育学理论。从京都帝国大学大学院毕业后，条原助市在东京高等师范学校、东北帝国大学、东京文理科大学等院校担任教授（木内陽一，2010）[1-3]。

条原助市在东京高等师范学校学习时，阅读了《学校与社会》并产生了强烈的感受。以此为开端，在著作《伟大的教育学者杜威》中，条原助市已经具备了批判性的基本态度。在另一本著作《批判的教育学的问题》中，条原助市保持了这种态度（篠原助市，1922）[332-390]。在这本著作中的一章"杜威的教育论"中，他将《民主主义与教育》作为主要对象，尝试着对杜威的教育理论进行批判。他着重探讨了杜威的"实用主义"学说，并加以批判性讨论。条原助市的这种态度和前人的全盘接受态度不同，更适合称之为批判吸收的态度。"学校的社会化"，或者说是将学生在学校习得的知识、技能，在社会中的活动和作业相结合的主张及实践是杜威思想的著名原则，杜威在教育改良运动的发源地芝加哥大学附属小学

（实验学校）中实验了这条原则。在这条原则的基础上，杜威发展出了"实用主义是将知识当作工具"的教育理论和实践。然而，条原助市指出这样"会抹杀掉儿童单纯追求知识的求知欲"，他批判"将实用性当作学习的第一动力"的人为性。这种批判是在同福禄培尔学派"直接单纯的兴趣"观点相对比的背景下提出的。条原助市的特点是，在大量参考德国教育学的背景下考察杜威的教育理论。

根据条原助市对杜威教育理论的批判吸收态度，我希望确定以下两点。

第一，日本学术时代的状况。在条原助市形成自己的教育学的 20 世纪 20、30 年代，日本学术界超越了以往单纯翻译介绍欧美思想的层次，开始融入日本人的独特性来进行研究（木内陽一，2010）[2]。这可以称为日本教育学发展的萌芽时期。1919 年杜威访日之后，杜威的教育思想备受欢迎，美国教育学对日本的影响扩大。许多教育家将杜威思想移植到日本教育中。对此，条原助市认为国民性是教育的基础，尽管杜威教育思想是先进的，但是无视不同国家、社会的特征的移植是欲速则不达的。

第二，教育学从哲学中独立出来。条原助市在论述杜威的实用主义时，关注的是它如何同教育领域的意见并行，而非在哲学上有多大价值。条原助市对杜威学说的基本态度就是肯定杜威的学说是一个关于教育的理论。这种态度在他的主要作品《教育的本质和教育学》中有所表达。他主张教育学必须具备哲学的基础，认为"教育学的本质在于拥有独特的研究对象、观点和方法"（木内陽一，2010）[2]（篠原助市，1930）[417-418]。另外，让人感兴趣的是，在日本，教育学从哲学中独立出来的过程与条原助市参与的词典编撰工作相重合。1922 年发行的《岩波哲学辞典》是当时具有代表性的哲学辞典，其有超过 1000 页的大量文献，有 67 位编者，条原助市是负责教育学相关条目的唯一编者。这部辞典中"杜威思想"条目的负责人是哲学部分的出隆，而非条原助市。杜威首先被看作哲学领域的人物。但是，条原助市在 1924 年编撰了自己的专著《教育词典》，至今仍然在发行。独立的教育词典的出现标志着教育学专业的独立。当然，这部词典收录了"杜威"条目（篠原助市，1924）[658-659]。条原助市在 1935 年出版了此词典的增补版，致力于完成教育学这一独立学科的基础文献。条原助市所编的教育词典有 1000 多页，其内容丰富程度与之前的哲学辞典相比毫不逊色。20 世纪 20、30 年代，日本的研究者们以杜威研究为开端，开始形成自觉地批判吸收欧美哲学、教育学的态度，教育学从哲学中独立出来的过程与教育学成为独立学科的过程是同步的。条原助市是这个过程中具有重要地位的人物。

此外，20 世纪 30 年代，日本的军国主义潮流也波及国民教育。在此期间，包括条原助市在内的教育学家们是如何阐明教育的"历史的民族性格"，再认识日本的呢？当今的研究课题应该是将近代教育学者认识"日本化的东西和日本人的自我认识"过程，与作为近代学问的教育学的形成过程联系起来考察（木内陽一，2010）[8-9]。

三、"二战"后日本关于杜威的研究

（一）日本杜威学会的创立及杜威研究的发展

战败后的日本向美国学习，以民主主义为基础重建国家。教育也从国民的义务变为国民的权利，新宪法保证了国民受教育的权利。战前，条原助市在《杜威的教育论》中论述了"他的教育思想自始至终是美国式的思想"，然而战后，日本人越来越关注美式思维方式的原理——实用主义哲学与杜威思想，特别是在教育领域中非常明显地吸收了杜威的思想。教育学者们不仅以杜威的民主主义为基础研究教育理论，而且非常关注杜威的哲学（早坂忠博，2010）[11]。杜威的思想为战后日本的教育改革提供了巨大的原动力。

战后推进杜威研究的核心机构是 1957 年成立的日本杜威学会。学会是以永野芳夫（广岛大学）、広池利三郎（东洋大学）、大槻春彦（横滨市立大学）为首设立的，植田清次（早稻田大学）、大浦猛（东京教育大学）、长田新（广岛大学）、岸本英夫（东京大学）、庄司雅子（广岛大学）、武田一郎（茶水女子大学）等人担任了重要职务（早坂忠博，2010）[8-10]。

日本杜威学会是"杜威研究者的合作机构，同时也是一些关注英美哲学、教育学的研究者的团体"，它促进了战后日本杜威研究的质量提升和数量扩展。学会设立之后，其机关刊物《日本杜威学会纪要》至今已经发行了55期（截至2014年10月），刊载了大量研究论文，向世人展示了丰富的杜威研究成果。日本杜威学会频繁举办研究会，最新的一次是2015年10月举办的第59届大会。

迄今为止日本杜威学会已经编撰、出版了三本论文集。通览各论文集收录的论文，可以把握当时研究者的研究主题。下面展示的是各卷论文集收录的论文。

1.《杜威教育理论诸问题：纪念杜威诞辰100周年》（刀江书院，1959）

《序文》（长田新）、《纪念论文集》（H. G. ハルフィッシュ）、《杜威在教育史中的位置》（荘司雅子）、《从詹姆斯到杜威》（土井嗣夫）、《黑格尔与杜威》（前原寿）、《杜威的知识观》（芝田不二男）、《杜威的美国文化论》（胡豊四）、《杜威的自然与教育》（虎竹正之）、《杜威的道德教育论》（松浦鹤造）、《杜威的教育信条》（岸本幸次郎）、《日本的杜威研究》（上寺久雄）、《对杜威的说明》（門秀一）、《杜威批判录》（ヴァーノン・カールスン/長田新訳）、《通向杜威之旅》（永野芳夫）、《日本的杜威研究目录》（上寺久雄）。

2.《杜威研究：杜威访日50周年纪念论文集》（玉川大学出版部，1969）

《序》（罗伯塔·杜威）、《前言》（鰺坂二夫）、《东洋文明是精神的西洋文明是物质的》（约翰·杜威）、《自然科学中的理想主义》（约翰·杜威）、《科学与当今产业制度》（约翰·杜威）、《对种族偏见的哲学解释》（约翰·杜威）、《太平洋会议》（约翰·杜威）、《摘要》（網冈四郎）、《1919 年日本的杜威记录》（三浦典郎）、《日本的杜威研究史》（森章博）、《战前战后的杜威同我国教育界》（武田一郎）、《杜威在日本的影响》（永野芳夫）、《杜威教育学的基本原理》（永野芳夫）、《杜威初期教育思想的形成》（大浦猛）、《杜威教育哲学的根本问题》（上寺久雄）、《杜威的思想对教育学说的规定》（竹田加寿雄）、《杜威的自我实现理论和道德教育》（德永保）、《杜威的教育哲学中的团体理念的意义》（西田文夫）、《杜威的言语思想》（米盛裕二）、《杜威在日本：1979 年一个短暂的瞬间》（V. 小林）、《社会、历史、教育》（鯵坂二夫）、《经验的系谱》（大槻春彦）、《杜威的人道主义与教育》（莊司雅子）、《杜威与新形而上学》（峰岛旭雄）、《有关杜威的回忆》（原田实）、《杜威在日本的历史》（永野芳夫）、《后记》（莊司雅子）。

3. 《日本的杜威研究与 21 世纪的课题：日本杜威学会成立 50 周年纪念论文集》（世界思想社，2010）

第一部：《杜威哲学在日本的发展与评价》

《日本对杜威哲学思想的接受与发展》（早坂忠博）、《明治时期的杜威伦理学的评价与课题》（行安茂）、《杜威与大正时期的民主主义》（笠松幸一）、《再考杜威的日本文化探究论》（早川操）、《杜威的自然主义艺术论》（立山善康）、《杜威与现代社会正义思想》（生澤繁樹）、《杜威的环境哲学对 21 世纪的启发》（龍崎忠）。

第二部：《杜威的教育理论与实践》

《杜威的教育理论的时间可能性与课题》（市村尚久）、《后产业主义时代的学习活动展望》（上野正道）、《杜威思想与环境伦理学》（黑柳修一）、《杜威的教育思想与生活缀文》（安部贵洋）、《杜威的道德教育论与实用主义》（柳沼良太）、《杜威的道德教育课程论》（齋藤勉）、《杰克逊对杜威的道德教育论的继承与发展》（佐藤隆之）、《迎来对杜威教育理论的实践性关心》（杵渊俊夫）。

近期的杜威研究著作在《日本的杜威研究与 21 世纪的课题：日本杜威学会成立 50 周年纪念论文集》中都有所提及。此论文集回顾了日本百年来的杜威研究。第一部《杜威哲学在日本的发展与评价》探讨明治时期以后的杜威研究，梳理在哲学和教育学方面的杜威研究进展，同时，尝试从 21 世纪的重要范畴"环境""正义""自然""艺术"等视角，评价杜威思想的现代性。迄今为止的研究未见从"生存""暴力""宗教""福利"等范畴研究杜威思想的现代性。

虽说杜威的思想在哲学、社会学、心理学、政治学和宗教论等方面对日本思想界产生了巨大影响，但影响最大的还是教育学。以杜威的实验主义、经验主义和民主主义为基础的教育论不仅影响了研究领域，也影响了实践领域。此论文集的第二部《杜威的教育理论与实践》，论述活动学习、单元设计学习、道德教育、生活经验和儿童中心主义等内容，如果我们阅读了它们，就会明白对战后日本教育不能脱离杜威来思考。

我注意到，安部贵洋在分析东北地区的农村小学的实践时提出了批判吸收问题。他指出，战后日本吸收杜威思想时，没有考虑到杜威生活的时代的社会背景与战后日本的社会背景的差异，结果导致"新教育"实践局限性的出现（安部贵洋，2010）。这反映了当今日本教育的现状，也让我们想起条原助市在 1922 年的《批判的教育学问题》中提出的观点。条原助市指出了当时对外国教育学顺从地接受的倾向，极力提倡构筑基于国民性的教育学，主张实行具有日本社会文化特色的教育实践。然而，当今的日本教育具有如下强烈倾向：追求国外的改革模式，将其引入以谋求教育振兴，但是，往往忽略国外案例所发生的历史文化背景，在"先进"和"改革"等词语的美化下，把那些制度、方案当作"高级品"快速引进。这种态度，很难称为历史的、批判的吸收态度，这导致教育改革有机械化倾向，也使得杜威式实践有脱离社会主流的危险（森田尚人，1999）[112]。

（二）其他杜威研究

当然，关于战后日本教育与杜威的研究，除了杜威学会编撰的论文集外，还有其他一些重要研究。杉浦宏在战后初期出版了《对杜威教育思想的研究》（1962）、《杜威研究》（1970）和《杜威的自然主义与教育》（1983）等著作。此外他还主编了两本重要的论文集。第一本是《日本的战后教育与杜威》（1998），此书针对杜威教育思想对战后日本教育的影响，收录了关于方法论、教师论、教育理论等主题的论文，探讨了新时代教育目标的指向。第二本是《现代杜威思想的再评价》（2003）。这部论文集受到世纪交替时期美国出现的"杜威复兴"风潮影响，收录了从教育思想、哲学、伦理学、心理学、社会科学、价值观、科学论、宗教论、艺术论、后现代主义和女权主义等方面尝试重新理解杜威思想的论文。在世纪交替时期编撰的以上两部论文集，让我们重新意识到杜威的思想与实践跨越了一个世纪依然对我们有启发。

四、杜威研究的特色与课题

接下来，我希望在指出日本杜威研究的特色、课题的同时，能够对今后的研究做出展望。

（一）对《民主主义与教育》的关注

《民主主义与教育》（1916）是杜威众多的著作中最广为人知的一部。"二战"前的日本，田制佐重、帆足理一郎首先翻译了该书，"二战"后，松野安男（1975）、金丸弘幸（1984）、河村望（1961）也翻译了这本书，至今依然有读者阅读。尤其是松野安男翻译的版本在岩波文库出版后，扩大了读者群。正如松野安男在译者序中所说的那样，《学校与社会》（1900）仅仅是围绕在芝加哥大学创立的实验学校展开论述，并没有很好地融合杜威的全部教育思想，而《民主主义与教育》的教育理论体现了杜威的全部思想（松野安男，1975）[253]。

日本国内对于《民主主义与教育》的研究有何特征？据我观察，第一个特征就是，近年来没有单独以《民主主义与教育》为考察对象的研究成果。但是，这并不意味着日本人轻视了《民主主义与教育》。自田制佐重、帆足理一郎等人翻译之后，至今学界都认为该书是杜威最重要的著作。许多教育实践者也持相同观点。前文提到的东北地区的小学教师，在读过《民主主义与教育》后，曾尝试着在教育实践中批判地借鉴杜威的教育理论。

那么，为何对于该著作没有单独的研究呢？这是近年来日本研究者关注问题的特有方式。日本研究者往往首先通过研究杜威的每部著作来研究杜威的教育理论，然后以此为基础关注杜威教育理论体系的多部著作，再从自己的研究视角出发整体地解读杜威教育理论，并以实践为最终目的。比如，日本学者的研究有教师教育、道德教育、语言教育、历史教育、艺术教育、体验学习、综合学习等专题视角。这样的研究方式使得研究者参考的著作不限于《民主主义与教育》，而是以《学校与社会》为起点，涉及《儿童与课程》（1902）、《人性与行为》（1922）、《经验的艺术》（1934）、《经验与教育》（1938）等著作。例如，西园芳信的近著《作为质的经验的杜威的艺术经验论与教育》（2015）通过解释杜威艺术论中"质的表现"，探讨了艺术教育哲学对"质"的认识。它从基础理论与实践方法出发，探究了艺术学科课程的构成原理，推进了杜威研究的发展。

对杜威的"民主主义"概念的研究有何特色？杜威在《民主主义与教育》中如此定义民主主义：民主主义不仅仅是政治形态，还是超越政治形态的。也就是说，它是共同生活的方式，共同经验的方式。这种定义方式让我们大开眼界。杜威曾说，民主社会中的教育具体应该是什么样子的，他自己也有疑问，但他认为，教育应是让儿童从已有经验出发，持续不断地重构经验，进而连续成长的过程。杜威的"民主主义"概念在

《民主主义与教育》之后出现了变化。但是，探究这种变化的系统研究在很长时间内都未出现。卡尔森（ヴァーノン・カールスン，1959）[307]指出过这个问题。明石纪雄也提醒我们，杜威在 1930 年的《新旧个人主义》中曾说，"民主主义同贵族制同样都是模糊的理念"，"民主主义处于知识活动之外，它是从道德与宗教上面获取权威，在此基础上才施于大众的，因此不能期待它自身具有批判力与识别力"。（明石纪雄，1975）[36,84]另外，1935 年出版的《自由主义与社会行动》中提及了"民主主义的失败"与"民主主义的危机"（明石纪雄，1975）[286,299]。杜威的"民主主义"概念的变化与 1930 年的时代背景有关。当时美国的民主主义在外部受到极权主义与共产主义的冲击，在内部，产业化社会的发展产生个人主义向集体主义调整的需求。田浦武雄的《杜威与他的时代》在研究杜威思想的变化方面做出了一定的贡献（田浦武雄，1984），我们期待能够出现更多深入探索杜威思想的历史研究。

日本的杜威研究史中，对《民主主义与教育》之后杜威的"民主主义"概念的变化研究不足，还是因为日本研究者更倾向于关注杜威的初期思想（即包含实验学校在内的芝加哥大学时期）。

如大浦猛的《实验主义教育思想的形成过程》（副标题是"杜威早期教育思想的形成"，1965）、笠原克博的《早期杜威教育思想研究》（1989）、龟尾利夫的《杜威的哲学》（1975）、栗田修的《杜威的教育学起源》（1979）和《杜威教育学的特质以及其思想史背景》（1997）等，都是对早期杜威研究的成果。此外，森田尚人的《杜威教育思想的形成》（1986）至今仍然是杜威研究的重要成果。他强调通过探究早期杜威思想，整体把握杜威教育思想形成的依据是可行的。

（二）挑战二元论的杜威

在"近代哲学之父"笛卡尔以后，对立的二元论是近代哲学的特征。主体与客体、知识与行为、观念与存在、理论与实践、个人与社会等是二元论的重要概念。那杜威的思想也存在着二元对立吗？杜威的许多著作都是"A 与 B"这样的命题，如《学校与社会》《儿童与课程》《教育中的兴趣与努力》《人性与行为》《经验与自然》等。

偏爱使用这种二元对立题目的杜威是要在 A 或 B 中二者择一吗？答案是否定的。正如森田尚人所说，杜威关注的是外表看来对立的二者本质上的共同之处。如在《儿童与课程》中，学科中心课程论的旧教育流派与学生中心课程论的新教育流派之间存在对立，杜威得出的结论并不是要在课程与经验中二择一，而是认为应该将课程中以事实和真理面貌出现的过去的社会经验导向儿童的经验，成为儿童成长不可缺少的要素。尝试着将对立的二者融合，克服二元对立，是杜威一贯的立场。

默顿·怀特（M. White）认为杜威的全部思想都贯穿着对二元论的克服（White，1972）[286-287]。本间长世引用了怀特的观点，并从多方面展开了论证。有学者指出，《民主主义与教育》中也有许多二元对立的双方：活动与知识、训练与兴趣、权威与自由、个性与制度、知性与性格、目的与手段、身体与心理、逻辑的方法与心理的方法、个别与一般等。但是杜威并非强调 A 与 B 的对立，而是主张融合与归纳。确实，作为杜威教育思想代名词的"社会的个人""做中学"等观点，都表现出杜威是在挑战二元对立。虽然杜威无法完全消解在近代西方社会占支配地位的二元论的影响，但是他为此所做的努力，不由得让我们开始反思自身"中庸"的生活态度（森田尚人，1999）[112]。

（三）教师教育改革与杜威研究

日本杜威研究的另一个重要领域是教师教育，这恐怕是日本独有的研究方向。近年来，为了提升教师教育的质量，促进教师专业成长，日本各大学、研究院都在推行教师教育改革。比如，2008 年教师研究院新设立了"提高教师资质的专门职业研究院"，开设了相关教育专家课程，这是继 2004 年法学领域法科研究院成立，尝试新式法律专门人才培养之后的又一项专业教育改革。教师研究院成立的背景是：过去的研究生教育有非常强的学科研究意向，许多人批判它不能适应学校的课题。因而，人们要求教师研究院能培养具有上岗能力、可从事实际业务的教师。另外，将教师学术资格的要求从本科层次提高到硕士层次的呼声也越来越高。在 21 世纪日本教师教育改革的潮流中，越来越多的人求助于杜威的理论。随着这种兴趣的不断增强，日本杜威学会在 2009 年的第 53 届大会上召开了以"教师教育与杜威"为题的研讨会，2010 年的第 54 届大会的研讨会也设定了相同的研究题目。

日本关于杜威教师教育思想的研究有几个动向值得关注。

杜威在早期就重视教师的专业化培养。小柳正司的《杜威的实验学校与教师教育发展》（2010）一书，运用了《杜威书信集》等重要文献，推动了关于杜威教师教育改革的历史研究。早在芝加哥大学时期（1894—1904），杜威就直接参与了教师教育工作。小柳正司通过阅读书信，证实了芝加哥大学时期的杜威付出了非常多的精力来经营实验学校，实现了从师范学校的徒弟训练型教师教育到大学科学研究型教师教育的转变。

小柳正司的研究显示：其一，杜威重视在实验学校中在职培养教师，并极力促进教师专业化；其二，杜威在实验学校建立了研究学校和实习学校一体化的新时代初中等教师教育体系；其三，杜威有创立专门的教育研究部的构想，计划在这个研究部中开设研究生课程，从事研究生水平的教师专业化教育，培养教育专业博士。教育专业博士是专业学位，不同于教育学博士。杜威认为教育专业博士同法学、医学等领域的专业学位类似，都能够提高专业的社会认可度（小柳正司，2010）[203-205]。

佐藤学指出，杜威在 1904 年为教师教育改革提出了一个重要建议。他说，教师教育与其他专业（医生、律师）教育一样，都属于专家教育，应实现从"徒弟制的教育"向以"理论与实践相结合"为中心的"实验的方法"转变，使教师教育成为专家教育。教师教育的高学历化与专业化同医生、律师等专家教育相同，都根据同样的理论展开。因此，我们应按照医生、法律从业人员等专家教育的有效模式，开展教师教育的理论研究，并制定相关政策。佐藤学发现，包括日本在内的世界各国的教师教育改革正朝着一个世纪以前杜威所发现的方向进行（佐藤学，1993）[56]。

日本的杜威教师教育思想研究还比较重视"反思"（reflection）概念。"反思"是唐纳德·舍恩（D. Schön）在《反思性实践者》（*The Reflective Practitioner*，1983）中论述专家形象变革时候的重要概念。舍恩反对具有"技术合理性"的"技术熟练者"专家，他指出新的专家应是以"在行动中反思"为基础的"反思的实践家"。舍恩是在杜威研究的基础上构筑出"反思"的概念的。杜威在《思考的方法》（1910）中提出"反省的思考"（reflective thinking）。舍恩在研究了"杜威的探究理论"后，定位了新的专家的实践核心，提出了"反思的实践家"的概念。佐藤学和秋田喜代美根据舍恩的著作翻译出版了《专家的智慧》，此书至今仍对日本的专家教育有很大影响。"反思"早已不是一个新概念，它是大学、研究生院的教育学课程中论及的比较有代表性的概念，也是学生毕业论文经常选择的主题。舍恩通过对杜威的"反省的思考"进行批判吸收，形成了"反思的实践家"这一教师理论，那么我们应该如何批判地吸收、撰写新的教师教育改革的历史呢？我们继续和先驱者对话。

五、哲学家与教育家：结论

杜威研究最大的特征是可沟通理论和实践。像日本的小原国芳和中国的陶行知都是从杜威研究走向教育改革实践，从教育学家成长为教育家。在当前的教育实践中，杜威的民主主义教育理论为合作性的经验和生活方式赋予了意义，并被佐藤学主持的"学习共同体"和"协同学习"的实践所继承。

条原助市曾说："教育学与哲学有密切关系，哲学家也是人生的教育家。"（篠原助市，1930）[418]确实，我们既说"哲学家杜威"，也说"教育家杜威"。杜威是集理论家与实践家于一身的。然而，探求将理论落实为实践的真理并不容易。因此，人们总是到杜威那里寻找启发。

参 考 文 献

明石紀雄，1975. 自由と文化. ジョン・デューイ［M］. 東京：研究社出版.

安部貴洋，2010. デューイ教育思想と生活綴方［J］. 日本のデューイ研究と21世紀
　　の課題：151.

木内陽一，2010. 助市教育学の形成と構造. 篠原助市著作集［M］. 東京：学術出
　　版会.

佐藤学，1993. 教師教育におけるケース・メソッドの起源：デューイの『知性的方
　　法』［M］. 東京：日本図書センター.

佐藤尚子，1987. デューイと中国［Z］. 日本デューイ学会紀要（28）.

篠原助市，1922. 批判的教育学の問題［M］. 東京：宝文館：332-390.

篠原助市，1924. 教育辞典［M］. 東京：宝文館：. 658-659.

篠原助市，1930. 教育の本質と教育学［M］. 東京：教育研究会：417-418.

田浦武雄，1984. デューイとその時代［M］. 東京：玉川大学出版部.

早坂忠博，2010. 日本におけるデューイ哲学思想の受容と発展［M］. 京都：世界思
　　想社：4-7.

元良勇次郎，1888. 米国心理学の近況［J］. 六合雑誌（93）.

森田尚人，1999. ジョン・デューイと未完の教育改革［M］. 東京：新曜社：112.

［李春园（北京师范大学 2014 级研究生）译，

姜星海（北京师范大学副教授）校］

第二编

《民主主义与教育》的当代审视

民主目的必须与民主手段联合吗？：
一种来自异文化背景的历史—哲学解答

詹姆斯·斯科特·约翰斯顿①

一、引言

我用一种政治性的表述开始这一章的论述。根据比较教育和国际教育对全球化影响的关注来判断，民主实践的安排组织是教育理论中一个常讲常新的问题。一方面是文化的敏感性，另一方面是用以支持社会、个人和机构的种种自由与责任的可行计划，在这两者之间维持恰当平衡是非常困难和极富争议的。显然，很少有人公开希望让教育计划和实践毫不留情地压倒教育实践主体的文化敏感性。然而，当人们不关注流行的社会文化习惯

① 作者简介：詹姆斯·斯科特·约翰斯顿（James Scott Johnston），加拿大纽芬兰纪念大学（Memorial University of Newfoundland）教育系和哲学系副教授，杜威研究专家，著有《探究与教育：杜威与民主的追寻》（*Inquiry and Education：John Dewey and the Quest for Democracy*，2006）、《杜威早期的逻辑理论》（*John Dewey's Earlier Logical Theory*，2014）等书。《民主目的必须与民主手段联合吗？：一种来自异文化背景的历史—哲学解答》（*Must Democratic Aims and Means Ally?：A Historical-Philosophical Answer from an Unlikely Context*）曾作为《民主与宗教和传统的交汇》（*Democracy and the Intersection of Religion and Traditions：The Readings of John Dewey's Understanding of Democracy and Education*）的一章出版，收入本书时，作者没有改动。麦吉尔—女王大学出版社已授予教育科学出版社版权。

时，所出现的情况将是一个很好的机会。输入各种民主做法，同时也为民主选择构建空间的后殖民式努力是失败的，这也证明了这种机会的存在。

为合理正当的、民主的教育实践创造本土空间的重要性，到现在才被认识到。① 过去在后殖民背景下推行民主的努力经常在武装暴动中终结（津巴布韦、阿尔及利亚以及刚果民主共和国），或由压迫性的政权来维持（南非），或陷入极度的贫穷之中（乍得、埃塞俄比亚、厄立特里亚），或者以上三种情况都有。最近一些纠正过去的不公正状况的努力和提供民主空间的行动，仅仅是边缘性地改善了现状，因为许多国家和国际机构继续按照过去的经验在民族—国家的责任问题上陷入争吵。我的观点是不要卷入国际政治争论。我们更应该认识到，民主实践所需的本土空间还未得到充分发育。我认为，这些本土空间在任何民主改革和制度变革中都必须是首先要考虑的。

虽然我们不能宽恕从特定的事件中引出历史规则的做法，但是为了本土民主空间有可能形成，我们有权要求某些特定的因素受到重视。比如，我们可以说，涉及文化"不协调"或者"中断"的问题必须引起重视。这往往由那些在制定教育政策上有很大权力的本土人士来处理。同样也需要对特定的社会文化习惯保持敏感，在制定各种规划时，它们必须受到关注。在决策制定过程中，保证公众参与的民主程序也不可或缺。

以上几点都很重要，但是不能止步于此。我认为，我们必须更深入地发掘是什么构成了本土民主实践。在这个方面，杜威在五四运动期间对中国历史形势的讨论可以给我们提供帮助。杜威对众多中国学者、中国文化、经济和政治的理解，以及杜威与他们（或它们）的交流互动，产生了一些特定的、有启发性的论题。② 中国文明的背景，特别是宗教/哲学式的

---

① 这方面更多的例子可参见：Tan S, John W, 2008. The introduction [M] //Tan S. Democracy as culture：Deweyan Pragmatism in a globalizing world. Albany：SUNY Press.

② 我绝不是第一个认为杜威关于中国的论述富有教育意义的人。关于杜威式实用主义对儒家思想的意义的全面评价，可参见：Tan S, 2004. Confucian democracy：a Deweyan reconstruction [M]．Albany：SUNY Press.

儒家传统，以及随之而来的生活规则和习俗，是根深蒂固的。我们必须认真对待它们，因为任何文化和文化习俗重建的起点都源于现有的习惯、价值和信念。如果本土民主实践的形态（configurations）想获得合法性，那么它们就必须源自先前的结构。

杜威将中国的五四运动视为两千多年来为真正的民主实践提供的第一次实现的机会，这并非夸张。学生们、学者们和有学识的公众第一次在社会文化制度的根本（ground-up）改革问题上团结一致。在这里需要强调的一个词语是"根本"。杜威发现中国比亚洲任何其他国家（以及少数的西欧国家）拥有更大的民主和民主实践的潜力，这正是因为他看到了本土学者们和有学识的公众所表现出来的民主精神。这个运动并非外来的——至少在杜威看来是这样，它不是一个输出民主的案例。这种新生的民主精神是土生土长的。自从清朝衰亡以来，中国社会以及学生运动的发展，为民主精神发展提供了机会。杜威认为，这是一种能够超越古代传统的精神，但这并不是通过抛弃或者暴力打倒古代传统来实现的，而是通过将古代传统作为养成有文化、有见识、乐于探究、能够根据自身的状况做出自己的决定的公众的出发点来实现的。

二、民主形态：通过民主手段达成民主目的

毫无疑问，令人信服而简洁地阐释了杜威的民主思想的最佳文本是《民主主义与教育》。在此书中，杜威写道：

> 民主不仅仅是一种政府形式，它首先是一种联合生活的方式，一种团结起来交流经验的方式。每个人在参与一项事业时，把自己的行动提交给他人参看，并考虑到他人的行动以给自己的行动赋予意义和方向。这样的个体的数量在空间上的扩展，等于是在打破阶级、种族和国家领土间的种种樊篱，这些樊篱曾使人们无法发现他们活动的丰

富意义。这些数量和种类越来越多的交流意味着个体必须回应更加多样的刺激；众多的刺激自然会诱发个体行为的多样化。它们促成众多能力的解放，而此前对行动的刺激很褊狭时，这些能力是受到压制的，因为它们被围于一个排外性的群体中，将很多利益和兴趣排除在外。（Dewey，1980）[93]

谈到一种在民主基础上进行的、特别的民主探究时，杜威说："我们不能凭想象建立我们所认为的理想社会。我们必须把我们的构想建立在现实存在的各种社会的基础上，以保证我们的理想是切实可行的。但是……这种理想不能简单地重复现存社会的各种特征。问题在于，要找出已有社会生活方式中的理想特征，用它们来批判那些不理想的方面并提出改进的建议"（Dewey，1980）[88-89]。

在杜威看来，民主并不等于一种程序或者法律事务，尽管它包括这些；民主更应是一种生活方式，一种联合的、相互沟通的生活方式，其核心是个体的行动与他人的行动之间的相互指引（Dewey，1980）[91]。除此以外，此段引文还暗示：当一个人拆除了交流的屏障时，生活就可以变得丰富多彩。我想来关注一下这些屏障。在以上引文中，杜威提到阶级、种族和国家领土，这份列举清单意味着国家主义（或在任何情况下的国家间的敌对行动）是一个目标。然而，我们必须谨慎。如果要拆除国家领土的屏障，该用何种手段？有人可能说："通过非暴力手段。"但这是不充分的。很明显，构成暴力的因素并不限于身体上的强制。通过占领、殖民和不公平的贸易对文化和公众所实施的暴力跟其他侵犯性的伎俩一样是有争议的。如果拆除国家领土屏障不排除这些活动的话，那么它就混淆了本身的目标。我在此强调的是：民主目的和民主手段必须同时起作用。在受到全面侵略之后没有人还能坚持民主（或民主的实践），被殖民后同样如此。民主目的和民主手段必须自始至终保持一致。

在《自由与文化》一书中，杜威非常清楚地阐述了这种一致性。在书中谈到威权政府的时候，杜威主张：

> 如果总结人类经验可以得出一个明白无误的结论，那么它就是：实现民主目的必须运用民主方法……我们"对抗独裁主义"首先要捍卫的就是：要认识到，只有通过在我们日常生活的每一方面慢慢地、日复一日地采用和传播与我们想要达到的目的相一致的方法，才能服务于民主，而任何诉诸一元化的、大规模的、绝对主义的程序的方法则是对人类自由的一种背叛，无论它如何伪装自己（Dewey，1987b）[187]。

杜威关于民主目的和手段的论述是清楚明确的。不过，杜威的民主"理论"包括他自己所认为的核心吗？在其他地方，我坚持认为理解杜威的民主最好的方式，是把它看作一个过程或者一种方法，在这个过程中，个人、群体、共同体和社会不断地生长（Johnston，2006）。下面我将简要地论述一下我的主张，然后再来讨论在民主目的和民主手段保持一致的背景下，民主的教育应如何作为。

在我所展望的民主概念中，生长是最重要的。杜威在《经验与自然》中说："实在就是生长过程本身；儿童和成年是一个连续体的不同阶段，正因为它是一个历史过程，所以在这个连续体中，后者不可能先于前者存在……而且后者会使用前者所保持和积累的成果，或者更严格地说，后者就是对前者的利用。"（Dewey，1981）[210]

那么，生长意味着什么？这是杜威在《经验与教育》中讨论的生长："生长，或者说不断生长和不断发展，不仅是身体层面的，而且是理智和道德层面的，它是连续性原理的一个范例。"（Dewey，1987a）[19]我在别处已经说过，生长与经验密切相连，与在属于存在的某些普遍特征中可发现的满足密切关联。这些特征包括"具有特性的个性、恒常的关系、偶然和必要、运动和抑制……这个事实既是价值的源泉，也是价值的不确定性的源泉，既是偶然的直接占有的源泉，也是对稳定可靠的成就和占有的前提条件的反思的源泉。因此，任何探索和界定这些特征的理论都只是批评领域的平面图，上面设置一些基线，用于更复杂的测量。"（Dewey, 1981)[308-309]根据杜威的观点，这些特征的具体化是个体之间的关系和社会关系等各种有意义关系的跳板。简言之，我们置身于共同产生生长的经验中。而且，它构成了社会群体的基础。

在更大的群体（共同体）中的团结合作，可以使人们有机会将"坏"的经验（问题或事件）最小化，以有利于"好"的经验（那些能够增强存在的普遍特征的经验）。最终，当人们在一起发现、研究和改善共同的问题和事件时，不同的共同体之间会建起互通的桥梁。这种发现、研究和改善的过程或方式就是探究。我认为，探究是个人和社会生长的核心方式。民主就是探究，通过它，人们建立种种制度和程序，最大化好的经验，最小化坏的经验，满足共同体的需要，解决共同体的问题。民主与其说是位于这些服务于人们的制度中（尽管这是必要的），不如说是处于解决问题和增加经验的过程当中。在前面摘自《民主主义与教育》的引文中，杜威已清晰地表明了这个观点。

教育是一种发展民主探究的手段，通过它，解决各种问题和培养社会技能与习惯所需的社会力量也会得到开发。探究是达成经验性目的的社会化方式，因而它在完成一种令人满意的经验方面也有局限性。人们会改进不能解决问题的探究或不能实现令人满意的经验的探究。尽管有很多方法已经被成功地用于解决广泛的问题，但是探究并没有"一劳永逸的方法"。学校的主要功能就是为孩子们提供各种机会来发展这种探究。在低年级中，这种探究将与日常生活中的各种活动紧密联合，这必然是非正式的。随着儿童年龄的增长和上升到更高年级，探究也变得越来越正式化和复杂化。尽管如此，探究的要义自始至终是一致的。

探究必须具有民主性。探究是生长的途径，如果它是不民主的，如果它奉行僵化的原则或绝对的教条，那么它就不会获得民主的结果。事实上，它很有可能变成暴君和独裁者手中的一件可怕的武器，20 世纪能证明这一点。探究所指向的目的（这些目的往往被假设为是民主的）并不会自动使探究具有民主性，决定探究民主性的是探究的手段。具有民主性的探究是一种灵活的、非威权的、实验性的解决人类行为和联合生活中的问题的途径。民主的探究强调解决问题的重要性：探究的完成必须达到事物的有意义状态。此外，探究还必须是可操作的。当儿童们在各科学习中发展和实践探究的"习惯"，并将这种探究带入他们的日常生活中时，教育中的民主探究就是可操作的。

杜威没有研究在应该交流的场合人们被迫保持沉默的各种原因。① 然而，他一定会对这种沉默感到惋惜。阻挡进步（在这里，进步可以被理解为问题的发现、调查、实验和评价，以及问题的解决）的种种屏障是令人沮丧的。如果探究必须以这样一种方式实现，即只有一部分人秘密地了解一定的信息，或在获得结果方面有独断的或偏袒的限制，那么它就不再具有民主性。这是一个核心要点：对于具有民主性的探究，所有那些有发言权的人（哈贝马斯称这些人为"利益相关者"）必须在问题、所采用的研究路径、认可的结果和认可的解决方式等方面达成一致。少了任何一方面，探究都是不民主的。在学校的背景中，少了以上任何一方面，教育都不是民主的教育。如果学校要教给孩子们民主的探究，那么它们必须保证民主地运作探究，而且它们的政策和程序都不能违背这个目标。

接下来的问题是：将民主的探究应用于非民主国家时，杜威的观点是一致的吗？杜威的民主探究模式自始至终一以贯之吗？换句话说，是否可能存在一种理解杜威的民主探究模式的方式，它不会重新引发威权主义、殖民主义和帝国主义？我认为，杜威在 1919 年至 1921 年关于中国问题的论述有希望对这个问题给出肯定的答案。

---

① 人们以不同的方式被迫保持沉默。我认为，某些沉默是民主对话中显现出来的旧的权力关系的不良结果。那些民主对话的既得利益者可能会不惜牺牲他人利益，强迫他人沉默。这是一个抑制民主对话的好理由吗？如果回答是肯定的，那么民主就没有被付诸实践。另一方面，如果回答是否定的，那么合理的权力差异可能继续影响对话。我不能陷入这个困境，不过，在我看来，如果杜威面临这个困境，他将站在民主实践的一边。

三、特定背景中的手段和目的：杜威在中国

杜威访华之时，中国正处于过去两千多年的帝国初见曙光以来影响最深远的政治转型时期。清朝已在 1911 年被推翻，至少在表面上，这是一个共和国。知识分子们秉持形形色色的意识形态，争论着中国的未来，讨论大、中、小学的方向，尤其关注政治的走向。从 1911 年到杜威来访之间的岁月，是一个丰饶多产的时代，但在此无须讨论。我们可以从杜威于 1919 年 4 月 30 日抵达上海时所面临的形势开始。

1919 年 5 月 4 日，一场由学生和知识分子倡议发起的运动在北京爆发，并蔓延到整个国家。据说，五四运动试图以主要从西方借鉴而来的个人主义代替儒家思想①，又据说，实用主义是当时受追捧的思想流派之一。把实用主义带到中国的关键人物是胡适，他是杜威在哥伦比亚大学的学生，1917 年他在杜威的指导下完成了博士论文，并在 1919 年即五四运动爆发的这一年完成了他的《中国哲学史纲》上卷。在呼吁废除遵循教条、服从权威和依从长者的古代儒家传统，并拥护民主方针、民主实践和（最

---

① 现在这是一个有争议的主张。Qi J，2006. A history of the present：Chinese intellectuals, Confucianism and pragmatism [M] // Popkewitz T. Inventing the modern self and John Dewey：modernities and the traveling of pragmatism in education. New York：Palgrave MacMillan：255-277；Cua A S, 2003. Emergence of the history of Chinese philosophy [M] // Mou B. Comparative approaches to Chinese philosophy. London：Ashgate：3-32；Hayhoe R，1992. Cultural tradition and educational modernization：lessons from the republican era [M] // Hayhoe R. Education and modernization：the Chinese experience. Oxford：Pergammon Press：47-72. 以上文献都主张，五四运动，特别是胡适，试图打倒儒家思想。如果我们把儒家思想看作一种威权主义体系，那么情况确如以上文献所述。更多关于儒家、道家和西方思想的差异的论述，可参见：Shun K，2004. On the idea of axiology in pre-modern Chinese [M] // Wang R. Chinese philosophy in an era of globalization. Albany：SUNY Press：37-44. 但是，其他学者主张采取一种更加综合的策略，将儒家、道家中好的和正确的成分与西方思想融合起来。如果儒家思想被视作艺术和文学上的文化表征，那么对儒家传统的全面抛弃就不会发生。这是我们在胡适努力推行中国的白话文中所看到的。同时也参见：K D W Y，1965. Scientism in Chinese thought：1900-1950 [M]. New Haven：Yale University Press. 郭颖颐（D. W. Kwok）看到了胡适融合实用主义和古老的中国思想的努力。特别可参见他对清初（1644—1781）学者的经验主义的讨论。

重要的）民主思想的知识分子中，胡适是一位先驱。① 同时，他也是发起中国白话文运动的领导人物。

五四运动时期，中国是一个共和国。人们视孙中山为共和国精神的创始人，并将共和国的政治影响归功于他。他是共和改革家，创立了三民主义，并因此而闻名，主张中国应该自由、繁荣和富强。② 然而，像袁世凯这样的封建军阀们最终取得了各省的控制权，以致国家在精神上几乎没有改变。在 1917 年俄国十月革命之后，孙中山在中国几个省份向共产主义团体示好。但是，学生和知识分子对于"在平地上"止步不前失去了耐心，他们要求立刻进行民主改革，尤其是大学的民主改革。同一时期，日本已经在中国东北地区和山东省建立了很多工厂，利润源源不断地从中国流向日本，而腐败的政府官员却装作没看见。日本因而成为侵占中国的最新力量，这个模式是 19 世纪早期英国创始的。

五四运动始于北京大学。当时，北京大学由蔡元培执掌，他是一位改革派管理者，曾考察过德国和法国的大学体制，并开始循着相同的路线推进变革（Hayhoe，1996）。蔡元培被认为是一个无政府主义者，在北京大学提倡思想自由，兼容并包。他对于五四运动和将要被中国知识界接受的美国式进步主义教育充满了矛盾的心态。③ 然而，蔡元培赞赏杜威，大体上对大学的改革持乐观态度。当时，在与蔡元培和其他改革者的合作中，进步主义教育家们努力改善不幸的人们的困境，尤其是占人口 80% 以上的

---

① Wang J C, 2007. John Dewey in China：to teach and to learn ［M］. Albany：SUNY Press. 38；Tan S, 2008. Reconstructing "culture"：a Deweyan response to antidemocratic culturalism ［M］//Tan S. Democracy as culture：Deweyan pragmatism in a globalizing world. Albany：SUNY Press：31-53. 关于在多大程度上推翻儒家传统的判断再次发生了冲突。

② 孙中山是在 1905 年写下这些的。请注意杜威不是唯一一个中国人接纳的西方知识分子，这很重要。实际上，至少到五四运动时期止，在改革者中，德国的唯心主义大约要比杜威的实用主义更流行。比如，很多改革者通过康德的传记作者包尔生（F. Paulsen）的著作接受了康德（I. Kant）的伦理学。我们也不能忘记那些接受马克思列宁主义的人，孙中山曾对他们示好。

③ 在我看来，进步主义教育起源于卢梭，它给儿童的本性和经验以特权，使他们免于课程的灌输。因此杜威式进步主义是教育中的多种进步主义之一，它在 19 世纪与 20 世纪之交与社会改革者们的社会民主关切结合得最为密切。

农民们的困境（Hayhoe，1992）（Woodside，1992）[23-46]。

美国对中国事务的参与在意识形态上并不是前后一贯的。一方面，白宫支持对中国实行"门户开放"政策，包括关税减免和贸易优待。在教育方面，这一政策还包括开展传教活动（大多数是基督教），基督教青年会试图劝说人们尊奉基督教的道德和态度。然而，白宫则是说一套做一套：威尔逊总统支持日本占领山东省（Israel，1971）[121,181]。杜威对威尔逊改变对中国的主张感到非常不满，而其他人则认为，中国可以在西方国家（尤其是美国）的自愿帮助下改革自身，实现民主。1921 年，杜威在几篇文章中让威尔逊和美国公众了解了他的不满。杜威看到了问题：帝国主义可能再次入侵这个年轻的共和国。他感到，美国通过支持欧洲和日本的利益，正在冒着这种可能导致退步的风险（Dewey，1983a）[170-171]。

至于中国儿童的状况，以现代的标准来看，是极度糟糕的。大多数学龄儿童生活在乡村，以待合适的年龄开始务农。正规的学校寥寥无几。清朝（以及后来的中华民国）已经为公众建立了一些学校，但是大部分农民满足于在家里教育他们的孩子，结果就造成识字率非常低（Woodside，1992）。在中国，教育是一种提供给城市精英和他们周围人的奢侈品。各地方的学校仅仅提供最基本的教育，全国各地的大多数农民并不认为教育很重要。大多数中国儿童受到的教育微乎其微，他们确实接受到的那点教育也不被公众认可，因为他们的教育与公众常识中所理解的教育不同。这是当时学生运动关注的核心问题。

1922 年，中国颁布了著名的"六三三"学制，学制规定中国的儿童可享有六年的基础教育，三年的中等教育（给那些通过考试的孩子们）以及包括大学教育在内的三到五年的进一步学习。这个学制的制定，得益于杜威进步主义思想的追随者胡适和陶行知等参与的教育改革。① 为了培养未来的教师，人们建立了一些师范学校。课程本身也改变了：儒家思想和古代传统让位于数学、自然科学、社会科学、艺术、语言、文学和体育。教师们越来越斗志昂扬，各种社团相继成立。然而，毫不奇怪的是，高等院校依然设立在大城市，很少有大学建立在上千公里以外的省份。

与西方国家普遍的社会分层比起来，中国的社会分层核心是城市和农村（Woodside，1992）[23-46]。在 20 世纪 20 年代，农村地区的儿童毫无例外地无法受益于公共教育，更不可能进入高等院校。农民和城市居民、城市和农村之间的距离是阻碍儿童受益于公共教育机构的主要屏障。② 大多数儿童都是依靠他们家庭劳作的土地上产出的食物而生存。与大多数知识分子所在的大城市尤其是沿海大城市相比，农村地区的教育主要通过家庭教学和村社教学完成。生活对这些儿童来说无疑是艰难的，食物也不充裕，他们的身份认同感扎根于农业和村风民俗中。

一些进步人士为了实现扫除文盲这个主要目标，通常推动学校向公众开放（Woodside，1992），然而，有一些人并不认同他们实现这个目标的方式。③ 一些进步人士参与了五四运动，另外一些进步人士没有参与其中。然而，杜威支持五四运动，并且积极推动了中国进步主义思潮的发展。不过，虽然他对中国的扫盲很感兴趣，但他更关注中国和世界正在发生的社

---

① 1919 年，杜威参加了在太原召开的第五届全国教育会联合会，杜威的学生胡适也出席了这次会议。杜威在太原做了关于学校改革和教育中的实验态度的演讲。杜威在哥伦比亚大学的学生孟禄教授出席了 1921 年在广州召开的第七届全国教育会联合会，这次会议制定了"六三三"学制的倒数第二份草案。孟禄是进步主义教育，特别是杜威式进步主义教育最有力的宣传者。

② 这种情况在今天依然存在，尽管有一些缓和。现在有大量农业人口涌入大城市，同时中国的工业和制造业开始繁荣。涌入这些城市的农民很快就发现，通向正在快速壮大的中产阶级和上流社会的途径是慢慢减少的。

③ 伍德赛德（A. Woodside）认为，农民并不像进步人士那样认为读写能力很重要。关于公共教育也是如此：中国的教育传统上是一种私人的、往往是家庭的事务，士绅则除外。学校是有的，但不是强制入学。但是，正如伍德赛德所说，进步人士希望强迫孩子们接受公共教育，（或许）没有考虑农民的需要。如果真是如此，那么这似乎就违反了民主目的必须与民主手段密切结合的原理，而杜威的思想认为这是必要的。然而，实验方法的运用（正如胡适所希望的那样）排除了这种做法（Woodside，1992）[42-43]。

会和政治大变革。杜威的学生胡适成为五四运动的核心人物，人们宣称要用民主原则取代古老的律法，杜威在中国看到了社会民主转型的可能性（Dewey，1982a）[174-179]。转型的中心问题是接受科学和科学方法。①

访华之前，杜威在日本逗留了几个月，目睹了日本领导人的落后和威权本性。他既不喜欢日本的教育制度也不喜欢其政治状况。杜威的中国经历非常不同。几乎在抵达的那一刻，他就感受到了希望和社会改革的愿望。杜威如此评论他从日本到中国的旅行："我怀疑，世界其他任何地方同样距离的旅行，是否会让人感受到这样一种政治倾向和政治信念的完全改变……自由主义在空中流传，但是真正的自由主义者被重重困难包围，特别是在他们的自由主义与对神权政治的献身结合起来的时候，而统治日本的军国主义者如此娴熟地在天皇和政府周围扮演着这种二合一的角色。"（Dewey，1982a）杜威在上海和北京度过了22个月，并在很多省份旅行和讲学。他发表了大量演说，估计有一百多次（Qi，2006）。对我的文章来说，最重要的是他在《日晷》和《新共和》上为美国读者所撰写的文章和短论。我发现杜威几乎没有考虑"输入"民主的实践和可能性。

杜威写给《日晷》和《新共和》的早期文章的主题是中国最新发生的事件，其中最引人注目的是日本不断加深对中国的侵略。杜威谈到他对五四运动的钦佩，他感到对自由主义的同情在中国是占主流的。杜威还把中国的情形与美国相比较。在对中国时代精神的理解的基础上，杜威把眼光投向了西方。

"持续压制理想和压制彼此之间的力量，等于延续这种（日本）统治。问题不在于要么放纵理想，要么以现实主义的方式运用力量。只要我们制造这种对立，我们的理想就会虚弱无力，我们就是在给那些认为力量首先是军事力量的人提供方便。只有把我们的理想建立在对现代生活中更

---

① 这导致中国某些批评进步主义的人大量利用杜威所说的要忠诚于一切科学的事物的话。然而，正如王清思（J. C. Wang）指出的，这种所谓的忠诚是经过像胡适这样对全盘变革政治和经济惯例感兴趣的人修饰过的（Wang，2007）[31]。实际上，胡适后来就宣称人们应该崇拜科学。

伟大的力量的组织和坚定运用的基础上，它才会刚强坚挺。这些更伟大的力量包括：工业、商业、金融、科学研究、协商讨论和人类的团结合作。"（Dewey，1982b）[185]

事实上，杜威从来没有忘记国外事件可能为美国普遍的自由与民主提供教训。

杜威对科学的运用和科学研究非常关注。虽然他赞成在社会政治事务中运用科学，但是他并不认为西方的方法能与东方的社会无缝对接。事实上，他在日本看到了轻而易举地接受科学以及技术发展与专制统治相结合的后果。值得肯定的是，中国希望美国给予政治上的引导。然而，杜威并没有把美国置于道德制高点上，而是感到所需要承担的责任比想象的要多很多。"我们国家要无愧于她被赋予的职责，将会有一段艰难的时期。有知识上和道德上的困难，也有实际判断和行动策略上的困难。我们拥有所需的品质和气魄吗？或者我们要再度陷入精明的商业主义和无用的编造警句般的理想主义之间，以致两头落空吗？最重要的是，它要求毅力和智慧，以制定出一个坚定的、有效的计划，并持之以恒地贯彻它。"（Dewey，1982c）[197]

我认为，理解杜威对西方（对于杜威来说就是美国）与中国关系的阐释的最好方法是运用一种辩证的框架。也就是说，西方国家和西方的政治经济在促成中国新发展的过程中所扮演的角色问题，与中国自身对于这些实践的理解和运用的可能性密切相关。

"如果中国继续维持旧道德、整套旧观念、旧的儒家思想（即真正的儒家思想被改造后变得僵化的思想）、旧家庭制度，那么仅仅靠引进西方经济就可以'救'中国的想法就完全是感情用事的理想主义的乌托邦。除非经济和金融改革与培养新的文化理想、新的伦理道德、新的家庭生活等同步，否则所谓经济改革只是转移痛处而已。这样的改革在纠正某些弊端的同时会产生新的弊端。就其本身来说，这种改革是一种有价值的实践措施。但是，用它来激发男女老少对新信念、新思想、新思想方法、新社会

科学和自然科学——简而言之即一个新的年轻的中国的理想追求，是很荒谬的。"（Dewey，1983b）[103]

关键不在于用西方的政治和经济模式取代儒家思想，尽管它在某些方面必须让位于新观念；重要的是无论怎么借鉴这些模式都必须使整个过程和结果是有机的。中国的经济改革只有与思想、社会和文化理想方面相应的变革协调一致才能有效进行。这不是建议取消思想体系方面的变革。初看起来，这是不民主的。这是建议使经济变革与其他体制的变革结合起来。实际上，人们承认没有不造成动荡的改革，承认改革必将经历艰难甚至痛苦，就像科学研究和与之相连的各种技术曾经艰难地、深刻地转变了思想、社会和文化风景一样。"人们很难忍受这个观点：工业革命可以进入中国，同时不会造成它曾在欧洲引发的政治、道德、家庭和思想方面的深远变革。欧洲在 18 世纪发生了变革，包括一些破坏，甚至破坏了一些好的东西，同时也带来了新的好事物。"（Dewey，1983b）[105]

然而，有人可能会错误地想到，杜威认为中国的传统很成熟，足以削弱变革的基础。杜威并不认为这些传统会"悄悄地消逝"，他也不认为它们应该如此。在一篇文章中，杜威明确表明了如下观点：他不认同从外部干涉中国的政治和经济事务。在这篇文章中，杜威在谈到中国必须承担起自身改革的责任时写道："我们要牢记，中国不会从她自身以外获得拯救……中国习惯于花费时间来解决她自身的问题：她既不能理解西方世界急躁的方法，也不能从其中获益，这些方法与她的精神特质是格格不入的。而且，如果一种大陆规模的文明，一种如此古老以至于其余文明与之相比都是暴发户的文明，一种浑厚而缜密的文明，急急忙忙地发展，那么它必将引发灾难性的后果。从内部改革是她唯一的出路，我们能给中国的最好帮助，就是务必使她可以赢得实现这种转型所需的时间，无论我们是否喜欢这种转型在任何具体的时刻所呈现的具体形式。"（Dewey，1983a）[170-171]

杜威还提供了具体的例子来说明，这些探索如何改变了文化社会风景。比如："虚妄的旁观者想引入诞生于工业革命的现代方法，同时梦想着让旧制度保持不变。铁路和工厂制度正在侵蚀着家庭制度的基础。这种侵蚀将持续下去，即使每一位学者都发誓永远沉默。"（Dewey，1983b）[104]不过，杜威不得不说明如何民主地变革。他认为，我们正在反对并且必须反对一些现行的计划，这些计划对中国意味着帝国主义的威权本性。

"通常情况下，官方的反对会激发思想运动。内部和外部的专制统治的威胁刺激了对新思想的渴望。越是渴望了解西方自由国家的思想，东京和北京的当权者就越是看起来象征着一种过时的思想信条。所谓的政治革命越是显示出自己的失败，对思想革命的要求就越活跃，这将会使某种未来的政治革命变成现实。"（Dewey，1982d）[4]

要记住，是威权统治下的思想反抗而不是外部力量引发了变革。一旦变革出现了，对公众所关心的事务更有计划的回应就能开始。"年轻的中国也经历过如下三种状态：首先是乐观主义和相信全面变革，继而是理想幻灭和悲观主义，最后是安顿下来致力于教育、工业和社会改革方面的建设性工作。"（Dewey，1982e）[49]这种思想方面剧烈的变化部分地"来自于科学、工商业、新的人际关系及其所产生的责任的发展……它来自于教育，来自于人民的启蒙，来自于现代国家管理所需的知识和技术方面的特殊训练"（Dewey，1982e）[49]。

中国知识界声称他们能够发展这些计划，这显示了如下可能性：中国知识界可以不受外国干预而独立做出决定。实际上，中国知识界正是这样坚持的。杜威认为，他在五四运动中看到了这种独立性，看到了中国知识界渴望自己解决他们引进的科学方法和技术的掌握和运用问题。"有一些人抱着恩赐般的态度，把西方的政治、宗教和教育方面的制度当作样板，让其他文明卑微地接受，顺从地模仿。他们（年轻的中国）对此非常愤怒。他们敏锐地意识到，以放弃思想的原创性和独立性为代价的模仿习性已经成为中国落后的主要原因。他们不打算改变这个样板，他们要改革这种模仿习性。"（Dewey，1983c）[230]这种精神习性方面的改革可能将延伸到中国的宗教制度和宗教实践领域，尽管关于杜威对这样的改革的全面意义的理解的警告仍然存在。

杜威认为，五四运动领悟了这场变革的深远含义。

"教育是重建中国的唯一途径，这个观点如此频繁地出自今日年轻的中国的代表们之口……人们对改造传统的家庭制度、打倒军国主义、扩大地方自治都有着极大的兴趣，但是，讨论总是回归到教育、教师和学生上来，并将此作为推进其他改革的核心力量。"（Dewey，1983c）[230]

年轻的中国对包括宗教思想和实践在内的传统持怀疑态度。他们主张以世俗的科学和技术来取代道教、儒家思想和佛教。杜威透过他以前的学生特别是胡适的眼睛看到了中国的形势，他预言，这个旧帝国将会与其文化和思想方面的习俗一起衰落，这看起来是不可避免的。

这让我想起其他国家在发展科学探究及其所创造的技术中所扮演的角色问题。我已经指出，对杜威来说科学探究是通向民主生活的途径。科学探究帮助我们（作为公众）打破那些阻止我们相互理解的交流屏障，更迫切的是，它还会帮助我们改良社会。科学探究不是与实验室科学同一时代的，尽管前者包括后者。所有公民充分理解科学探究，进而明白发现和解决共同问题的重要性，并通过实验去解决问题，杜威希望，同时也认为这是可能的。他确实相信，只有通过共同问题的解决，个体才会成长。社会制度自我修正使得探究能被公众熟悉和运用（与约翰·罗尔斯意义上的"公共性条件"类似），这种能力是探究的正式含义，也是杜威赋予民主的意义。

如果这是正确的，如果将民主的真正含义建立在如下基础上：公众能发现和处理自身及其他社会成员的问题，进而通过实验使问题得到令人满意的解决，那么就不会存在外国"干涉"的问题了。西方国家能够强行输入民主、科学探究或相关的科学技术的问题也就不可能存在了。面对理论及其运用，人们会有所选择，要求取得相关专家的协助。这样的立场导致杜威得出如下结论：任何外国的介入必须基于"明确而开放的政策，经国内讨论后公开引入并让全世界知晓。然后我们必须用行动支持它"

（Dewey，1982c）[198]。西方国家自身也不可能长期维持孤立主义或不民主的状态。"令人进退两难的是，当我们国家不再奉行孤立主义的时候，人们处理国际事务的基础和方法，仍然停留在前民主时代。因此，我们只有冒着伤害我们已经实现的不完善的国内民主的危险，制定对外政策。"（Dewey，1982d）[5]

国际谈判与妥协的艺术和超越殖民行动的援助艺术，在 20 世纪早期没有得到发展。杜威当然认识到了这一点。"外交仍然是排外性和私密性最集中的地方，是不受约束地去追求权力和威望的地方。可以说，愚蠢是每一个寡头政权的特征。民主还没有触及外交领域，以防接触带来污染。我想，那就是我们厌恶卷入国外的纠纷背后的正常本能吧。"（Dewey，1982d）[7]除非外交方法改善了，否则就不能缓解对外部介入国家事务的恐惧。尽管如此，这样的外来介入对中国获得技术来说是必要的、真正关键的，不能被忽视。现代国际关系关心的问题是：这些方法是否已经改善了。关于这一点，我有许多话要说。不过，现在我只想关注一个领域，在这个领域中杜威讨论了具体的介入责任，毫不奇怪，这个领域是教育。"中国不需要复制美国的大学，但是中国确实仍然需要外国资助的大学，且需要给这些大学配备部分受过良好训练的外国专家，这些专家能理解中国的需要，并能机警灵活、同情式地努力满足这些需要。"（Dewey，1983c）[232]美国所能做的是提供这样的帮助——"帮助那些正在改编课程和方法，使其适应中国环境的人，使他们摆脱器量狭小的反对和来自保守分子责天怨地的牢骚的干扰"（Dewey，1983c）[231]。最后一句话值得讨论。"使他们摆脱干扰"是什么意思？乍看起来，这好像是建议干预公众的探究能力。它的意思是从政治上解放他们吗？或是从经济上？抑或是从思想上？我认为，对这段话唯一合理的解释，需要考虑到杜威关注民主的背景。如果我们关注如下必要性，即公共问题的发现、处理、实验并评价不同的可能性直到发现解决方法，那么我们就只会得出这样的结论，即（那些拥有待解决问题的公众成员）应该欢迎干预，但干预只限于引导而不参与决策。只有由那些拥有待解决问题的人来承担和解决这个问题，这个问题才是真正的问题，其他的"问题解决"都是幻想。

四、民主、文化与教育

杜威对中国五四运动的理解对当今社会有许多启发意义。首先，民主并不是一种像技术、货物和特定的服务一样可以进口的商品。技术、工具，甚至观念，可以被引进一个国家，并由相关专业人士或公众吸收运用。然而，民主不能像这样处理。在杜威看来，正是公众通过社会制度的种种正式途径探究和解决共同问题的可能性造就了民主，而不是程序、商品、服务或技术本身造就了民主。正如杜威所见的，五四运动试图说服中国公众变得民主，反对共和国"借用"民主。为了使公众相信民主手段和民主目的是解决问题的最好方式，五四运动通过小册子、抗议、示威行动、集会等劝说方式，表现得很民主。尽管如此，有一些人还是批评五四运动和胡适，为了西方的科学理想而忽视或抛弃了中国的文化传统。[①] 胡适喜欢给民主披上一件用崇敬的言辞编织的斗篷，经常利用中国人尊崇科学和科学方法的倾向。人们对杜威的昵称是"德先生"和"赛先生"，这两个词是北京大学文科学长陈独秀创造的，它们证明人们想让杜威成为民主生活思想坚如磐石的、极其权威的代言人。[②] 实际上，正如王清思所坚称的那样，尽管杜威的演说没有被错译，"但是，我们可以理性地认为，胡适可能偶尔改变了杜威的意思，以强调某一点，宣传某一事项。尽管这些偶尔的异常看起来不重要，但它们最终还是影响了中国知识分子回应杜

①　许美德（R. Hayhoe）在《文化传统与教育现代化》（*Cultural Tradition and Educational Modernization*）一文中基于她对围绕着进步主义学校制度的论争的研究提出了这种观点。

②　虽然这些术语在杜威抵达上海的前几年就已经流行开来，但是他的出现很快导致人们将这些拟人化的术语归属于他。杜威的学生们没有阻止这样的做法。

威的方式"①。

这不是对杜威演讲唯一的改装。王清思认为，除了对发行了成千上万份的杜威演讲可能的误译之外，还有一个更大的误译，或者可能是有意的错误阐释。

"杜威来中国时碰上了极好的机会，非常有利于增长他的见识。然而，他给出的教海却被五四时期的思想氛围调和折中了。由于当时的意识形态分歧，中国知识分子往往利用杜威为他们自己的计划服务，而不是直接运用他的思想。他们要么高呼他为救星，要么诋毁他是一个虚假的神。事实上，有人觉得，杜威作为导师的地位最多只是象征性的。他对中国的指导主要是通过胡适的阐释间接实现的，胡适在很多重要的方面不同于杜威。胡适鼓吹全盘接受西方的价值和信仰，而杜威希望中国保持其自身的文化力量，以此作为长远发展的基础。"（Wang，2007）[83]

虽然我们可能不希望人们完全接受王清思的观点，但我们应该承认，在杜威和他的中国支持者之间，有意识形态上和阐释上的差异。

五四运动受到了西方思想的影响。运动中的关键性人物，包括胡适，曾在西方接受教育，并把民主公众的理想带回中国。这些理想大都与传统的中国家庭结构不切合，也不尊重道家、儒家、佛教和其他宗教/哲学的影响力。与本书②其他章节的发现相反，这里的大讽刺在于，中国宗教——我是指儒家和道家传统，在中国一流学者理解杜威思想过程中几乎没有起作用。实际上，毫不夸张的是，在放弃传统重建中国问题上，这些思想家比杜威更世俗（在西方意义下使用这个词）。儒家的纲常、礼、服从权威等理想，在中国社会风俗中似乎是根深蒂固的，但它们都不包含在

---

① 王清思基于胡适对杜威的一场演说的阐释做出了这个推测。胡适被认为在翻译杜威的演讲时说美国没有社会和性别的等级之分。杜威在演讲时说出这样的观点，当然是很值得怀疑的。引文来自杜威的讲演《美国民治的发展》（Democratic Development in America）（Wang，2007）[31]。

② 指这本书：Bruno-Jofré R, Johnston J S, 2010. Democracy and the intersection of religion and traditions: the readings of John Dewey's understanding of democracy and education [M]. Montreal & Kinston: McGill-Queen's University Press. ——译者注

像胡适这样的杜威阐释者的理想中。在理解西方概念的过程中出现的科学和民主的人格化和法律式理解，使这个问题更复杂了。像"民主"这样的概念的大众传播显然被各种媒体造成了儒家转向，以致中国人理解的民主（和科学）含糊不清，与西方人的理解不一致。① 在这些不同的阐释之中发展起来的民主形态是如此盘旋弯曲，以至于中国的普通公众都能明白危险所在。

不过，如果我们认为西方理想本身构成了民主，以为这些西方理想就是五四运动试图付诸实践的东西，那就错了。这些理想本身只是理想。可以在理想中构想民主的公众，但是不能在理想中造就民主的公众。杜威所期望的，是（西方的）理想与已有的（中国的）理想相结合，而不是将民主和其他西方的做法输入中国。② 这种观点看起来与五四运动改革者的目标相矛盾。杜威和他的某些阐释者之间的不同是显而易见的：在杜威看来，有权决定是否发展和遵循民主实践的主体是公众自己，而不是知识分子，当然也不是西方国家。否则就违背了民主目的必须与民主手段密切结合的要求，就当前这个案例说，即违背了将西方的民主实践示范与在中国培养公众民主的"目的"密切结合的要求。

这让我想起了"专家"在公众中的角色问题。我们似乎可以批评五四运动（也含蓄地批评杜威），他们太固执于专家阶层的思想，实际上他们自己就充当了一个专家阶层。③ 在其他论著中，我把这个问题视作内在于

---

① 参见：Jin G，Liu Q，Lam L，2005. From "republicanism" to "democracy"：China's selective adoption and reconstruction of modern western political concepts 1840-1924 [J]. History of Political Thought，26（3）：467-501.

② 王清思对此表示同意。她说道："杜威认为，中国的民主必须来自她自身的文化根基，而不是外国势力的强制。"不幸的是，王清思说，"中国的知识分子，包括他的追随者胡适，都没有采纳他的建议。最后，这场文化交流的最大受益者可能是杜威自己"（Wang，2007）[83]。

③ 参见：Hayhoe R，1992. Cultural tradition and educational modernization：lessons from the republican era [M] //Hayhoe R. Education and modernization：the Chinese enperience. Oxford：Pergammon Press.

杜威进步主义思想的问题处理。① 现在，我愿意再次强调我在其他地方已经说过的一个观点。专家在民主社会中的作用限于建议和引导，而不是制定政策。这适用于中国知识分子，也适用于正在扮演专家角色，提供思想、技术（以及商品和服务）的其他国家。杜威在《公众及其问题》中对这一点说得很清楚。他说："有人认为，多数人应该拥有处理必要的'科学方面的和社会方面的'研究的知识和技术，但我认为这没有必要；必要的是，他们应有能力判断他人所提供的知识对共同利益的意义。"（Dewey，1984）[367]其他国家可合理地提出如下要求：所提供的商品、服务和思想工具要以一种与他们的习惯相适合的方式被使用。比如，某些技术不应被用于军事目的，或某些教育模式不应被用于推翻公众的意愿。我们应真诚地期待这些约定，但是在正式的协议中要有一些条款清楚地说明中止一项服务或技术的条件。事实上，有充分的理由设想：非西方国家在采用西方的技术和某些（科学）思想和理想时，确实不具备相应的民主理想，这些民主的理想曾在西方的环境中使科学得以繁荣发展。这种情况近来没有变化。② 造就民主社会的条件并不是输入商品、服务、技术，甚至也不是输入各种理想，尽管在某些情况下这种输入似乎不可避免。再重复一遍，正是公众实现一种生活方式的能力（杜威称之为"联合的生活"）促进了人的问题的发现和解决。

---

① 参见我在下书中的主张：Johnston J S，2006. Inquiry and education：John Dewey and the quest for democracy [M]. New York：SUNY Press. 特别是第 126-131 页。

② 最近，在中国知识分子之中出现了一种新保守主义的转向；这些知识分子对进步主义者走近公众的思想保持警惕，且特别怀疑他们在像胡适这样的进步主义思想家身上看到的对传统的实用主义式的默许。在傅士卓（J. Fewsmith）看来，这是对"启蒙传统"的大批评思潮的一部分，这股思潮兴起于 20 世纪 90 年代后期，（至少）延续到了 21 世纪初。这股思潮部分是政治性的，因为有人发现五四运动是与西方、特别是美国利益结合在一起的。这股思潮兴起的另外原因是作为一种反向运动，它的对立面是许多人对中国知识分子的启蒙运动的兴趣日益浓厚。参见：Fewsmith J，2001. China since Tiananmen：the politics of transition [M]. Cambridge：Cambridge University Press：183.

五、结论

通过讨论杜威关于中国学生运动的认识，我强调了输入和输出民主的危险。我的论点是：除非公众真正有需要或有兴趣发展民主的教育，否则民主的教育就不可能出现。这就要求，在最低限度上，公众应开始发现和解决对承担和完成这项任务来说必要的问题。这也可以有效防止专家或官僚在没有公众指导和监督的情况下运作这个过程。它当然也排除了直接输入任何所谓的民主的教育制度的可能性。这样的决定必须由公众来做，并且必须基于公众的利益做，这个过程似可排除图方便地移植各种制度和习俗的可能性。我坚持认为，如果教育要变成真正民主的教育，那么它就必须是"土生土长的"。任何偷偷塞给公众的所谓民主的教育，根据推测，都是不民主的。

五四运动未能成功地激励中国的知识分子与公众的原因有很多，其中很重要的一个原因是：杜威的阐释者没有向矛盾的、然而乐于改变的公众正确地传达杜威的演说和作品。杜威的翻译者，尤其是胡适，传达给公众和政治家们的是他认为他们应该听到的东西，而不一定是杜威关于政治和社会问题的见解。如果杜威的对话者们能更好地理解杜威，那么他们就能听到他的观点：只有中国才能使中国走上民主之路，也就是说，只有公众才能使社会政策和社会实践发生系统的变革，只有人民的意愿才能培育民主的探究精神和民主的想象力，这种探究精神和想象力是正当的民主生根发芽所必需的。不幸的是，中国的公众和政治家没有听到这个观点，更确切地说，他们要么是在全盘推翻中国的政治和社会传统（胡适观点）的背景下听到这个观点的，要么是在提倡无条件地服从新的政治安排的背景下听到这个观点的。杜威对此都不会接受，他一直坚持认为，民主的生活方式不是强迫而是探究的结果。

杜威在《新共和》和《日晷》上的文章提醒我们，民主是一种由一个国家的公众推行的实践，不是一种可用来交易或者交换的商品。然而，很多用于交易或交换的东西也在某种意义上的"民主"或"民主实践"之名的保护下大行其道，这种误导性鉴定也悄悄地钻进了教育讨论之中。这方面大家所熟知的例子很多。比如，有人将语言训练与民主搅在一起。其观点是，如果我们能造就多语言的社会，那么我们将更有可能培养出民主公民。不可否认，这种观点有某种合理性：掌握了多种语言的公民对不同的文化和语言背景有着更广更深的理解力，这会使他们更乐于同情地理解他人。然而，它所导致的这种结果不是民主。它可能会养成一种世界主义情感，但是，至少它不会直接帮助一个国家的公众正视自身的问题，并谋求解决问题。

杜威认为公众是由能和谐地做出决定的众多个体组成的共同体，这个观点不见容于一些威权式做法。关于学龄儿童的例子特别能表明这一点。威权式做法是未经公众同意的做法，一些制度化教育实践就是这类做法，它们被压制不敢越轨，敌视或无视公众意见，它们在公众和其满足儿童的需要和愿望的能力之间，架起了一道隔栏。这本身可能会也可能不会预示着剥夺儿童的公权；但是，这种可能性是存在的。在自上而下地推行一些做法的情况下，公众关心的问题多半将没有人照管和无人解决。这使公众在面对这些做法时，几乎没有机会发起变革（更不用说儿童了）。这里的关键点不是命令主义者的干预会使儿童被忽视，尽管这确实会发生，而是如果儿童被忽视了，公众却没有方法去救济。即使公众能发现并鉴别学校中儿童群体的普遍问题，其遏制和扭转局势的能力也是微不足道的。这就使人怀疑民主的潜力。

那么，目标必须是确保民主的政策和程序得到贯彻，同时还要维持有足够凝聚力、能打破限制儿童生长的障碍的公众。很明显，这不是一项轻松的任务：它假设公众有能力（和意愿）成功地组织起来解决"问题"。无论一个民主社会是多么成功，都不能保证公众愿意团结起来，以足够的力量去完成这项任务。问题与其说是没有实践民主的意愿，尽管这显然也是重要的，倒不如说是在实践民主时必须将目的和惯例统一起来。我们再次想起卢梭的悖论：民主本身不能强迫公众用一个声音说话。如果公众用一个声音说话，那么我们就应考虑一个问题：如何运用民主手段确保少数人的声音在多数人的声音中能被听到。这些少数人的声音不能被简单地边缘化。然而，如果按少数人的意见去做会造成公众分裂，那么也不能按少数人的意见去做。在这种情况下追随少数人的声音就是承认公众不会用一个声音说话；但公众会用一个声音说话，恰恰是一种民主在理论和实践两方面都发挥作用的条件。如果民主理论不能对这种挑战做出有力回应，那么，我们可采用杜威提出的方法：通过确保民主目的与民主手段密切联合，力争一种连续的和不矛盾的实践。唯一可接受的民主立场是那种公众能做出自决选择的立场，这就要求人们不能通过外部强加的方式推行民主和民主的教育。

[王慧敏（教育学博士，浙江大学讲师）译，

涂诗万（河南师范大学教育学院讲师）校]

参 考 文 献

Dewey J, 1980. Democracy and education［M］// Boydston J. John Dewey: the middle works, 1899-1924, vol. 9, 1916. Carbondale: Southern Illinois University Press.

Dewey J, 1981. Experience and nature［M］// Boydston J. John Dewey: the later works, 1925-1952, vol. 1, 1925. Carbondale: Southern Illinois University Press.

Dewey J, 1982a. On the two sides of the eastern sea［M］//Boydston J. John Dewey: the middle works, 1899-1924, vol. 11, 1918-1919. Carbondale: Southern Illinois University Press.

Dewey J, 1982b. The discrediting of idealism［M］// Boydston J. John Dewey: the middle works, 1899-1924, vol. 11, 1918-1919. Carbondale: Southern Illinois University Press.

Dewey J, 1982c. The international duel in China [M] // Boydston J. John Dewey: the middle works, 1899-1924, vol. 11, 1918-1919. Carbondale: Southern Illinois University Press.

Dewey J, 1982d. Our national dilemma [M] //Boydston J. John Dewey: the middle works, 1899-1924, vol. 12, 1920. Carbondale: Southern Illinois University Press.

Dewey J, 1982e. The new leaven in Chinese politics [M] // Boydston J. John Dewey: the middle works, 1899-1924, vol. 12, 1920. Carbondale: Southern Illinois University Press.

Dewey J, 1983a. A parting of the ways for America [M] // Boydston J. John Dewey: the middle works, 1899-1924, vol. 13, 1921-1922. Carbondale: Southern Illinois University Press.

Dewey J, 1983b. Old China and new [M] // Boydston J. John Dewey: the middle works, 1899-1924, vol. 13, 1921-1922. Carbondale: Southern Illinois University Press.

Dewey J, 1983c. America and Chinese education [M] // Boydston J. John Dewey: the middle works, 1899-1924, vol. 13, 1921-1922. Carbondale: Southern Illinois University Press.

Dewey J, 1984. The public and its problems [M] // Boydston J. John Dewey: the later works: 1925-1952, vol. 2, 1925-1927. Carbondale: Southern Illinois University Press.

Dewey J, 1987a. Experience and education [M] // Boydston J. John Dewey: the later works, 1925 - 1952, vol. 13, 1938 - 1939. Carbondale: Southern Illinois University Press, 1987a.

Dewey J, 1987b. Freedom and culture [M] // Boydston J. John Dewey: the later works, 1925-1952, vol. 13, 1938-1939. Carbondale: Southern Illinois University Press.

Hayhoe R, 1992. Cultural tradition and educational modernization: lessons from the republican era [M] // Hayhoe R. Education and modernization: the Chinese experience. Oxford: Pergammon Press.

Hayhoe R, 1996. China's universities 1895-1995: a century of cultural conflict [M]. New York: Garland Publishing, Inc.

Israel J, 1971. Progressivism and the open door: America and China, 1905-1921 [M]. Pittsburgh: University of Pittsburgh Press.

Johnston J S, 2006. Inquiry in education：John Dewey and the quest for democracy ［M］. Albany：SUNY Press.

Qi J, 2006. A history of the present：Chinese intellectuals, confucianism and pragmatism ［M］// Popkewitz T. Inventing the modern self and John Dewey：modernities and the traveling of pragmatism in education. New York：Palgrave MacMillan.

Wang J'C, 2007. John Dewey in China：to teach and to learn ［M］. Albany：SUNY Press.

Woodside A, 1992. Real and imagined continuities in the Chinese struggle for literacy ［M］//Hayhoe R. Education and modernization：the Chinese experience. Oxford：Pergammon Press.

为了"异教黑暗"中的人：
美国各教派共有形态中的杜威式民主与教育
——以拉丁美洲合作委员会为例

罗莎·布鲁诺–霍夫雷①

本文关注宗教在理解杜威的教育思想和民主理想方面作为背景的作用。本文聚焦拉丁美洲的新教传教士，并以在纽约设有办公室的拉丁美洲合作委员会（the Committee on Cooperation in Latin America）为例。我认为，该委员会的目的是参与先知规划（prophetic project），致力于重建拉丁美洲的政体。在此过程中，民主，尤其是杜威的民主概念成为新教自由主义基督徒精神（Protestant liberal Christianity）的同义语。本文提出的问题不仅涉及在各种思想形态内重述杜威思想，而且涉及根植于救赎话语和

① 作者简介：罗莎·布鲁诺–霍夫雷（Rosa Bruno-Jofré），加拿大女王大学（Queen's University）教育学院教育史教授，曾任女王大学教育学院院长，著有《献身传教工作的姐妹：美景与使命》（The Missionary Oblate Sisters: Vision and Mission.），主编有《杜威思想在全球的接受》（The Global Reception of John Dewey's Thought: Multiple Refractions through Time and Space）等。《为了"异教黑暗"中的人：美国各教派共有形态中的杜威式民主与教育——以拉丁美洲合作委员会为例》（To Those in "Heathen Darkness": Deweyan Democracy and Education in the American Interdenominational Configuration: The Case of the Committee on Cooperation in Latin America）曾为《民主与宗教和传统的交汇》（Democracy and the Intersection of Religion and Traditions: The Readings of John Dewey's Understanding of Democracy and Education）的一章出版，收入本书时，作者略有改动。麦吉尔–女王大学出版社已授予教育科学出版社版权。

美国主流价值观的民主输出。①

一、确定传教目标的形态

美国新教徒早在 19 世纪便开始越来越多地关注海外传教事业。至 20 世纪初，大约有 90 个传教组织和各种全球性协会从事传教工作。在 19 世纪 80 年代，围绕基督教化和文明以及现代主义对主流新教影响的争论，已逐渐演变为一种更广泛的政治讨论，这种讨论发生在社会福音运动（the Social Gospel）和各种进步主义运动的背景下。社会福音运动致力于在一个城市化和工业化时代将基督教的拯救福音带给个人和社会（Rossinow，2005）。它专注于使个体社会化和社会基督教化。在尘世建立上帝的王国的目标在传教工作中占有一席之地（在后来的社会福音派教育者那里，上帝的王国被译为上帝的民主）。沿着这一方向，传教士们创造了许多交流互动机会和潜在的影响力空间，这些空间由各种思想形态所塑造，其中包括经宗教精神改造的杜威的民主和教育思想，以及由具体的社会文化环境提供的各种参考性识见。

1900 年，大一统海外传教会议（the Ecumenical Conference on Foreign Missions）在纽约举行，这是在北美召开的第一次可被正当地称为大一统的传教会议，此次会议具有护教性质，共吸引了 1700 名代表，600 名海外传教士（Panama Congress，1917a）[4]。1910 年，世界传教大会（the World Missionary Conference）在爱丁堡召开。这次会议在组织方面有很大进步，因为这次会议的开会方法和准备工作推进了"新的传教科学"，会议具有代议性质（代表是选举产生的），参会者事先就传教问题做了研究，大会

---

① 虽然许多哲学家提到了杜威的自然主义的形而上学，但也有其他人认为他的思想仍然是世俗新教的一种表达。参见：Rockefeller S，1991. John Dewey：religious faith and democratic humanism［M］. New York：Columbia University Press；Tröhler D，2006. The "Kingdom of God on Earth" and early Chicago pragmatism［J］. Educational Theory，56（1）：89-105.

展示了"审议效率"。这是一个学科出现、科学专业化和知识跨国界发展的时代。爱丁堡会议没有来自拉丁美洲的代表，因为它不处理天主教国家的事务，拉丁美洲的许多国家至少在名义上是天主教国家，但是，在拉丁美洲工作的代表举行了一次非正式会议，成立了一个委员会，起草了一份声明，并提交给了北美教会。这份声明说，在其他事务中，"教会千万不能忘记：长期以来，在拉丁语国家和东方基督教国家传教，都是美国和加拿大主要的海外传教社团的事业的合法部分。因此，他们有权要求在任何一次世界传教大会上受到关注"（Panama Congress，1917a）[8]。两年后，北美海外传教会议（the Foreign Missions Conference of North America）安排了一次关于拉丁美洲的会议，定于 1913 年 3 月在纽约召开。在那次会议上，成立了一个处理拉丁美洲传教合作问题的委员会——拉丁美洲合作委员会。它的第一个行动是联系每一个拉丁美洲国家的传教士，计划在拉丁美洲召开一次筹备会（Panama Congress，1917a）[9-10]。参与该委员会的领导人以及参与首次拉丁美洲会议（即后来众所周知的 1916 年巴拿马会议）筹备会的领导人，在大一统运动和国际运动中均有很大的影响力。施佩尔（R. E. Speer）博士被任命为委员会主席，他号召"在这一代人中将福音传遍全世界"；英曼（Rev. S. G. Inman）代表了拉丁美洲社会福音派（the Social Gospel）和泛美洲主义（Pan-Americanism）的政治声音，被任命为秘书；穆德（J. R. Mott）[①]领导了海外传教学生志愿运动（the Student Volunteer Movement for Foreign Missions，该组织成立于 1888 年），负责组织这次会议。这个委员会中另一位令人感兴趣的成员是斯特朗（Rev. J. Strong），他相信新教传统和盎格鲁-撒克逊人宣扬的政治自由主义将主导未来。[②] 拉丁美洲合作委员会的成立与社会福音运动不断增强的影响力密不可分，也与各教派的共同努力分不开，这已成为美洲新教的结

---

① 穆德（1865—1955），世界基督教青年会领导人，曾多次来华演讲。——译者注

② 对激进的盎格鲁-撒克逊主义意识形态的分析参见：Horsman R，1981. Race and manifest destiny：the origins of American racial Anglo-Saxonism ［M］. Cambridge：Harvard University Press.

构性特征。这里要附带提及一点：1908 年，美国基督教会联邦理事会（the Federal Council of Churches of Christ in America）制订了教会的社会信条，这是一份社会伦理声明，正如罗西诺（D. Rossinow）所言，它为一代人确定了这个理事会的国内政策（Rossinow，2005）[64]。

各教派共同支持的拉丁美洲合作委员会在纽约设立了办公室。[①]其目的是实现各教派间的合作，促进美洲大陆团结。这种团结被理解为"所有共和国之间诚挚的博爱，和旨在拯救灵魂与减轻身体病痛的各种有益的和有教育作用的力量之间的、发自内心的兄弟关系"（G.，1920）（Panama Congress，1917a）[3,9]。这个委员会的思想背景是泛美洲主义，它是该委员会领导人们拥护的一种美洲合作信条。这种新的泛美洲主义在 1881—1938 年由美国领导，并受美国官方推动，但拉丁美洲知识分子、工会领导人、国家主义者和当时的"左"倾分子经常指责它是一种旨在改进和稳定拉丁美洲与美国的经济关系，并确保美国国家利益扩张的机制。[②] 这个合作委员会是一个大网络的组织基础，它包括众多地区委员会，负责重要会议的组织，发行《新民主》（La Nueva Democracia，一份刊行于 1920—1964 年、基于福音派观点对当代问题发表意见的杂志），出版各种书籍、会议纪要和重要宗教领袖考察拉丁美洲的报告。拉丁美洲委员会组织了三次会议，本文将讨论其中两次。

这些会议的目标是为交流传教经验和知识创造空间，同时通过促进各

---

① 1916 年，巴拿马会议使拉丁美洲合作委员会成为永久性机构。参见：Panama Congress，1971. Christian work in Latin America：vol. 1 ［R］. New York：The Missionary Education Movement：9；Bruno-Jofré R，1988. Methodist education in Peru：social gospel，politics，and American ideological and economic penetration，1888-1930 ［M］. Waterloo：Wilfrid Laurier University Press：46-47.

② 现代泛美洲大会（Pan-American Conferences）首次会议于 1889 年到 1890 年在华盛顿召开。在此次会议上，成立了美洲共和国商业局（the Commercial Bureau of the American Republics），这个组织后来成为泛美洲联盟（the Pan-American Union）。有一批组织负责处理具体领域的问题，如泛美洲健康组织（the Pan-American Health Organization）、国际美洲儿童保护协会（the International American Institute for the Protection of Children）、美洲妇女委员会（the Inter-American Commission of Women）、美洲本土主义者协会（the Inter-American Indigenist Institute）等。

教派间以及各教派与平信徒领袖间的交流来建立共识。① 人们期待这样的对话能促进传教运动的合作和团结。在这个委员会中，英曼等领袖不加鉴别地认为，追求传教运动的团结就是泛美洲主义的宗教方面。② 当然，在这个委员会的领袖和传教士中间，也存在一种强烈的意见：传教活动、传教话语和神学教义必须回应在他们传教的国家建立民族认同的需要（Bastian，1986）[111-112]。使情况变得更复杂的是，合作委员会资助的全部项目，都受到了激进的社会福音派人士传播的宗教教育理论的强烈影响，这些宗教教育理论糅合了实用主义者的思想、杜威的教育理论和社会福音派的观点。

在本文中，我将分析两次主要会议的对话，这两次会议是 1916 年的巴拿马会议和 1925 年的蒙得维的亚会议。这些对话体现了从精神救赎层面理解民主与教育的一种综合形态，这种精神救赎既是个人层面的，也是社会层面的，它是会议所建议的拉丁美洲政体改良的核心部分。这两次会议都讨论了教育问题，明确地表现了进步主义教育的主题，尤其是杜威关于民主与教育的观点，这一点在蒙得维的亚会议上表现得最为明显。社会基督教在巴拿马会议居主导地位，而更激进（"左"倾）的社会福音派影响了蒙得维的亚会议，因而疏远了保守的福音派信徒。众多重要议题大都与救赎概念（关系到改信基督教）有关，与本土的、地区性的文化和社会价值有关，也与传教士所理解的公共审议的机会缺乏有关。如巴拿马会议的报告所述，"终极救赎必须由它自己的人民来完成"（Panama Congress，1917b）[184]。然而，传教士已将其对救赎的理解传入拉丁美洲，它已成为新

---

① 相关理论讨论参见：Lahire B, 2001. Le travail sociologique de Pierre Bourdieu. Dettes et critiques [M]. Paris：La Découverte.

② 将新教理解为泛美洲主义的宗教方面是委员会秘书英曼提出的观点，亦可参见：Braga E, Monteverde E, 1917. Pan-Americanismo, aspecto religiosos [M]. New York：Sociedad para la Education Misionera.

的社会化和跨文化融合过程不可分割的部分。① 人们发现必须发展拉丁美洲的新教认同，由此也会带来一些问题，本文结尾将讨论 1929 年哈瓦那会议关于处理这些问题的若干见解。

二、巴拿马会议（1916 年 2 月 10 日至 20 日）：在社区渗透最高的基督教理想

巴拿马会议以"拉丁美洲的基督教工作"为主题，共有 235 名代表与会，他们代表了 44 个美国的传教团体，1 个加拿大的传教团体，5 个英国的传教团体，拉丁美洲代表仅有 27 名。与会人员代表了主要的准教会组织、跨教派组织和非教派组织，包括非常激进的美国基督教会联邦事理会（Federal Council of the Churches of Christ in America）、海外传教学生志愿运动、基督教青年会（the Young Men's Christian Associations）、世界基督教妇女禁酒联盟（the World's Women's Christian Temperance Union）、世界主日学校协会（the World's Sunday School Association）和其他组织。此次会议使用英语，这使得与会人员在表达观点和经验时可能出现差异。它也限制了代表们理解如下背景的能力，这个背景隐含或认可会议所提建议的含义，这意味着许多代表缺乏对相关意识形态如泛美洲主义所扮演角色的充分理解，也缺乏对传教士们称为拉丁美洲的"同情的和理智的观点"的充分理解。此外，虽然会议由来自乌拉圭蒙得维的亚市的蒙特韦德（E. Monteverde）教授主持，但委员会主席施佩尔主导讨论，英曼是秘书。权力的不平衡是显而易见的。巴斯蒂安（J. P. Bastian）认为，这次会议开

① 其重点是对美国的文化和价值的理解，美国也是政治的参照点。对哲学和政治学中的跨大西洋话语共同体的理解参见：K J T, 1986. Uncertain victory：social democracy and progressivism in European and American thought, 1870-1920 [M]. New York and Oxford：Oxford University Press；R D T, 1998. Atlantic crossings：social politics in a progressive age [M]. Cambridge, Massachusetts, and London：Harvard University Press.

启了美洲大陆自觉的福音运动。然而，我认为，在这次会议上，这种从空间上组织起来的同一性（一个相当抽象的概念）是由美国传教士和拉丁美洲合作委员会解释的，其目的在于使整个大陆皈依福音生活。实现目的的手段是发展个人的基督教新生原理，这是一种新精神，也将带来社会变革和进步。如巴斯蒂安写道：这次会议在巴拿马召开不是偶然的，它象征美国对这个大陆的霸权。

传教士社团需要重新定位它们在拉丁美洲的工作。从 19 世纪 80 年代到 1916 年巴拿马会议召开期间，大部分拉丁美洲国家经历了一个不平等的经济发展时期，其间伴随着美国资本的涌入、急剧的社会变迁和政治危机，曾有一个快速的技术现代化过程，包括建立国内外的交通系统（铁路、电报、电话、轮船）。这个大陆成为欧洲和美国原材料的主要提供者。传教基本上是一种与在异国从事经济活动相联系的城市现象；传教机构通常与具有自由主义观点的寡头政府保持着良好的关系，他们传播一种新的信仰和现代价值观，这有助于塑造新兴中产阶级的意识形态。学校是一种使这个大陆基督教化和推动它走向资本主义文明的主要手段。在传教背景下，特罗勒（D. Tröhler）提到的社会问题的教育化有其自身的特点，教育也被视为资本主义弊病的抗毒剂。①巴拿马会议试图通过倡导主流的合作理念来解决传教士各自为战的问题。这次会议召开的背景有：来自左派对"美帝国主义"愈演愈烈的反对，以及对现实中存在的拉丁美洲人民美国化倾向的反对，同时，保守势力在捍卫一种非常特别的西班牙化的认同和天主教认同。1910 年的墨西哥革命对传教士有很大影响，他们被迫放弃教派分歧联合起来，当时，他们在墨西哥发展的许多新教教徒非常拥护这场革命。

墨西哥革命和引发 1917 年俄国革命的因素共同从政治上影响了 1916

---

① Tröhler D, 2007. Marxism or Protestant democracy?：the pragmatist response to the perils of metropolis and modern industry in the late nineteenth century［C］//ISCHE 2007：children and youth at risk. Hamburg：University of Hamburg.

年的巴拿马会议。当时人们有一种感觉：一场重大的社会转型即将在拉丁美洲发生。而且当时许多知识分子、艺术家和众多领袖人物都与社会主义运动和无政府主义运动有密切合作。同时，一场根植于泛拉丁美洲世界观的反帝文学运动产生了很大的影响，这场文学运动追求美学革新，关心精神、形式和敏感性，质疑美国功利主义价值观。①

强调新生和进步的社会福音派在美国各种宗教集会中有强大的影响力，其影响力已延伸到传教区。正如拉丁美洲合作委员会秘书所提出的："拉丁美洲需要一种有助于解决个人问题的宗教，也需要一种有助于解决国家问题的宗教。"（Inman，1917）

在这次会议上，有一个分委员会提交了一份"关于教育的报告"，该委员会的成员包括三名来自哥伦比亚大学师范学院的教授：孟禄（P. Monroe，后来成为师范学院的院长）、当时的院长拉塞尔教授（J. E. Russell）、赛勒（T. H. P. Sailer）教授。他们三人均参与了第一次世界大战（以下简称"一战"）结束后的重建运动，非常了解进步主义教育。孟禄是一名教育史学家，也是威尔逊（W. Wilson）总统的"探索"（the Inquiry）小组的成员。该小组是一个秘密的专家顾问团体，1918年1月至10月团体成员一直在开会讨论预期中的和平谈判和未来的种种计划（Ment，2005）。孟禄是这个小组的首席教育专家，向李普曼（W. Lippman）汇报工作。孟禄强调要将教育与社会改造结合起来，将教育与日常生活和社区发展的需要结合起来，他关于现代化的思想对美国在教育领域中的各种世界级的创新有很大影响（Ment，2005）。毫不奇怪，这份报告反映了杜威的思想（他的思想也零星地出现在某些教派内部和跨教派的作品中）。正如克雷明（L. Cremin）指出的那样，"杜威最有力的贡献，是发展了一个能够涵盖具有高度多样性的进步主义教育运动的教育学理论体系"（Cremin，1966）[13]。

————————

① 参见：Prieto-Calixto A，2000. Rubén Darío and literary Anti-Americanism/Anti-Imperialism［M］//David S. Beyond the ideal, Pan-Americanism in Inter-American affairs. Westport, Connecticut, London：57-67.

当时，教育被认为是造就新公民和创造新文化的手段，它能培育一种合乎《圣经》宗旨的、民主的政体。而且，教育被认为在解决由天主教的蒙昧主义和顽固的政治不平等与社会不平等所造成的文化落后问题方面，具有关键性作用。这份教育报告将教育定义为一个过程：这个过程既包括人与环境的相互作用，又涉及个体意志与社会群体意志的交互作用。"教育是习惯的养成、知识的获取、品格的发展，所有这些及其他均取决于在使一个人适应环境过程中产生的种种需要和机会。"（Panama Congress，1917a）[501]考虑到这次会议的主要关切是破除疑心，以使国外思想方面的、商业方面的和精神方面的影响被允许进入拉丁美洲，这个定义看起来多少有点矛盾。大会阐述的操作性教育定义再造了同样的两难困境，被克雷明引用过相关观点的利尔格（F. Lilge）相信杜威也遇到了同样的困境：使学生适应社会环境，可能意味着让学生吸收那些被拒斥的价值和做法，以与时俱进（传教士希望如此），或者意味着教师鼓励学生抛弃这种价值和做法，从而牺牲教育与生活的密切联系（即消极地适应保守的环境）。如利尔格所论证的，杜威通过一种改革规划解决了这个困境和其他问题（Cremin，1966）[22-23]。而且，如柯恩（D. Cohen）表明的那样，杜威寻求创造一种完全渗透于学校的不同于现有文化的新文化，这种文化将有助于克服工业资本主义带来的人道灾难和社会灾难。（Cohen，1998）当时，信仰社会基督教的传教士，也将学校视为挑战深受天主教影响的主流文化的空间。

从巴拿马会议与会者的讨论中产生的这种新文化，一方面与应对工业革命对妇女、儿童和社会产生影响及其引发的危机相关，另一方面同创造一种可以满足新经济需要的课程相关。然而，这种新文化是外来的，在处理基于环境的学习和试图衔接进步话语与"真正的基督教文明"话语时，这种新文化引入了一种冲突。宗教教育家乔治·科（G. A. Coe）提供了一种理论桥梁。他的工作使进步主义教育理论家特别是杜威的思想与自由主义新教的社会信条和神学信条得到了沟通。他认为，教育的目的在于渐进地改良社会。① 乔治·科以一种杜威式的方式总结了自己的思想，他在1917 年写道：“教育不仅是社会自我保存的最重要的活动，也是社会对自身弊病及其自我改良方面的崇高努力的最真挚的裁判”②（Coe，1927）[18]。

支撑这次会议各种报告的基础是自由主义可扩展的民主概念，以及培育与现代价值观相联系的社会条件。这些报告规定教育方面的传教工作的目的是“建设基督教社区，培养具有精神力量的基督教领袖”，以及“在社区中充分渗透崇高的基督教观念和理想”。这些目的展示的视野涵盖了整个美洲大陆，甚至具有全球性，“造就所有国家的信徒——即在每一个国家中培养真正的基督教人民，让他们享受具有强大生命力的基督教文明的一切友谊和制度的滋养，让所有人都生活在互助互爱中”（Panama Congress，1917a）[504]。然而，还有一些涉及生活方式输出的重要问题没有得到解决。其中一个特殊的问题是谋求全人类平等，人们在阐述这种理想时，没有考虑到怎样处理不同种族、性别和阶级之间存在的实际障碍，也没有考虑怎样处理国家问题，包括美国的国民性问题。

在实践中，拉丁美洲的美国新教学校引入新的教育方法和教学技巧，鼓励将问题解决作为民主生活的一个维度，同时努力发展传教士眼中的美国的精华，以在拉丁美洲创造新文化。③ 一封 1924 年写给卫理公会（the Methodist Church）朋友的信清楚地描述了这种状况，这封信提到了秘鲁一所名为利马中学的女校：“但是，在这所学校里，秘鲁女孩接触到最优秀的

---

① 乔治·科毕业于罗彻斯特大学（University of Rochester），1884 年获得文学士学位，1888 年获得文学硕士学位。1887 年获得神学学士学位，1891 年获得哲学博士学位。1890—1891 年，他在柏林大学学习。在职业生涯早期，他的专业兴趣从哲学转向实验心理学，至 20 世纪初，他已对宗教教育非常感兴趣。1888—1890 年，他在南加利福尼亚大学（University of Southern California）执教。1893—1909 年，他在西北大学（Northwestern University）主持道德教育和知识教育领域的约翰·伊文思教授讲座（John Evans professorship）。1909—1922 年，他在纽约协和神学院（Union Theological Seminary）执教。1911—1927 年，他在哥伦比亚大学师范学院任教。他是美国宗教教育协会（the Religious Education Association of America）的创始人之一。他的文件收藏在位于伊利诺伊州埃文斯顿的西北大学的档案馆。

② 乔治·科还写道：杜威把教育和工业民主融合成了一个视角。

③ 卫理公会传教团的克莱德·布鲁斯特（C. W. Blewster）致“我亲爱的朋友们”的一封信，1924 年 3 月 1 日，秘鲁万卡约市。

美国女性，受到比她们所知道的更新的和更优秀的健康文化的影响。"①南北宏观权力斗争背后的政治理念正被转化为：拥护传教士倡导的美国价值观，塑造崭新的内在自我。

妇女是启发新一代理解世界的第一个教育者。32 个妇女传教协会（Women's Boards of Missions），无论是独立的或附属性的，均派代表参加了巴拿马会议。其中多数协会的总部设在美国。当时，有 418 个未婚女性和寡妇（不包括医生）在拉丁美洲传教。这次会议的妇女工作委员会主要由美国女性组成，其中 17 名生活在美国，6 名生活在拉丁美洲。拉丁美洲和英国各有 2 名女性代表。

对道德改革的关注和对男性贞洁与女性贞洁的强调贯穿整个报告。妇女工作报告特别关注基督教女青年会（the Young Women's Christian Association）在建设新道德基础方面的作用，"这个协会胸怀'全世界的年轻女性'"，"创造了一种新的意气相投的两性关系——两性都是人类的成员，共同工作和娱乐，适用同样的贞洁标准，双方都将享受一种更全面、更完满的生活"（Panama Congress，1917b）[171]。作为一个从事社会工作的基督教机构，基督教女青年会为来自偏远地区、缺少保护或无住处的女孩提供了一个培养道德品格的环境，也提供了一个家。这些青年女子被认为处于高危环境中，因为"现代工业环境""使她们不得不经常与男人在一起"（Panama Congress，1917b）[171]。这种对道德的关注基于这样的观念：家庭是安全的，世界是罪恶的。公共场所的日常工作将女性置于危险境地，"她们已拥有的新的社会自由使她们与形形色色的人接触，以致她们往往可能犯下可怕的过错，因为她们既缺乏来自内部的预警和预备，也缺乏来自外部的保护"（Panama Congress，1917b）[171]。现代工业环境使得有必要制订各种社会计划和制度，以处理健康、就业和教育等问题，救赎文化很

---

① 卫理公会传教团的克莱德·布鲁斯特（C. W. Blewster）致"我亲爱的朋友们"的一封信，1924 年 3 月 1 日，秘鲁万卡约市。

好地配合了这一需求（Panama Congress，1917b）[133]。

妇女工作报告描述了"贫贱阶层女性"的生存状况：她们"背负着人类的重担"，遭受着剥削和不幸的痛苦。罪和主流的道德现状被视为问题的核心，这为新生和救赎奠定了基础。这份报告写道："这些女性不仅承担生命的有形重负，而且承受着所有重负中最残酷的负担——罪的负担；由于缺少高标准的男性贞洁观而导致的非婚生育的沉重负担大部分落在她们身上。"（Panama Congress，1917b）[134]这份报告引用的材料表明，在整个南美大陆有 60% 的女性已失去了自尊和希望（Panama Congress，1917b）[134]。史密斯小姐是一名在智利工作的传教士，她为"这些不幸的堕落女孩"辩护："道德败坏？也许吧——如果我们认为那样是不道德的。但我们哪一个敢说，考虑到她们继承的财产、她们的无知、她们受到的诱惑，我们不会沉沦到那种地步？"（Panama Congress，1917b）[134]这个辩护产生了一个答案显而易见的问题："谁会否认为拉美女性做一些工作的必要性呢？"（Panama Congress，1917b）[134]这也等于维护了女性传教士的作用。具有讽刺性的是，巴拿马会议仅有两名拉丁美洲妇女代表。

传教士们认为"印第安妇女"形成了一个独立的阶层。在土著居民中开展的传教工作通常只是零星地进行。在这些传教士看来，"数以百万计的美洲同胞还处于异教黑暗之中，唤醒他们是我们时代最迫切的任务"（Panama Congress，1917b）[136]。人们认为，妇女造就了一个民族的理想，但是，也有极少数例外，如"印第安妇女仍处于异教黑暗和原始野蛮状态之中"（Panama Congress，1917b）[137]。这些传教士确信，非常有必要将福音传给这些妇女，"她们生在异教中，死时也不知基督是为她们而献身的"（Panama Congress，1917b）[137]。

在巴拿马会议上，保护弱者这个福音派女权主义信条，使得女性传教士拥有提供健康教育、社会服务和教育的专长成为理所当然的需要。女性传教士曾为争取教会和传教界对其服务的承认而奋斗，这种专长使她们终于找到了自己的定位。女性传教士不仅以宗教真理的名义，而且以进步的名义，以女性理想、专业知识和教育的名义履行其使命。她们的工作重点是改变拉丁美洲地区母亲们缺乏教育的现状。事实上，这次会议反映了作为一种生活方式的民主理念，这是一种以品格和才智为基础的理想（近于杜威的伦理理想概念），这种民主理念与对有必要强行输入"高级"价值的坚信和对专业知识的完全信任和托付是矛盾的。在处理土著居民问题时，总体上民主的方式混合了一些种族偏见的杂音。

这次会议上的教育话语饱含了对家庭、社区与教会之间密切关系的信任，此三者同国家一起成为影响社区中正在成长的成员的主要因素（Panama Congress，1917a）[501]。社区在传教士对民主和教育的理解中居于中心地位。教育目的被认为与教育中自由与训练相平衡的现代主义观念相关。文明秩序与社会稳定被理解为是建立在习俗与法律之上的。对教育目的的解释，有如下结论："教育目标由两方面构成：一方面是培养人与人（men）之间在心理和精神上的伙伴关系；另一方面是培养个体在心理和精神上的创始力和独立性"（Panama Congress，1917a）[502]。这次会议的报告认为，教育方法应当联系真实情境，依靠解决问题来培养观察能力、主动精神和自立能力，并且"每一次成功都应当有利于发展明智的自我引导能力"（Panama Congress，1917a）[503]。这些理解与教育学方面的进步主义教育①（pedagogical progressive in education）的一般原则是一致的，更具体地说，是与杜威的教育理论和民主思想一致的。然而，从课程的管理、结构和目的方面看，会议所阐述的教育原则都伴随着对社会效率的强调，表达了功利主义的教育观点。在这些传教士看来，他们的学校与其他高效运行的学校的区别在于他们专注于处理"整全的人（man）的训练，因而必须合理地将道德教育和宗教训练作为它不可或缺的一部分"（Panama Congress，1917a）[505]。

①　"教育学方面的进步主义教育"这一概念来自戴维·拉巴里（D. F. Labaree），他区分了"教育学方面的进步主义教育"和"教育中的管理进步主义"（administrative progressives in education）。参见：Labaree D F, 2005. Progressivism, schools, and schools and education: an American romance［J］. Paedagogica Historica International Journal of the History of Education, 41（1）：275-288.

三、蒙得维的亚会议（1925 年 3 月 29 日至 4 月 8 日）：重建社会秩序和重构传教形态

蒙得维的亚会议的主题是"南美的基督教工作"，共有 165 名代表出席会议，其中拉丁美洲代表 45 名。负责起草会议报告的传教士，除麦凯（J. A. MacKay）外均来自美国。麦凯是一名来自苏格兰自由教派的长老会成员，他与秘鲁的其他传教士关系密切，并参与秘鲁的政治活动。会议报告的作者之一麦康奈尔（F. J. McConnell）是一位备受瞩目的社会福音派领袖，也是一名杰出的卫理公会派教徒。南美福音派联盟（the Evangelical Union of South America）（根基在英格兰）派出了在秘鲁工作的传教士代表出席会议。像巴拿马会议一样，出席蒙得维的亚会议的也有各种各样的代表，既有法国新教委员会（the Comité Protestant Français）和西班牙福音派教会联合会（the Federation of Evangelical Churches of Spain）的代表，也有准教会的、跨教派的和无教派组织的代表，这就拉长了会议代表和观察员的名单。虽然西班牙语与葡萄牙语是南美洲的官方语言，实际上会议主要使用英语，会议报告也是用英文撰写的。拉丁美洲代表仍然很少。

社会福音派左翼受到这次会议的拥护，他们完全主导了会议的意义生成背景。会议的最后报告"教会和社区"写道："个人主义者必须记住：在我们试图影响大众（men）的内部精神之前，我们必须改变社会思想家一直呼吁关注的大众的外部状况。缓解身体方面的饥饿何尝不是使人们提供精神服务的有价值的动机？"（Montevideo Congress，1925b）[46-47]这些思想与进步主义的教育思想和民主思想交织在一起，尤其与杜威的思想交织在一起，也与效率理念、合作思想和进步观念交织在一起。杜威的思想主要是通过他的"翻译者"乔治·科进入社会福音派的世界的。乔治·科的影响并不是新近才出现的，不过在蒙得维的亚会议上更明显而已。迈耶

（D. Meyer）认为乔治·科是"进步主义思想最杰出的阐释者……杜威的学生"（Meyer，1988）[137]。迈耶注意到，乔治·科在1917年已出版了他最有影响力的著作《宗教教育的社会理论》（*A Social Theory of Religious Education*）。同年，劳申布施（W. Rauschenbusch）出版《社会福音派神学》（*A Theology for the Social Gospel*），它代表了一种通过回到罪的概念使旧教条社会化的严肃努力。[①] 会议报告"教会和社区"在对社会服务的理解方面实际上引用了劳申布施的观点，也引用了乔治·科的观点（Montevideo Congress，1925b）[37]。杜威的影响并不奇怪，用迈耶的话说，因为改革者受惠于改革的时代，受惠于同时代人的思想。"在某种意义上，社会福音派可被认为是一场带有新教光环的改革。"（Meyer，1988）[2]有趣的是，克拉帕雷德（É. Claparède）在论及詹姆士（W. James）时写道：所有新教教徒都具有实用主义倾向（指实用主义的哲学信条）（Claparède，1968）[24]。宗教改革家的思想是世俗与宗教综合形态的一部分，其中，世俗建议通常被转译为宗教术语，反之亦然。

至20世纪20年代，传教士对社会的理解一直在与拉丁美洲流行的国家主义话语竞争，也在与其他关于社会的乌托邦信念竞争，所有这些都带有教育学信息。会议官方报告的导言写道，新教教会正在"勇敢地、忠诚地向福音前进，以在伟大的社会运动中占有一席之地，今天社会运动正在渗透整个南美人的生活"（Montevideo Congress，1925a）[22]。与这种方式一致的是，这次会议着重分析了有组织的工人运动、拉丁美洲的女权主义运动和诸如学生运动、大学改革以及创立民众大学（popular universities）等社会运动。泛美洲主义虽被提及，但在大会上受到批判。麦康奈尔主教明确表示，传教工作没有政治和经济目的（Montevideo Congress，1925b）[71]。

当时，出现了一种新形式的文化民族主义，这是一种在文化领域谋求

---

① 迈耶写道："劳申布施指出，先于一切有罪行为的深重的罪（sinfulness）是由个人周围的他人的有罪行为和状况在他身上引发的。罪在个人身上采取的特殊形式仅仅是它在个人所在的社会群体中所采取的形式的一种功能。"（Meyer，1988）[131]

同一性的思潮，墨西哥哲学家巴斯孔塞洛斯（J. Vasconcelos）等人是这种思潮的推动者。巴斯孔塞洛斯在奥夫雷贡（A. Obregón）任总统期间担任了三年教育部长（1921—1924 年），留下了文化民族主义规划的遗产。① 他与传教士有一种欲迎还拒的矛盾关系。他是《新民主》杂志的编委，视拉丁美洲为一个向所有种族开放的大陆，鼓吹一种不仅建立在团结基础上，而且建立在审美基础上的新生活方式。20 世纪 20 年代有一种影响日益增大的倾向：将民族等同于国家。② "一战"后，在秘鲁、智利和巴西的工人阶级中兴起了一场社会运动。大学改革运动从阿根廷蔓延到大部分拉丁美洲国家，产生了一种具有拉丁美洲特色的大众教育学话语和要求。它代表了对当时正处于危机中的寡头式自由国家的主要挑战。

在支持秩序和进步的寡头自由政府的暗中帮助下，新教传教团体已渗入拉丁美洲大陆。20 世纪 20 年代，拉丁美洲出现了颇受欢迎的国家主义政治运动和党派，如阿根廷的伊里戈延激进公民联盟（Irigoyenismo）、秘鲁的阿普拉主义（Aprismo）、墨西哥的国家革命党的国内部分，同时各个国家的社会主义也发展起来，如秘鲁的马里亚特吉（J. C. Mariátegui）领导的社会主义、墨西哥的共产党和其他一些更传统的社会主义。1925 年的蒙得维的亚会议就是在这种社会政治背景下召开的。事实上，这次会议同巴拿马会议一样，不得不处理国家主义的影响，它挑战了美国的影响和美国的泛美洲主义。令人感兴趣的是，大部分激进的社会福音传教士都批评美国的政策和影响。许多出席这次会议的传教士已与民族领袖建立联系，且已找到了支持或甚至影响他们的方式。这方面比较典型的例子是秘鲁的卫理公会（Methodist Episcopal Church）传教使团、麦凯和阿亚·德拉托雷（V. R. H. de la Torre）的关系，麦凯是一名苏格兰自由教派传教

① 2008 年 6 月 20 日，在与马丁内斯（C. Martínez）交流时，他认为这个团结民众的规划遭到了天主教会的影响和抵制，也在土著居民的异质性面前碰了壁。

② 参见：Franco J，Pitol S，1985. La cultura moderna en América Latina［M］. México，Barcelona，Buenos Aires：Grijalbo：90-95.

士，也是"盎格鲁-秘鲁人学校"的校长，阿亚·德拉托雷当时（1923年）是一名学生领袖，后来成为美洲民众革命联盟创始人（the American Popular Revolutionary Alliance，APRA，即阿普拉党）。福音派新教对阿亚·德拉托雷的影响是一个不容忽略的例子。① 未能解决的紧张关系多少反映在报告的讨论中，反映在寻求个人新生和群体新生的平衡中。

进步理念在拉丁美洲得到传播，这使对拉丁美洲大陆的精神征服变得正当起来（"宗教教育报告"中使用了"精神征服者"一词）。救赎、民主和对拉丁美洲危机的洞察获得了新意义，人们开始重视社会经济变革，并中肯地看待美国的投资。这一点在麦康奈尔主教的总结发言中是显而易见的，他使用一种果断的改革家语言，但仍清醒地意识到会议上揭示出来的种种困难。其中的一段话如下：

> 我们已假定这里宣布的社会政策是正确的，然而，我们最好提醒自己：当处理具体问题时，我们使社会秩序充满基督教精神的努力会面临真正的冲突，我们可能会克服这种冲突，也可能失败。我们要战胜为了一个阶级的利益而剥削或掠夺其他阶级的劳动或资源的势力，要战胜为了一个国家的建设而不公正地控制另一个国家的财富的势力，要战胜为了某种理由而使几个国家陷入战争的势力，然而，几次宗教会议通过的几个决议是战胜不了这些势力的。除非培养一些英勇的和先知式的人物走上基督的道路，否则任何一个方向的胜利都不能实现。我们在这里宣布的在社会上传播耶稣福音的各项原则，仍然是他们的不竭动力。当然，极其重要的是，在实践中言行一致地贯彻这些原则。在过去，这些问题都是被视为宗教责任以外的问题来处理的（Montevideo Congress，1925a）[33]。

---

① 参见：Bruno-Jofré R，1988. Methodist education in Peru：social gospel，politics，and American ideological and economic penetration，1888-1930 ［M］. Waterloo：Wilfrid Laurier University Press；Sinclair J H，Mackay J A，1990. Un Escocés con Alma Latina，México ［Z］. D. F. México，CUPS.

这次会议对社会福音的强调引发了一些来自独立会众的负面反应，他们转向了一种与达尔文进化论有关的原教旨主义（Bastian，1986）[119]。

这次会议仍然强调品德教育，同时也强调创造一种替代性文化，强调建设一套与现代价值更具一致性的新价值体系，强调从基督教方面理解民主，这在很大程度上已是一种对宗教的新理解。乔治·科的著作经常论及传教工作，他对这次会议的影响非常明显，他使用的措辞是"上帝的民主"而不是"上帝的王国"，因为在他看来，民主理念对于理解耶稣的教导必不可少（Setran，2005）[113]（Coe，1927）[54-55]。乔治·科的著作《宗教教育的社会理论》是献给最激进的社会福音人士哈里·沃德（H. Ward）的，在这本书中，乔治·科也谈到了工业民主，他认为这是一种生产者管理生产者的组织（Coe，1927）[16]。他问道，基督徒一定不能将上帝视为一种在人类社会中以民主方式开展工作、提供帮助的存在吗？他将"上帝的民主"理想视为宗教教育终极目的中决定性的因素。他认为，基督教教育的目的应当是"年轻人走向成熟，高效地献身于上帝的民主，并在其中达到自我实现的幸福"（Coe，1927）[55]。而且，在乔治·科看来，社会化的宗教教育有助于民主国家的发展。他论证道：当宗教教育受"上帝的民主"思想指导时，"我们有一个统一的社会目的，在国家教育中任何真正民主化和人道化的事情都有助于实现这一目的"（Coe，1927）[262-263]。此处的要点是，他没有将宗教等同于教条主义和教会中心主义，因为它们是宗派性的，不能使宗教教育适应公共学校教育。在公共学校中，已兴起一场使宗教教育全面社会化的运动，这意味着，除了阅读、算术等，它们不应当教授宗教，但应当教授民主（"上帝的民主"），以使学生民主化（Coe，1927）[262-263]。这与整个社会福音运动的普世成分一致，也与诸如克伯屈（W. H. Kilpatrick）（他偶尔会到主日学校工作）、康茨（G. Counts），当然还有杜威这样的教育改革家的思想一致。乔治·科将他的书献给哈里·沃德，不是没有理由的，哈里·沃德是一个激进的先知，他构想了一个更美好的世界体系——"合作的联邦"（Rossinow，2005）[77]。我赞同塞特兰（D. Setran）的观点：乔治·科相信，像杜威和克伯屈这样的进步主义教育家已发现了教育的必不可少的宗教本质和"真正（即自由）的基督教的教育天赋"（Setran，2005）[112]。有一个例子是进步主义教育对儿童和社会正义的重视，乔治·科认为，它的根源在耶稣的教导中。天主教徒也持有同样的观点，他们也喜欢采用杜威和克伯屈的教育理论。[①]

品格教育是"一战"后加拿大和美国的一个重要议题，关于这个议题，保守派和自由主义的进步人士之间存在很大争论[②]（Setran，2005）[108]。保守派关注社会变迁，还关注他们视之为年轻人走向社会无政府状态的运动，他们热衷于制定道德准则和开列一个好公民的特质清单。这种方式在当时占主导地位，也受到保守派教会的拥护。然而，蒙得维的亚会议上的传教士和社会福音派领袖，在品格教育问题上遵循乔治·科的教导。乔治·科认为，品格教育是宗教教育的一部分。他激烈地批评保守派的品格教育方式，反对准则化的美德观。他求诸科学方法和民主方法来处理道德和社会问题。他的著作，尤其是出版于 1904 年的《宗教教育与道德》（*Education in Religion and Morals*），同克伯屈的著作一起，被用于拉丁美洲的神学研讨班、宗教教育项目和神学课程（Montevideo Congress，1925b）[128,131,132]。

"宗教教育报告"特别关注"品格教育的有效过程"，并指出旧的说教法和榜样示范法是不够的。它提出两点：首先，"任何能被自觉地应用的培养品格的过程，必须在方法上具有教育性；其次，我们在经验中并通过经验学习"。杜威和乔治·科的思想在报告中得到了明确的辩护：

---

① Bruno-Jofré B, Jover G, 2009. The readings of John Dewey's work: the cases of the institución libre de Enseñanza and the thesis of father Alberto Hurtado, S. J. on Dewey. ［J］. Encounters in Theory & History of Education, (10): 3-22.

② 参见：Report of the proceedings of the national conference on character education in relation to Canadian citizenship (Winnipeg, 1919).

实验的教育坚信实践观察的重要作用，坚持认为，必须在经验中，并通过经验去培养品格和养成习惯。一个人做了什么才学到什么，而不是被教了什么，才学到什么；他喜欢做的事，往往会继续做，他不喜欢做的事情，往往会逃避……在这个过程中，教师或父母可能成为一个同伴和向导。如果儿童信任教师或父母，那么教师或父母会成为他的经验的一部分（Montevideo Congress，1925b）[88]

脱离日常生活的教学不会通向"正当的生活"。《圣经》被理解为一本关于经验的书（Montevideo Congress，1925b）[88]。乔治·科认为，宗教教育的目标是创造一种新的生存方式，一种有助于创造上帝的民主的生存方式。学校的主要问题是，如何将这些理想付诸实践和如何培养不同于现有文化的现代价值观。后者通常深受新兴中产阶级欢迎，尽管他们对民主的理解各异（Bruno-Jofré，1988）（Ramalho，1976）。

以下实践中的对比颇能说明问题：在以活动为基础的主日学校里，不是由主日学校的管理人操持开学典礼，而是由学生们自己操办整个集会和服务；学生们不是通过研究书本和书写正确答案来学会如何学习，而是通过包含观察、研究和引导的实践教学来学会如何学习；不是告诉学生《圣经》的含义，然后向他们提问、检查是否"了解圣训"，而是学生们自己讨论各种意义，研究材料，形成判断，规划服务活动；学生们不是死记硬背，而是参与讨论源于他们实际生活的问题，同他们的领队一起寻求文明的解决方式；不是学习由某个委员会选择、某个著作家编制的课程，而是由班级规划一个活动，让每个成员发挥自己的主动性和建设能力（Montevideo Congress，1925b）[89-90]。

"宗教教育报告"的中心议题是：怎样将所有活动与青少年儿童的日常生活经验联系起来。这个报告引用乔治·科的观点，强调："在学生心灵中，宗教教育过程是宗教生活本身，而不是外在于宗教的东西和仅仅为它做准备。"（Montevideo Congress，1925b）[90]报告认为，"当上帝成为儿童经验的一部分时，上帝对他们而言将是真实的”（Montevideo Congress，1925b）[90]。

教育过程被认为是"以学生为中心，而非以教材为中心"。这里没有儿童应当掌握的知识体系；课程计划以学生自身为中心，以他们自身的状况为中心，以他们的兴趣、问题和需要为中心。这个报告提议逐步抛弃划一的课程，采用适应学生的共同兴趣、需要和发展阶段的课程。它反对按历史顺序教学生学《圣经》，倡导从学生的经验出发，借助《圣经》和其他材料，丰富和指导学生的经验。它提倡不使用表达成人宗教经验的赞美诗和祈祷词，而是创编表达学生经验的赞美诗和祈祷词。它反对学生死记硬背那些不能理解的片段，转而强调理解和应用当前的经验（Montevideo Congress，1925b）[91]。

这个报告激发了一种我们今天称之为建构主义的方式。课程活动和材料必须满足学生的道德需求和宗教需求；它们应当建立在学生已知的和已做的事情的基础上；教师应当鼓励学生认识他们的环境，反思他们的经验；教学方法必须适合学生们的经验和能力。这个报告阐述的另一个重要原则是：学生的品格训练过程应是"统一的"（Montevideo Congress，1925b）[91]。

从以上论述中，可以明显看出杜威的思想，尽管它们大都是通过乔治·科的著作引入的。例如，杜威的思想在以下理念中均有回音：经验、经验的生长和连续性、实验方法、对民主的（受过教育的）人的心理倾向与特质的理解、在经验的指导下与环境交互作用，以为所有人寻求最大利益。（在拉丁美洲，环境应是一种不同于已有文化的新文化环境。）科学与民主是改良道德秩序的必要工具，旨在培养积极的公民，致力于减少吸毒、贫困、疾病，激励艺术和科学领域中天才的产生。"自由和秩序是民主的基石，它们不是由警察力量来维持的，而是由有能力自我管理的公民维持的。"（Montevideo Congress，1925b）[81-82]这就是我们今天所说的"主体管理"（the regulation of the subject）。

这种对教育本质、道德秩序和社会秩序的理解与美国基督教会联邦理事会的领袖们的意见一致。从个人信仰和信心方面看，宗教属于个体，但"从另一个方面看，宗教是属于社会的，因为宗教目的与世界的救赎有关——通过引入一种更高尚的社会秩序救赎当前的世界"（Meyer，1988）[136]。个体必须社会化。迈耶认为，宗教教育领域的权威人物，尤其是乔治·科，系统地、详尽地阐述了这些思想。乔治·科将新心理学理论、新教育理论，尤其是杜威的理论，与社会福音派观点结合起来，他的著作明显体现了这一点，如 1904 年出版、在传教领域广为使用的《宗教教育与道德》。迈耶强调，这些正在受到提倡的理论属于美国的实用主义理论。道德癖好或不变的内驱力的观念被需求和活力的思想取代，"需求和活力是作为一个综合体发挥作用的，是以进化发展为条件的"；个人所理解的思想和真理具有功能性，它们是人际交往生活的产物。自我的个性由习惯和信念构成，这些习惯和信念是在接受某些思想和排斥另一些思想的过程发展起来的（Meyer，1988）[137-138]。人性即单纯的潜在性，杜威等实用主义者和乔治·科认为，这种思想在道德方面具有积极意义（Meyer，1988）[138]。在宗教教育中将实用主义者的思想和社会福音派的观点结合起来的理论，使传教士创办的学校出现了许多创新性的做法。这些学校既是政治态度形成的场所，也教授拉丁美洲新兴的、发展不平衡的资本主义经济所必需的技能。①

可以看出，"宗教教育报告"将人性、上帝和世界严密地结合了起来；

---

① 例如，关于巴西的新教学校的研究，参见：Ramalho J P，1976. Prática educativa e sociedade：um estudo de sociologia da educacao［M］. Rio de Janeiro, Brazil：Zahar Editores；Ramalho J P，1994. The pedagogical characteristics of protestant schools and the ideological categories of liberalism［M］// Bastian J P and Bruno-Jofré R. Protestant educational conceptions, religious ideology and schooling practices. Winnipeg, Manitoba：University of Manitoba：61-75；Mendoca A G, 1994. Ideology and protestant religious education in Brazil［M］// Bastian J P and Bruno-Jofré R. Protestant educational conceptions, religious ideology and schooling practices. Winnipeg, Manitoba：University of Manitoba：76-106；Bastian J P, 1994. Ideals of protestant womanhood, religious ideology, and the education of women in Mexico, 1880-1910［M］// Bastian J P and Bruno-Jofré R. Protestant educational conceptions, religious ideology and schooling practices. Winnipeg, Manitoba：University of Manitoba：107-31.

在批评宗教教育家时，杜威曾在《宗教与我们的学校》（1908）中质疑过
这种结合（Archibald，2003）。然而，杜威没有关闭通向宗教的大门。他
在这篇文章的结尾写道：

> 就教育而言，那些相信宗教是人类经验的自然表达的人，必须致
> 力于发展新生活的思想，这种新生活隐含在我们的仍然年轻的科学和
> 更年轻的民主之中。他们必须使自己对改革旧制度感兴趣，直到它们
> 与新生活思想一致，这些旧制度仍盖着教条主义和封建时代的印章。
> （哪一个没有呢？）在改革旧制度、创造新生活的服务中，他们的任务
> 之一是尽其所能地阻止某些人滥用公共教育机构：利用公共教育机构
> 阻止人们吸收科学精神和民主精神，继而妨碍人们接受一种新型宗
> 教——这种宗教将成为现代精神成就的灿烂花朵（Dewey，1908）
> （Ratner，1939）[715]。

跨教派运动没有去发展杜威提到的那种"宗教"，但这个运动的领袖
似乎不关心两种不同观点之间的紧张关系。跨教派运动的领袖可能已将杜
威的话理解为：杜威承认，科学与民主能使自由获得宗教精神的意义。但
在同一篇文章中，杜威批评了那种认为宗教是生活的一种普遍功能的
观点。

在"宗教教育报告"中，对科学的问题解决方式的强调与这样的观念
相伴而行：宇宙的真正本质是神意，且这种本质是我们经验到的东西。当
人们经验到与神圣整体的伙伴关系时，将获得一种道德力量，它是发现和
实现新理想必不可少的力量。在会议审议过程中，以及在乔治·科的著作
中，社会福音派、实用主义和杜威的教育理论的交叉部分，被理解为实现
社会重建、救赎和新民主政体的手段。这里主要的未被解决的紧张关系存
在于救赎与民主手段之间，即在目的与手段之间出现了断裂。我们大体上
可把救赎理解为某种包括宗教改宗在内的转变；这个过程并不必然需要运
用民主手段。手段和目的一般是结合在一起的。下文将讨论的对土著居民

问题的处理，就是这方面的范例。一个更为复杂的情况是：跨教派委员会领袖非批判性地依赖泛美洲主义，致使救赎思想掺入了一种对美国政治的特殊认同，它未必为蒙得维的亚会议上大部分激进社会福音派代表所接受。

乔治·科作为社会福音派的代言人，也关注"公众的心灵"（public mind），且致力于在有策略地追求社会变革的过程中改变公众的思维定式（Meyer，1988）[110]。在美国，社会福音派的信徒公众主要集中在东部和中西部地区的市郊、小城市、小镇和乡村。迈耶认为，公众的思维深受文化—社区的影响（Meyer，1988）[110]。在拉丁美洲，新教教会主要活跃在城市，新教学校已帮助创造了一个新的中产阶级。

蒙得维的亚会议面临的挑战是如何在土著居民和乡村地区传播新教，以及应对公众不断增强的民族意识，这种民族意识甚至在新教皈依者中也越来越强烈。在拉丁美洲的传教士认为，要改变公众的思维定式，就要培养新价值观和新习惯，它们稍微有别于生活经验，进一步说，改变公众的思维定式最终取决于改信新宗教。即使是最具进步主义倾向的传教士，他们关于公众的思想也与杜威关于个人的思想远为不同，杜威的"个人"是指能运用科学探究方法、养成民主生活方式的人。而且，这些传教士的种族中心主义普遍化方式，也没有为表达在特殊的社会—文化背景中建构起来的世界观留下太多空间，这种世界观不同于热情洋溢的新兴中产阶级的世界观。因而，麦康奈尔主教意识到缺少"唤醒公众的道德良知"的机构，转而强调福音派传教士的责任（Montevideo Congress，1925b）[73]。

这次会议全面支持女权主义者的平权行动，并不局限于保护处于危险中的姐妹。会议报告写道："既然基督自己没有在男女之间做出不平等区分，那么福音新教应当引导民意公正地支持在法律面前男女拥有平等的权利和责任，且公正地支持在其最高解释中使男女适用平等的道德标准。"（Montevideo Congress，1925a）[454-455]会议报告认为，这种主张在建立新社会的事业中女性与男性具有同等地位的思想，与乔治·科主张在民主家庭中

"抛弃性别不平等的教条与实践"的思想类似（Coe，1927）[211]。此次会议特别关注拉丁美洲的女权主义运动，且提到了泛美洲儿童会议（the Pan-American Child Congresses）。[①] "关于有待开拓的领域的报告"也论及了女权主义运动的勃兴和它对社会公正的热烈追求，女权主义运动认为社会公正的实现将使公众的道德更为高尚，并能提高南美洲文化的社会效率。大部分教派创办了女子学校或男女合校的学校。许多教派的与会代表们都积极讨论这样的教学方法：知识与经验结合、学校与社会结合、科学方法的传播与问题解决结合。然而，在传教士的整体信念中，女性的角色仍不清晰或相互矛盾。男女平权和责任平等问题在会议决议中得到充分支持，然而与它并存的观念仍是：对家庭生活的歌颂，妇女是社会秩序的守护者。利马中学是秘鲁的一所最具进步主义色彩的学校，它对教育目的的规定如下：

> 因而，我们努力引导他们选择高贵的和服务的使命，谆谆教导他们牢记家庭尊严的最高理想；培养自律和独立思考的良好习惯，唤醒他们对一切种族的尊重，承认每个人都享有社会的、经济的、宗教自由的权利，最终教会他们承担起社会责任，不带偏见或歧视，将爱献给全人类。[②]

在传教士尚未解决的问题中，最棘手的是使南美印第安人土著居民信奉福音新教的问题，他们是被忽视的群体。这个问题使种族关系及传教士在其本国对种族关系的理解的重要性凸显出来。土著居民通常被认为是野蛮的、头脑简单的。在传教士看来，"上帝的所有子民在上帝作为父的大

---

① 关于泛美洲儿童会议的综合观点，参见：Guy D J，1998. The Pan American Child Congresses，1916 to 1942：Pan Americanism，child reform，and the welfare state in Latin America ［J］. Journal of Family History，23（3）：272-291.

② Hahne J，1994. A todas y cada una de las ex-alumnas del Lima high school. blue and gold ［M］// Bastian J P and Bruno-Jofré R. Protestant educational conceptions，religious ideology and schooling practices. Winnipeg，Manitoba：University of Manitoba.

家庭中一定可以赢得自觉的友谊，世间所有家庭均由这个大家庭而得名"（Montevideo Congress，1925a）[151]。一位传教士说："毫无疑问，如果有机会，印第安人会成为一个好公民和好基督徒。"（Montevideo Congress，1925a）[215]对种族视而不见和缺乏整合其他文化价值观的开放性，是以传教士的进步主义信念的普遍传播为基础的。乔治·科提出了"上帝的民主"的概念，发展了超越宗派观点的宗教教育思想，使民主化和人道化成为公众教育统一的社会目的。他很少提及种族问题。他的解决方法是立足于各族群的相互交流交往，在共同追求自由的事业中实现各族群的团结（Coe，1927）[263]（Coe，1934）[175]。

人们认为，传教使团是一种传播文明的社会力量，它的目标是唤醒土著居民走向新的生活方式和新理想，通过教育和服务使他们融入各民族的共同生活（Coe，1934）[152,153]。这是一种渗透了民主理念的伦理理想。然而，在这个过程中存在一种明显的强迫他人接受某些价值观的情况，尽管这是通过传播新生活经验的方式实现的；正是在这里，杜威的思考明显有别于传教士，后者的最终目的是让他人改信新教。传教士们为达到目标探索出了如下策略：努力影响上层阶级，与当地社会领导和政治领导协商交流，如秘鲁的阿亚·德拉托雷和墨西哥的巴斯孔塞洛斯或长老会的萨恩斯①（M. Saenz），培养一个新中产阶级，同时努力向土著居民和乡村穷人传教。最终，在大多数情况下，他们通过不同组织开办的大量学校来施加影响，这些学校有智利圣地亚哥长老会的英语学院、智利南部瓦尔帕莱索长老会开办的许多费用低廉的民众学校、安立甘教会美国传教士协会为巴拉圭土著居民开办的众多学校和秘鲁的各种卫理公会职业学校。新教学校通常强调英语和商科的教学，这与外国资本的需求一致，也与以下理念一

---

① 萨恩斯是哥伦比亚大学人类学教授弗朗茨·博阿斯（F. Boas）的学生，也受到了杜威的影响，1925—1928年任智利教育部副部长。他相信墨西哥的问题可以通过"行动学校"来解决，这些学校将建立在所有农村社区，而不论其种族如何。（参见：韩琦，2013. 浅论墨西哥的文化革新运动与现代化［M］// 韩琦. 拉丁美洲文化与现代化. 北京：社会科学文献出版社.——译者注。）

致：过一种有价值的生活也包含某些具体领域中的训练（Bruno-Jofré，1988）[142]。

蒙得维的亚会议之后是 1929 年的哈瓦那会议，这次会议局限于中美洲，由拉丁美洲人主导。虽然社会福音派和进步主义教育的基本信条得到承认，但一种政治上保守的论调似乎贯穿于总结报告（会议记录）之中。这次会议的精神受到如下认识的影响：新教教会大体上已无力"建立起与我们的人民的纽带"（"我们的人民"指拉丁美洲人民）（Camargo，1930）[54]。当初制定的下述传教目标似乎远未实现：在特定政治时机与国民建立起合作关系的工作取得初步成功，培养大量的皈依者，以及通过学校工作和其他服务对社区施加影响。传教工作仍处于一种无根的神学形态，与拉丁美洲人的思想和现实仅有脆弱的联系。1970 年，这种情况引起了新教自由派神学家博尼诺（J. M. Bonino）的强烈抱怨。他说，在基督教传入五百年后，新教传入一百年后，拉丁美洲对于神学来说仍然是一片不毛之地。①

四、结论

拉丁美洲合作委员会试图在传教士中发展一种共同话语，作为折中的现代主义形态的一部分。它将诸如泛美洲主义等政治议题、温和的社会福音派神学信条和进步主义理论中新的政治自由主义综合起来。新教学校、通过各种途径实施的宗教教育和演讲被认为是接触公众，创造新生活方式、新政体、新教自由民主和不同于传统文化的新文化的主要手段。

巴拿马会议与蒙得维的亚会议在意识形态上的差别显而易见，其差别源自对拉丁美洲的不同理解，也源于相互竞争的神学解释。一批有领袖身

---

① Bonino J M, 2004. Prologue to rubem alves, religión: opio o instrumento de liberación (monte-video: tierra nueva 1970) I - II cited by Cervantes-Ortiz L. Génesis de la nueva teología protestante latino-Americana (1949-1970). II Simposio internacional sobre historia del protestantismo en América Latina. San Cristóbal de las Casas, Chiapas.

份的皈依者出现在会议上，并发出了自己的声音。由于会议主要使用英语，他们没有全面参与会议的审议活动，即使在蒙得维的亚会议上他们也是少数。然而，他们有自己的经验，通常是情感体验——涉及政治控制、文化支配、宗教理想和民主理想的矛盾情感，这些情感是他们的认识基础。在有些地方，如墨西哥，皈依者是传教士与后革命时代墨西哥的领袖之间的政治桥梁。

巴拿马会议的思想基础是进步主义教育思想（特别是杜威的思想）和建立一个以具有社会内涵的个人救赎理念为基础的新政体的理想，同时这次会议也依靠了社会基督教或社会福音主义中的温和派。蒙得维的亚会议全面引入了一种强烈的重建主义的（社会改善论的）进步主义话语，其基础是一种带有激进色彩和强烈社会救赎元素的社会福音派观点。蒙得维的亚会议的与会代表通过乔治·科的著作借用了杜威的思想，乔治·科整合了杜威的思想、心理学和社会福音派观点。乔治·科的"上帝的民主"思想是其宗教教育思想的中心要素之一。然而，尽管乔治·科的思想是丰富的，这次会议关于宗教教育的报告仍然很抽象。在这次会议的几个报告中，关于将本土性的、地区性的政治形态与新出现的"土生土长的"民主概念结合起来的神学论述和政治论述相当贫乏。虽然两次会议的报告均含有对拉丁美洲的形势和各种社会政治运动的长篇分析，但它们都带有一种超然的态度，一种他者的论调，这种特点突出地表现在对待土著居民问题的方式上。最后，传教士们努力将他们所认同的美国精华带给整个美洲，以建立一种新文化，这种文化与他们对自己国家的信念和他们作为世界领袖的自觉地位是一致的。民主和教育的进步主义思想与传教士对拉丁美洲的设想被结合起来，构筑起一个体现在传教学校和主日学校中的独特空间形态。被移植到这种空间形态和教育实践中的话语，是由这个领域的传教士和皈依者的经验塑造的，通常也是由拉丁美洲的种种政治规划和社会运动的需要塑造的，这些政治规划和社会运动的目标和边界变化迅速，到第二届会议时，国家主义和政治激进主义已占主导地位。

这两次会议的话语展现了一个拯救南美大陆的先知规划，南美大陆被认为处于不发展人性、不了解基督和他的救世启示的危险中，也处于不发展自由的合乎《圣经》宗旨的民主、生活在黑暗和罪的危险中。它是一个拯救社会灵魂和个人灵魂的重建规划，其根基在于从新教角度阐释自由主义、进步主义、可扩展的民主和对个人作为一种社会存在的关切。蒙得维的亚会议具有更强烈的重建主义倾向。

传教士借用了杜威将民主作为一种生活方式的思想，并用基督教精神改造了它，使民主成为新教自由主义基督徒精神的同义语。[①] 一个理想的基督徒学生是一个能协调宗教经验与科学方法的人，是一个入世者。这两次会议的报告所论述的教育思想和这种教育思想对社会交流、合作、探究方法的强调，是改革派新教徒乌托邦信念的一部分。这种信念斗志昂扬，充满征服精神，尽管从历史上看它是脆弱的。社会福音派观点和进步主义教育的交叉部分，特别是杜威的思想及其实用主义哲学，是这种信念发展的理论基础，这种信念在巴拿马会议上还只是羞答答地出现，但在蒙得维的亚会议显示了它的全部力量。

这种综合形态及其目标的主要问题被 1929 年哈瓦那会议的一句话点明了："对我们的民族来说，我们是陌生人。"换言之，在 20 世纪早期，总的来说，新教及其规划被拉丁美洲人视为一种外来输入，尽管新教传教士为在这个大陆上获得社会存在感做出了种种努力。在那个历史节点上，现代的普世主义被拉丁美洲复杂的、多样性的历史现实击败，这种历史现实包括强大的天主教势力和对外来民主的抵制，后者又与美国将自身视为一个主导性的政治经济力量的信念，以及它在美洲大陆的干涉历史交织在一起。

---

① 阿奇博尔德（H. A. Archibald）提到了乔治·科怎样用基督精神改造民主（Archibald，2003）[421]。

参 考 文 献

Archibald H A, 2003. Originating vision and visionaries of the REA [J]. Religious Education, 98 (4): 422.

Bastian J P, 1986. Breve historia del protestantismo en America Latina [M]. Mexico: Casa Unida de Publicaciones: 111-112.

Bruno-Jofré R, 1988. Methodist education in Peru: social gospel, politics, and American ideological and economic penetration, 1888-1930 [M]. Waterloo: Wilfrid Laurier University Press.

Camargo G B, 1930. Hacia la renovación religiosa en hispanoamérica [M]. Mexico: CUPSA.

Claparède E, 1968. L'éducation fonctionnelle [M]. 6th ed. Neuchâtel: Delachaux et Niestlé.

Coe G A, 1934. Educating for citizenship [M]. New York: Charles Schribner's Sons.

Coe G A, 1927. A social theory of religious education [M]. 2nd ed. New York: Charles Schribner's Sons.

Cohen D K, 1998. Dewey's problem [J]. Elementary School Journal, 98 (5): 427-446.

Cremin L, 1966. John Dewey and the progressive education movement, 1915-1952 [M] // Archambault R D. Dewey on education. New York: Random House.

Dewey J, 1908. Religion and our schools [J]. Hibbert Journal, (6): 796-809.

G, J O, 1920. Qué es el comité de cooperación en la América Latina? [J]. El Mensajero, 6 (62): 16.

Inman S G, 1917. Christian cooperation in Latin America: report of a visit to Mexico, Cuba and South America, March-October, 1917 [R]. New York: Committee on Cooperation in Latin America: 19.

Ment D, 2005. Education, nation-building and modernization after World War I: American ideas for the peace conference [J]. Paedagogica Historica, 41 (1): 159-177.

Meyer D, 1988. The protestant search for political realism, 1919-1941 [M]. 2nd ed. Middletown, Connecticut: Wesleyan University Press.

Montevideo Congress, 1925a. Christian work in South America: vol. 1 [R]. New York, Chicago: Fleming H. Revell Company.

Montevideo Congress, 1925b. Christian work in South America: vol. 2 [R]. New York, Chicago: Fleming H. Revell Company.

Panama Congress, 1917a. Christian work in Latin America: vol. 1 [R]. New York: The Missionary Education Movement.

Panama Congress, 1917b. Christian work in Latin America: vol. 2 [R]. New York: The Missionary Education Movement.

Ramalho J P, 1976. Prática educativa e sociedade: um estudo de sociologia da educacao [M]. Rio de Janeiro: Zahar Editores.

Ratner J, 1939. Intelligence in the modern world: John Dewey's philosophy [M]. New York: Random House.

Rossinow D, 2005. The radicalization of the social gospel: Harry F. Ward and the search for a new social order, 1898-1936 [J]. Religion and American Culture: A Journal of Interpretation, 15 (1): 63-106.

Setran D P, 2005. Morality for the "democracy of God": George Albert Coe and the liberal protestant critique of American character education, 1917 - 1940 [J]. Religion and American Culture: A Journal of Interpretation, 15 (1): 107-144.

[张建国（教育学博士，河南信阳师范学院讲师）译，涂诗万校]

杜威的新自由主义政治哲学

佟德志[①]

就理论体系及其影响来看，杜威堪称美国新自由主义的集大成者，新旧自由主义转型的旗手。我国台湾学者李日章指出，"如果说杜威的哲学是有时代遗迹的，那么，在今天看来，最能够表现出它的时代性的，实莫过于他的政治思想"。对于杜威所代表的自由主义（即新自由主义），他认为，在美国的政治理论家当中，没有任何一个人比杜威更适于做新自由主义的代表（李日章，1982）[207]。本文将从杜威新自由主义的理论体系出发，分析自由主义转型的一般特征。

一、从传统自由主义到新自由主义

19世纪末20世纪初，美国的资本主义由自由放任阶段进入垄断阶段，其自由观念也经历了一场"改革"：威尔逊以"新自由"作为施政纲领（威尔逊，1995）[526]，罗斯福也以"四大自由"作为进一步实施"新政"

---

① 作者简介：佟德志（1972— ），男，辽宁朝阳人，政治学博士，天津师范大学政治与行政学院教授。本文是在《新旧自由主义——杜威与自由主义的理论转型》（《浙江学刊》2005年第5期）和《杜威新自由主义政治哲学的基本架构》（《天津师范大学学报（社会科学版）》2007年第4期）的基础上修改而成的。

的旗帜（罗斯福，1982）[279]。自由观念的变化反映了自由主义的变化，美国的传统自由主义正是在改革时代①这样一个特定的时代里转变为新自由主义的。

杜威回顾了传统自由主义不断发展的过程。杜威认为，洛克式的自由主义（Lockeian liberalism）混合了早期的政治思想，构成了自由主义哲学，在19世纪西方有着极为广泛的影响。这种自由主义阐发了这样一种观念，即"所有的政府积极行为都是压制性的；它的准则是放权（hands off）；政府行为只要可能就应该被限制，用以保护个体行为的自由而反对干涉其他个体在这一相同自由上的实践；自由放任的理论和政府限于立法与警察功能"（Dewey，1931）[278]。

在对自由主义政治哲学的研究中，杜威抛开了霍布斯-洛克（Hobbes-Locke）的路线，而赋予斯宾诺莎-黑格尔（Spinoza-Hegel）路线格外的重要性，试图用欧洲自由主义中对社会、对国家重要性的认同来或多或少地均衡英美自由主义过分重视个人的倾向。他比较了两种路线的不同，指出，洛克式自由主义的准则是"放权"（hands off）（Dewey，1931）[278]，而约翰·斯图亚特·密尔（J. S. Mill）则成为自由主义转变的一个重要人物，在旧自由主义的危机还没有明晰地显现出来时，密尔的经历就预示了这一点（Dewey，1935）[29]。

杜威的新自由主义是传统自由主义的一个发展。杜威指出，关注自由与个人是洛克式自由主义的基础，这一基础仍然是无可置疑的，不然的话，新的理论就不是自由主义了。然而，在新自由主义者那里，这些基本概念的内涵却已经发生了变化，自由已经被赋予了不同的内涵（Dewey，1935）[7]。

----

① 美国史学家霍夫施达特（R. Hofstadter）将美国内战到1890年的美国历史看作工业化、大陆扩张和政治保守的时代，将1890年后到"二战"的历史称为改革时代，本文使用此称呼。考虑到延续性，本文在时间上略有出入。参见：霍夫施达特，1989. 改革时代：美国的新崛起[M]. 俞敏洪，包凡一，译. 石家庄：河北人民出版社：1.

杜威看到了生产社会化对传统自由主义的改造。他认为，如果自由主义不准备更进一步使生产社会化，它所追求的自由将会在一段时间内迷失（Dewey, 1931）[88]。杜威不断地修正自己的思想。他先是号召实践一种"不屈不挠的自由主义"（ragged liberalism），后又在大萧条期间进一步修正了自己的思想，主张一种激进的自由主义（radical liberalism）。这种自由主义更清晰地阐明，智慧是一种社会财富，是一种社会合作。在他看来，如果社会要取得进步，这种激进的自由主义就应受到尊敬。

赋予旧词新概念是杜威政治哲学的一个典型特点。为旧哲学注入新思考，在旧理解中加入新的要素，杜威试图赋予诸如个人、平等、自由、民主这样的概念新的意义。正是在对传统自由主义进行修正的基础上，杜威建立了完整的新自由主义理论体系。

（一）新自由主义价值论

自由与平等是自由主义的两个核心主题。就美国改革时代自由主义的转型来看，人们在认同自由价值的基础上更强调了平等的价值。这种理论关怀不仅影响了杜威的理论体系，而且，也正是从杜威对平等的偏爱中，我们可以看到杜威新自由主义理论的基本倾向。

杜威看到了自由与平等这两种政治价值之间的冲突。杜威指出，自由与平等不是并立的，人们常常以为有更多的自由，一定会得到更多的平等，然而，结果却是更多的自由"反而增加不平等"。杜威指出，"种种经济界、劳动界的不平等，都是起于自由太甚"（杜威，2001）[34]。正是在这一认识的基础上，杜威认为，应该调和自由与平等，既使自由得以发展，又使平等得以实现。

与传统自由主义强调自由不同，杜威加强了对平等价值的弘扬。杜威在中国的演讲中指出，"西洋近日最重要的问题，是用国家的势力去平均社会，使不平等逐渐减少……"（杜威，2001）[64]杜威以哲学上的"存在之名"论证了每一个体存在的独特性和不可替代性，并在此基础上形成了其新自由主义的平等观。杜威一方面认为平等是质量上的平等，强调个体的现实性和不可替代性；另一方面又强烈指斥原子个人主义的自我封闭。因此，杜威的平等观既否定了孤立的个人主义，又向封建主义的等级观开战。

在杜威那里，平等的信仰就是"每个人都有机会贡献他所能贡献的东西，其贡献的价值应根据它在由同类贡献所组成的总和中的地位与功能来确定，而不是根据任何先定的地位"（杜威，1965）[46]。因此，杜威强调的平等仅仅意味着不能把世界看作一种固定的序列，不论种类、等级还是程度。在杜威看来，平等是社会序列不断演进形成的平等，不存在静态的平等，也没有终极的平等模式。任何寻求终极平等的努力最终会葬送平等，从根本上阻碍平等的发展。

（二）新自由主义制度论

在自由主义者看来，与自由相比，民主更是一种手段，用于个体在国家领域中实现个体自由，通过政治参与，民主为普通个体参与国家政治程序提供了通道。

杜威更多地从社会和道德的含义来定义民主，试图发展一种无所不包的民主概念。就其对民主的解释来看，基本上可以分为四种，即政治的民治主义、民权的民治主义、社会的民治主义和生计的民治主义。[①] 杜威试图证明民主是一种社会行为，这也成为他新自由主义理论的一个标志。杜威认为，通过民主，联合的生活能被改造为一种"伟大社会"的精神。

在杜威看来，成员利益的相互冲突在任何一个社会中都是不可避免的。杜威认为，值得深入讨论的是如何在这一基础上解决相互冲突的问题。也就是说，"相互冲突的要求如何在更广泛的范围内对所有人，至少

① 杜威，1919. 美国民治的发展 [J]. 每周评论（26）. 转引自：顾红亮，2000. 实用主义的误读：杜威哲学对中国现代哲学的影响 [M]. 上海：华东师范大学出版社：222.

是大多数人的利益有益的情况下得到解决"。杜威认为，民主提供了这样一种方法，它"将这些冲突带到一个公开的场合，在那里，特殊的要求能被了解和评价，并在更为内在的兴趣的启示下被讨论和表达，而不是由其中的任何一个利益体独自地表达"（Dewey，1935）[79]。

对于民主，杜威基本上持一种工具论的认识，然而，杜威的这一认识是灵活的。杜威认为，在一个基本的民主观念还没有树立的国家里，将民主表达为一种理想或是将民主视为达到理想的工具都无可厚非。但是，在一个具有民主传统的国家里，民主只能被当作一种工具；将民主作为目的只是意味着一个阶级对权力所特有的攫取和保留的欲望（Dewey，1935）[86]。

（三）新自由主义方法论

理性主义是自由主义政治思维的一个重要特征。启蒙运动弘扬了理性，但却在将理性推上王位的同时以理性扼杀了个性与感情的多样性。法国大革命以后，西方思想界的非理性主义甚嚣尘上，对美国思想界亦产生了重要影响。消解两种极端的倾向、重新确立理性的思维方法就显得极为迫切。新自由主义给予早期的理性概念新的重要性（Dewey，1935）[7]，强调理性在政策的制定和执行过程中的作用，"科学"与"理性"成为新自由主义认识论的基础。

杜威认为，每一个人都有依据自己的理性对价值做出选择的权利；而每一个人又都能够在社会事务的处理中依据科学的方法。这就是一种"自由的知性"。"自由的知性"是杜威自由主义方法论的重要特征，在杜威那里，"一切探讨、讨论和表达都依自由的知性而进行"（李日章，1982）[215]。

科学与民主的关系历来为人所关注。纯粹的民主只是一种个人偏好的表达工具，带有非理性、非科学的一面。在这里，杜威强调了自由理智的重要性。杜威认为，在人们心中，民主时常自然地与行动的自由联系在一起，这时，人们就有可能忘记了"为指导和保证行动自由所必要的自由理智的重要性"（杜威，1965）[46]。因此，杜威强烈反对依靠集中的强力达到目的。他认为，这样做的结果只能是造成损害，于事无补，最终还是要求助于理性的方法。

杜威强调，在研究社会哲学的过程中应该采取科学的态度。他指出，"科学的方法"可以应用于社会政治方面。不但如此，他还坚定地认为，"吾们研究社会科学要用科学的态度，以学理帮助指导人的行为去达他的目的"（杜威，2001）[7,10]。事实上，正是杜威将哲学与科学应用到政治学的研究领域，才创造了所谓的"民主哲学"，杜威本人亦被奉为美国20世纪最有影响的民主哲学家。

（四）新自由主义态度论

就自由主义者的政治态度来看，存在着积极与消极的区别。当代自由主义大师伊塞亚·柏林（I. Berlin）就此划分做了全面的论证，并得到了西方政治哲学界的泰勒（C. Taylor）、哈耶克（F. von Hayek）、哈贝马斯（J. Habermas）等人的广泛认同。事实上，对两种自由的划分在拉吉罗（G. de Ruggiero），甚至更早的格劳秀斯（H. Grotius）那里就已经初露端倪了。

杜威区分了两种自由：一种是选择的自由（freedom defined in terms of choice）；一种是行动权力的自由（freedom defined in terms of power）。在此基础上，杜威将"相互之间无阻的有效行为与选择之间的关系"问题视为自由的本质（Dewey, 1931）[286]。杜威指出，现在，我们有两类看起来各自独立的哲学，一种从选择本身寻求自由，另一种则从根据选择而行动的权力中寻求自由（Dewey, 1931）[282]。

与早些时候的英国新自由主义者格林（T. H. Green）、霍布豪斯（L. T. Hobhouse）一样，杜威的新自由主义主张带有明显的积极自由色彩。他指出，那些值得争取的自由，一方面通过废除那些压迫手段、残暴的法律和政府来得到保证，而另一方面，它正是"因自由而解放、拥有所有权、积极的表达权和行动上的自决权"（Dewey，1931）[276]。

杜威对积极与消极的认识还存在于他对民主的认识上。杜威指出："民主的政治形式仅仅是人类的智慧在一个历史的特殊时期内所设计的一些最好的方法。但是他们是以这样的一个观念作为根据的：即没有一个人或有限的一群人是十分聪敏和十分良善的以致无须别人的同意就去统治别人；这句话的积极意义是：凡为社会制度所影响的一切人们都必须共同参与在创造和管理这些制度之中。"（杜威，1965）[44]

这样，杜威就申明了民主制度的两个方面：民主制度不但会影响到每一个人，而且，处于这一制度下的每一个人都有发言权。我们看到，杜威不仅强调了民主能够防止权力的滥用，而且，他还强调了公民民主参与的重要性。

（五）新自由主义发展论

就政治体系的发展来看，自由主义存在着建构理性主义（constructive rationalism）与演进理性主义（evolutionary rationalism）的两分论。建构理性主义相信，政治国家与社会的发展可以借助于人的理性进行设计；而演进理性主义则认为，社会的发展是自发的，人类的理性不足以对政治制度进行设计。

杜威看到，人们总是在高谈"再造世界""改造社会"，但是，他认为，这些再造和改造"都是零的，不是整的"，都是"一件件的，不是整块的"。所以，他认为，"进化是零买来的"。他甚至鼓励学生说，"你们以各人的知识一点一点地去改革，将来一定可以做到吾们理想中的大改造"（杜威，2001）[11]。

杜威并不反对激进的变革，但他又将方法与目的之间的一致性看得很重要。杜威主张，改革不是绝对主义的，而具有"历史的相对性"。杜威主张实验过程和实验的方法，力图使观念与政策同现实相符而不是相对。

杜威认为，社会变革不会在缺少权威指导的绝对自由中找到方向。杜

173

威将稳定与变革看作两个相关的序列，提出了正确解决两者问题的关键不在于为稳定和变革划定分隔的"疆域"，而是要使两者融会贯通（杜威，1997）[41]。演进的民主需要权威来指导和调控，但这种权威又绝不是旧的权威。

综上所述，我们看到，杜威深受新自由主义的影响，成为新旧自由主义转变的吹鼓手。杜威在政治主体论、政治价值论、政治制度论、政治方法论、政治态度论和政治发展论等诸多领域对传统自由主义均有重要的发展，成为美国新自由主义的领军人物。

作为改革时代新自由主义的坐标系，杜威的自由主义是丰富而全新的，主要体现在个人观、自由观和民主观三个方面。个人观为杜威的政治哲学找到了自由价值论的基础，并且成为民主主体论的基础。杜威主张一种合作的个人、拥有积极权利的个人，试图证实民主是一种社会行为，这成为他思想中最为复杂且争议颇多的方面。在自由观上，杜威批判了传统自由主义的自由观，并且在新个人主义的基础上提出了新自由主义理论，成为这一时期新自由主义的代表。这种自由观使杜威能够在一定程度上抛弃美国传统中对民主的那种三心二意，发展出一种更加真诚的民主观。

二、新个人观

个人主义一直居于自由主义的理论核心，甚至有人将个人主义等同于自由主义。然而，从早期的斯多葛个人主义（Stoic individualism）到基督教个人主义（Christian individualism）再到原子个人主义（atomic individualism），个人主义本身的内涵也在不断地发生变化。传统个人主义为传统自由主义提供了主体论的基础，而新个人主义的出现则为新自由主义的出现提供了理论准备。因此，新旧自由主义的转型首先体现在新旧个人主义的转型上。

在改革时代的背景下，个人主义和整体主义不可避免地成为杜威民主主体论的一对矛盾。根深蒂固的个人主义文化情结并没有让杜威在传统个人主义的价值取向上原地不动，新个人主义成为杜威民主理论的一个基础；然而，杜威也没有完全跳出个人主义的苑囿，新个人主义依然是个人主义的一种理论形式。

对旧个人主义的批评成为杜威新个人主义理论的一个出发点。杜威对传统个人主义的批评是深刻而有分量的。杜威观察到，当时的法律与政治完全依赖于同金钱和机器的结合，从而造成了一种金钱文化。在这种文化中，个人主义所代表的机会平等、自由的联合与相互交流正在变得模糊，逐渐暗淡下去。个性在美国这种商业文明之下，已经开始丧失，并直接影响到政治（Dewey，1930a）[18,59]。

对传统个人主义的批评直接指向传统的自由主义者。杜威认为，传统自由主义者太"个人至上"（individualistic）反而没有使个人的至上性权利得到充分发挥，也就是不够个人至上。杜威认为，传统自由主义的哲学是"这样一种哲学，它支持有着先定特权的个体解放，却对所有人的普遍解放漠然视之"（Dewey，1931）[280-281]。杜威甚至批评流行于 18 世纪的天赋人权概念，他指出，古典自由主义"真正的谬误存在于个人有这样一种自然的或是天赋的权利（original endowment of rights），这使得加之于制度和法律上的权力与需求就是清除障碍"（Dewey，1931）[281]。正是这种天赋权利的学说使民主限于一种消极意义。

杜威观察到，在改革时代的美国，个人主义的名称虽未改变，它的含义却发生了一些引人注目的变化：新个人主义中的个人开始摆脱孤立，倾向于追求共同的利益。美国正在平稳地由早期的拓荒者个人主义（pioneer individualism）向合作主导的情形过渡（Dewey，1930a）[36]。

在这种观察的基础上，杜威试图找到一条"个性回归"的道路。杜威指出："个人主义者只有当他们的观念和理想同他们所处的时代现实相协调时才会重新找回自我。"也就是说，个性回归之路在于"不再将社会合作和个体对立起来"，从而在经济和政治上消除旧个人主义，并以此作为前提，将建设新个体性的进程建立在社会合作之上（Dewey，1930a）[70,72,99]。

多种多样的个人在一个进步的社会中形成了个体的差异性，这种差异性对于社会的进步是极为重要的，社会可以从中找到自身进步的手段。这是新旧个人主义的一个共同出发点，而杜威新个人主义的创新之处在于它赋予民主制度责任——对差异性指导的责任。杜威看到了极端个人主义的危害。他认为这种个人主义正在造成一场严重的文化分裂和社会道德危机，进行改变的方法不是抛弃个人主义，相反，应该"创造一种新型个人——其思想与欲望的模式与他人具有持久的一致性，其社交性表现在所有常规的人类联系中的合作性"（杜威，1997）[91]。杜威抛开传统个人主义的孤立与封闭，将"不断增加的经济生活中的合作"作为一条合适的线索，以此作为其新个人主义理论的一个出发点（Dewey，1930a）[36]。

杜威的新个人主义就其实际内容上来讲，已经和传统的个人主义相异，而具备了某些集体主义的因子。[①] 但杜威并没有让自己倒向集体主义一边，他试图让个人主义和集体主义这对"不和的夫妇"睡在一张床上，并做相同的梦：他接受权威对个人的指导，又不想让它对个人自由有一丝一毫的伤害；他既否认传统的自由，又不赞成计划经济。

事实上，杜威的新个人主义已经越来越同他的实用主义联系在一起，这种结合给人们带来一种异乎寻常的兴趣。这种兴趣是改革时代的改革精神所激发的，而新个人主义的任务不是别的，正是要说明在改革时代的特定时间里，美国需要一种什么样的社会哲学。正像咸萝卜不可避免地带着咸味一样，新个人主义不可避免地带有实用主义的味道。杜威的新个人主义更像是一种在实用主义指导下被加入集体主义的个人主义。

杜威批判传统的个人主义，但却不想彻底改变它。他的骨子里对这个

---

① 罗素认为杜威的看法"就其特出的地方来说，乃是与工业主义、集体企业的时代相谐和。"转引自：哲学研究编辑部，1965. 资产阶级哲学资料选辑（第二辑）[M]. 上海：上海人民出版社：216.

世界的认识依然是实用的、多元的、自由演进的；他仍然坚持改革的最终目标是挽救神圣的个人主义。杜威曾应邀访问苏联。他认为当时苏共领导人正在为个人主义的心理寻找一个集体主义状态的替代物。他不相信民主会在一个集体主义的国家中生根发芽，他宁愿"亲眼见到这种试验在俄国而不是自己的国家发生"①。这表明了杜威的新个人主义无论多么激进，都没有超出个人主义的范围，只不过是在坚持个人主义根本原则的基础上进行的修正。

杜威将"实在而又完整的个性"看作"明确的社会关系以及公认的功能的产物"（Dewey，1930a）[53]。在认识论上，杜威将组织探索和陈述探索的过程分为三个阶段：自我作用（self-action）、相互作用（inter-action）、贯通作用（trans-action）（杜威，班特里，1965）[96]。在这三个阶段中，杜威更突出了个体之间的相互作用与贯通作用，为个人赋予了社会意义。从这三种作用来看，杜威并不反对旧个人主义成分的存在。杜威认为，个人主义的进化会"和一般的进化一样，某种旧的东西，甚至大部分旧的东西，是在新的东西以内，和它一块残存下来的"（杜威，班特里，1965）[95-96]。

杜威摆脱了传统自由主义孤立地认识个人的偏见，更多地从共同生活的角度认识个人。他认为，个人"代表那些在共同生活影响下产生和固定的各种各样的个性的特殊反应、习惯、气质和能力"（杜威，1933）[107]。这样，杜威就在承认主体间性的同时，肯定了主体间交流的重要性。杜威否认所谓的个人权利独立地为个人所有的观点。他认为，"个人所以能有权利，全赖个人是社会的一分子、国家的一分子。他的权利全赖社会和法律给他保障，否则便不能成立。这个观念是根本的观念。真讲权利的，不可不承认国家社会的组织"（杜威，2001）[64]。

———————

① 参见：杜威1928年11月发表于《新共和》杂志上的《苏联印象之三》。转引自：Commager H S，1950. The American mind ［M］. New Haven：Yale University Press：66，67.

　　杜威明确指出，人只有在他有权利的时候才是自由的，并且，只有他依据整体进行活动时才拥有自由，这种自由因为从整体那里获得动力而得到加强。为了使个体得以无阻碍地自由行动，社会、政府、制度、法律等安排必须符合与整体秩序相对应的合理性，杜威认为，这就是"真正的本性"（Dewey，1931）[283,284]。因此，杜威所主张的自由绝不等同于无限制的个人自由，而是"一种普遍的、共享的个人自由，且这种自由得到社会化的、有组织的理性控制的支持与导向"（杜威，1997）[41]。

　　就杜威的新自由主义理论体系来看，个人主义仍然是基础，但是，杜威眼中的个人已经不是那种"固定的、现成的、给予的"的个人，而是"达成的个人""依托于环境的个人"。他不但生活在社会中，而且，其本性更体现在集体的生活当中。因此，这种自由主义"对于有益的法律、政治与经济制度的正面建设抱有兴趣"（杜威，1997）[48]。

　　李日章曾评价过新旧个人主义之间的这种转变，他认为："这个转变就是在权利和自由的维护上，由本来的个人奋斗变成现在的集体努力，即使这个努力不得不透过政府或社会的机构。"（李日章，1982）[215]这种新旧个人主义的转变正是美国改革时代社会转型的一个反映，同时也为新自由主义提供了价值论的基础。

三、新自由观

　　杜威的政治思想代表了改革时代一代人的典型特征，成为这一时期新自由主义思想的集大成者。

　　杜威对传统自由主义提出了全面的批评。杜威认为："传统自由主义的道路并未臻自由之境。"（Dewey，1931）[283]他指出，传统自由主义所宣扬的绝对主义以及"对暂存的相对性的忽视与否认"是"早期自由主义很轻易地便堕落为假自由主义的一个重要原因"（杜威，1997）[46-47]。杜威断定："如果自由主义不准备更进一步或是使生产社会化，它的目标将会在一段时间内迷失。"（Dewey，1931）[88]而自由主义的"唯一希望"是："我们在理论和实践上放弃这样一种学说，即自由是个人所有的、正式的、现成的东西，它不以各种社会制度或部署为转移，并看到社会制约，尤其是对经济力量的社会制约，是必不可少的，这样个人自由，包括公民自由，才能得到保证。"[①]

在对传统自由主义进行批评的基础上，杜威提出了具有典型代表性的"新自由主义"思想。总结杜威的新自由主义，可以归纳为以下三点。

第一，以个人主义为基础。但在这里，个人已经不是那种"固定的、现成的、给予的"的个人，而是达成的个人，依托于环境的个人。因此，这种自由主义"对于有益的法律、政治与经济制度的正面建设抱有兴趣"（杜威，1997）[48]。

第二，信奉一种不断的变革。这一变革既扬弃了绝对主义而信奉"历史的相对性"，又主张实验过程和实验的方法，使观念与政策同现实相符而不是相对。

第三，最大限度地依靠理智以形成和执行政策。每一个人都有依据自己的理性对价值做出选择的权利；而每一个人又都能够在社会事务的处理中依据科学的方法。这就是一种"自由的知性"[②]。杜威正是通过强调自由理智的重要性来补救传统自由主义民主过分强调行动的自由这一缺陷。[③]

杜威还论述了权威与自由、稳定与变革之间的关系。他将这四个概念看作两个相关的序列，提出正确解决问题的关键不在于为权威和自由、稳定和变革划定分隔的"疆域"，而是要使两者融会贯通。社会变革不会在

---

① 杜威，1936. 自由主义与法定自由权［J］. 社会学新领域（2）：138. 转引自：皮尔斯，1991. 激进的理想与美国之梦［M］. 卢允中，译. 上海：上海外语教育出版社：134.

② 李日章将自由的知性称为杜威自由主义的第三个要素。他认为，杜威的自由主义"就是一切探讨、讨论和表达都依自由的知性而进行"。参见：李日章，1982. 杜威小传［M］. 台北：允晨文化实业股份有限公司：215.

③ 杜威指出："民主在我们的心里时常自然地和行动的自由联系在一起而忘了为指导和保证行动自由所必要的自由理智的重要性。"参见：杜威，1965. 人的问题［M］. 傅统先，邱椿，译. 上海：上海人民出版社：46.

缺少权威指导的绝对自由中找到方向。演进的民主需要权威来指导和调控，但这种权威又绝不是旧形势中的权威。因此，新的自由观念也绝不同于无限制的个人自由，而是"一种普遍的、共享的个人自由，且这种自由得到社会化的、有组织的理性控制的支持与导向"（杜威，1997）[41]。

作为一名激进的自由主义者，杜威不断地修正自己的思想。大萧条期间，他进一步修正了自己的思想，号召一种激进的自由主义。这种自由主义更清晰地阐明，智慧是一种社会财富，是一种社会合作。他甚至修正了自己以前曾号召的"不屈不挠的个人主义"（ragged individualism）。杜威认为，如果要取得进步，这种带有激进色彩的自由主义应受到尊敬。

回顾新旧自由主义的转变，我们可以发现，新自由主义实质上是自由与平等、自由与权威等一系列要素相互影响、此消彼长过程的一个理论结果。强调社会整体进步、主张国家干预、呼吁积极自由等一系列主张都出于一个最原初的目标——通过国家干预达成社会公平。然而，其最终的效果仍然是一个未知数。人们依旧在不断地关注，不断地思考。思索的结果和对结果的思索一次次地轮回，至今仍魅力无穷。

四、新民主观

杜威所处的时代，美国开始从自由资本主义走向垄断资本主义，美国的民主政治体系正面临着一场深刻的变革。杜威提出了"再造民主"的口号，试图更新民主理论的内容。杜威的民主理论成为改革时代对民主理论进行创新的一个成功尝试。

杜威认为，"关于民主主义的观念，我们所能犯的最大错误，是把民主主义看成某种固定的东西，看成为在观念上和外部表现上都是固定的东西"（杜威，1965）[35]。在杜威看来，正是这种认识上存在的错误使民主制度在1929年的经济危机中显得无所作为。

杜威从理论到实践上都将民主看作一种不断演进的存在。杜威认为，民主从理论上必须要"不断地加以重新探究；必须不断地发掘它，重新发掘它，改造它和改组它"。而对于"体现民主主义的政治的、经济的、社会的制度"，也必须要"加以改造和改组，以适应由于人们所需要与满足这些需要的新资源的发展所引起的种种变化"（杜威，1965）[35]。

在对民主制演进动力的认识上，杜威对教育以及批评的作用格外重视。一方面，他认为，"没有我们所想的家庭教育和学校教育，民主主义便不能维持下去"（杜威，1965）[27]。另一方面，他又把理论的创新和批评比作"呼"与"吸"的关系，认为两者均不可或缺（Dewey，1930b）[21]。

杜威明确地指出了民主社会的两个要素："第一个要素，不仅表明有着数量更大和种类更多的共同利益，而且更加依赖对作为社会控制因素的共同利益的认识。第二个要素，不仅表示各社会群体之间更加自由地相互影响（这些社会群体由于要保持隔离状态，曾经是各自孤立的），而且改变社会习惯，通过应付由于多方面的交往所产生的新情况，社会习惯得以不断地重新调整。这两个特征恰恰就是民主社会的特征。"（杜威，1990）[92]

杜威突出了民主制度对社会的协调和指导功能，这为国家干预埋下伏笔，为罗斯福政府的国家干预政策提供了理论基础。

杜威将民主视为"一种真正人类生活方式的有效手段"，"民主的政治形式仅仅是人类的智慧在一个历史的特殊时期以内所设计的一些最好的方法"。在杜威看来，"普遍的选举权、重复的选举、在政治上当权的人们对投票者负责以及民主政府的其他因素，这些都是我们所曾发现的实现以民主为一种真正人类生活方式的有效手段。它们都不是最后的目的和最后的价值"（杜威，1965）[44]。

当时，欧洲法西斯势力甚嚣尘上，杜威很警惕地提醒他的读者，民主不仅是一个目标，而且是一种手段。将暂时的独裁作为更民主的一种手段在概念上自相矛盾。他指出："民主的政治和政府的这一方面是实现目的的一个手段，至今所发现的一个最好的手段，而目的则在人类关系与人格

发展的广大领域之中。"（杜威，1965）[43]

杜威十分重视民主的参与，将广泛的参与视为民主的基础。杜威的这种认识更多地是受了林肯的影响。他认同林肯的"询问别人的意见是什么，需要什么，有什么看法"的思想，并视之为"民主观念的一个基本组成部分"（杜威，1997）[24]。在杜威看来，民主的发展是用互相商量和自愿同意的方法来代替用强力从上面使多数人屈从于少数人的方法（杜威，1965）[44]。

在民主理论的发展历程中，"多数人的统治"曾一度被看作民主的真义。然而，这一理论无法克服的缺陷是多数人的选择并非正确，甚至会形成"多数人的暴虐"，侵犯少数人的权益。积极演进的民主理论超越了多数与少数的两难境地，将民主看作"相互协商"和"自愿同意"，将始终不断的制度创新作为民主演进的特征。

参 考 文 献

杜威，班特里，1965. 认知与所知 [M]. 关其侗，译. 上海：上海人民出版社.

杜威，1933. 哲学的改造 [M]. 许崇清，译. 上海：商务印书馆.

杜威，1965. 人的问题 [M]. 傅统先，邱椿，译. 上海：上海人民出版社.

杜威，1990. 民主主义与教育 [M]. 王承绪，译. 北京：人民教育出版社.

杜威，1997. 新旧个人主义：杜威文选 [M]. 孙有中，等译. 上海：上海社会科学出版社.

杜威，2001. 社会哲学与政治哲学 [M] // 沈益洪. 杜威谈中国. 杭州：浙江文艺出版社.

李日章，1982. 杜威小传 [M]. 台北：允晨文化实业股份有限公司.

罗斯福，1982. 致国会的年度咨文 [M] // 罗斯福. 罗斯福选集. 关在汉，编译. 北京：商务印书馆.

威尔逊，1995. 新自由 [M] // 拉维奇. 美国读本. 林本椿，译. 北京：生活·读书·

新知三联书店.

Dewey J, 1930a. Individualism old and new ［M］. New York：Minton, Balck & Company.

Dewey J, 1930b. Construction and criticism ［M］. New York：Columbia University Press.

Dewey J, 1931. Philosophy and civilization ［M］. New York：Minton, Black & Company.

Dewey J, 1935. Liberalism and social action ［M］. New York：G. P. Putnam's Sons.

杜威"探究与创新"教育思想再解读

郭法奇[①]

《民主主义与教育》是杜威的代表作。通过这部书，杜威将实用主义哲学与美国教育实际相结合，创立了独具特色的教育理论，对美国以及世界许多国家的教育产生了重要影响。在杜威的教育思想中，鼓励"探究与创新"是其思想的核心。对此，笔者曾于2004年在《比较教育研究》第3期发表了《探究与创新：杜威教育思想的精髓》一文，距今已有十多年了。如今再次阅读杜威的著作，又有了一些新的思考：如何深入认识杜威"探究与创新"思想与实用主义哲学的关系？如何解读"探究与创新"的含义及其在教育上的运用？如何认识杜威"探究与创新"教育思想的现代价值？等等。本文试图对这些问题做进一步的分析，以纪念杜威的《民主主义与教育》出版一百周年。

一、实用主义：杜威"探究与创新"思想的哲学基础

杜威"探究与创新"思想的形成主要是以实用主义哲学为基础的。当

---

① 作者简介：郭法奇（1955— ），吉林公主岭人，北京师范大学教育学部教育历史与文化研究院教授、博士生导师。本文是在《探究与创新：杜威教育思想的精髓》（《比较教育研究》2004年第3期）的基础上修改扩充而成的。

然，实用主义哲学是美国社会变革和科学发展的产物。杜威曾经指出，自工业革命以来不到一百年的时间里，人类社会发生了迅速、广泛和深刻的变化。工业化和城市化的迅速推进，不仅改变了政治疆界，扩大了生产规模，加速了人口流动，也使得人们的各种生活习惯、道德以及观念和爱好都发生了深刻的变化。这种社会变革的重要结果就是促进了科学的发展。在19世纪的欧美社会，随着生理学以及与生理学相关联的心理学的进展、进化论思想的出现、科学实验方法的使用等，强调发展及变化和重视探究及实验，成为科学发展的基本特征。杜威的"探究与创新"思想反映了这一时期科学探索精神影响广泛的特征。

社会的变化和科学的发展促进了美国实用主义哲学的产生。从历史上看，美国早期没有自己的哲学。法国的历史学家托克维尔（A. de Tocqueville）在1835年曾指出，"在文明世界里没有一个国家像美国那样最不注重哲学了。美国人没有自己的哲学派别，对欧洲的互相对立的一切学派也漠不关心，甚至连它们的称呼都一无所知"（托克维尔，1997）[518]。直到19世纪70年代以后，美国才产生了实用主义哲学。实用主义哲学最初产生于美国的哈佛大学。70年代，在哲学家皮尔斯（C. S. Peirce）主持的"形而上学俱乐部"里，一些学者共同研究和探讨，形成了"实用主义"的基本思想。皮尔斯据此写了两篇文章，一篇是《信仰的确定》（*The fixation of belief*），另一篇是《我们怎样使观念明确》（*How to make our ideas clear*），分别发表于1877年和1878年的《通俗科学月刊》（*Popular Science Monthly*）杂志，首次提出了实用主义的基本思想。（庄锡昌，1999）[287]皮尔斯认为，任何一个观念的最本质的意义就在于它能引起人的有效的行动。他说，我们思考事物时，如果要把它完全弄明白，只需考虑它会有什么样可能的实际效果。这就是说，不产生实际效果的事物不能形成对它的明确的概念。例如，说"这块黄油是软的"，就意味着"如果刮这块黄油，可以很容易地刮出明显的凹处"（赵敦华，2001）[46]。在皮尔斯看来，人的具体活动与可证实结果之间的联系是非常重要的。从这个意义上说，实用主义就是实证主义。

1898 年 8 月 26 日，美国哲学、心理学和生理学教授詹姆士（W. James）在伯克利大学做了题为"哲学概念和实际效果"的演讲，宣告了实用主义作为一个哲学运动的开始。1907 年，詹姆士出版了《实用主义》一书，系统地阐述了实用主义思想。在他看来，实用主义（pragmatism）这一名词是从希腊语的"πράγμα"一词派生出来的，意思是"行动"。"实践"（practice）和"实践的"（practical）这两个词就是从这一词演变来的（詹姆士，1979）[26]。詹姆士的观点是，要弄清一个观念或者原则的意义，只需断定它会引起什么行动。在他看来，实用主义主要是一种方法，它在本质上"和许多古代的哲学倾向是协调的。比如在注重特殊事实方面，实用主义与唯名主义是一致的；在着重实践方面，它和功利主义是一致的；在鄙弃一切字面的解决，无用的问题和形而上学的抽象方面，它与实证主义是一致的"（詹姆士，1979）[30]。"实用主义的方法，不是什么特别的结果，只不过是一种确定方向的态度。这个态度不是去看最先的事物、原则、范畴和假定是必需的东西；而是去看最后的事物、收获、效果和事实。"（詹姆士，1979）[31] 从注重观念、原则、假定的实证的结果看，詹姆士的观点与皮尔斯的观点是一致的，他们都关心"知"和"行"的关系问题。

从知和行的关系看，"真理观"和"经验论"是实用主义哲学的基本内容。当然，实用主义的"真理观"不同于传统哲学的"真理观"。传统哲学认为，真理是我们某些观念的一种性质，它意味着观念和实在的"符合"；"虚假"则意味着与"实在"不符合。实用主义与传统哲学的"真理观"在这一点上是一致的。如果说有区别，主要是对"符合"的含义有不同的解读。詹姆士举例说，墙上挂着一个钟，我们看它一眼，就会有一个图像，以后在记忆中会有一个印象，但是这种静态的印象，不是"符合"的本意。因为我们对挂钟的内部运转毫无所知，而挂钟如何工作对人们的生活极为重要。如果观念仅仅符合挂钟的外表，而不是它的工作过程，那不能算是真理。在这里，詹姆士提出一个重要的问题，即观念、概念等，不是用来记住表面的东西；如果这些观念没有解释力，没能成为人们行动的工具，是没有用的。詹姆士说："掌握真实的思想就意味着随便到什么地方都具有极其宝贵的行动工具。"（詹姆士，1979）[103-104]他举例说，一个人在森林里迷了路，如果他发现了小路上好像有牛走过的痕迹，他可能会想到小路的尽头一定有住家，于是他就随着这一痕迹走，如果他的假设是真的，他就得救了，否则他就会饿死在森林里。在詹姆士看来，真理不是静止的观念，而是在实践上已被证实了的观念。詹姆士进一步指出，思想、观念的真假，主要看其含义的效果，看其能否适用于应用的地方。能够产生应用效果的，是真的，否则是假的。詹姆士认为，观念为真的过程是一个证实的过程。这一过程有开始和结束。"它是有用的，因为它是真的"，或者说，"它是真的，因为它是有用的"，这两句话的意思是一样的，即这里有一个观念实现了，而且被证实了。"真"是任何开始证实过程的观念的名称；这里"有用"是在经验里完成了作用的名称（詹姆士，1979）[104-105]。从这里可以看出，詹姆士更强调观念的工具性质和可操作性。

当然，把观念的真假与是否有用联系起来，容易使实用主义的"真理观"成为庸俗化的东西。正因为如此，实用主义的"真理观"曾一度被简化为"有用即真理"，甚至有研究者把实用主义看作"为达到目的，可以不择手段"的一种思维方法。在他们看来，实用主义的"真理观"只注重实际效果，毫无理智可言。如何认识实用主义的"真理观"？美国学者康马杰（H. S. Commager）指出，"真理是在实际效果中发现的，如果把这个原则转述为任何有效果的事物都必然是真理，那也未免太容易，也太危险了"（康马杰，1988）[147]。杜威也提出了自己的看法。他说："所谓真理即效用，就是把思想或学说认为可行的拿来贡献于经验改造的那种效用。道路的用处不以便利于山贼劫掠的程度来测定。它的用处决定于它是否实际尽了道路的功能，是否做了公众运输和交通的便利而有效的手段。

观念或假设的效用所以成为那个或假设所含真理的尺度也是如此。"（杜威，1958）[85]从杜威的观点可以看出，实用主义的"真理观"并不是以个人的好恶作为判断的标准，而更多地是强调真理的有效性和检验真理的实践标准和社会标准。在杜威看来，把实用主义的"真理观"仅仅看作个人好恶的"有用即真理"，这是对实用主义的"浅薄的误解"（杜威，1958）[85]。

关于"经验论"，詹姆士认为，经验不是把外面的东西硬印到人的被动的心上，经验是活动的、冒险的、变迁的、进取的。杜威也提出了关于"经验"的两方面的理解。一是从本体论的角度，杜威认为经验是思想和事物的统一。它反对经验与自然、主体与客体、精神与物质的二元对立。哲学的本体既不是物质和存在，也不是观念和精神，而是它们的统一体——经验。二是从个体与环境关系的角度，认为经验是个体尝试和所经受的结果之间的联结。在《民主主义与教育》一书里，杜威指出，"经验包含一个主动的因素和一个被动的因素，这两个因素以特有的形式结合着……在主动的方面，经验就是尝试……在被动的方面，经验就是承受结果。我们对事物有所作为，然后它回过来对我们有影响，这就是一种特殊的结合。经验的这两个方面的联结，可以测定经验的效果"（杜威，1990）[148]。他进一步举例说："一个孩子仅仅把手指伸进火焰，这不是经验；当这个行动和他所遭受的疼痛联系起来的时候，才是经验。从此以后，他知道手指伸进火焰意味着灼伤"（杜威，1990）[148]。在"经验"的问题上，杜威更重视人的主动性。他说："经验变成首先是做（doing）的事情。有机体决不徒然站着，一事不做……等着什么事情发生，它并不默守、弛懈，等候外界有什么东西逼到它的身上去。它按照自己的机体构造的繁简向着环境动作。结果，环境所产生的变化又反映到这个有机体和它的活动上去。这个生物经历和感受它自己的行动的结果。这个动作和感受的密切关系就形成了我们所谓的经验。不相关联的动作和不相关联的感受都不能成为经验。"（杜威，1958）[46]总之，杜威的实用主义"经验论"是一种重视行动、崇尚实践，以及人的主体性的理论。

在"真理观"上，杜威反对永恒的"真理观"。永恒的"真理观"主张，真理是涉及永恒和普遍的知识，特殊的事物都是从普遍的知识中推论出来的；普遍的知识为其本身而存在，与具体和实用无关；普遍的知识来源于纯粹的非物质的心灵（杜威，1990）[277]。杜威认为，这种"真理观"把经验与知识对立起来，割裂了二者的联系。杜威指出，随着现代社会和科学的进步，知识获得既不是古代的对经验的绝对排斥，也不是近代的唯经验论至上，而是注重以经验为基础的实验的知识；知识是经过经验和验证获得的（杜威，1990）[291]。

在"经验论"上，杜威重视"经验"的联结功能。在他看来，经验是主体与客体的联结，是主体作用于事物以后事物又对主体产生影响的特殊结合。通过这种联结和结合，可以测定经验的效果和价值。杜威指出，并不是所有的活动都具有经验；单纯的、缺乏把活动产生的变化与产生的结果之间联系起来的活动不构成经验。这样的活动是盲目的、冲动的，丝毫没有生长的积累，经验也没有生命力。在教育上，经验是一种主动和被动的事情，不单是认识的事情；评价一个经验的价值的标准在于能否认识经验所引起的种种关联和连续性，当经验具有价值和意义时，经验才具有认识的作用。在这里，经验的联结、结合等都需要个体的思维或者反思。杜威认为，思维就是有意识地努力去发现所做的事和所造成的结果之间的特定的联结，使两者连接起来。没有反思的因素就不能产生有意义的经验。对事物的经验和反思是不能割裂的（杜威，1990）[154]。

与重视经验的反思相联系，杜威非常关心知识与实践的分离和割裂问题，主张通过知识的连续性和运用知识的关联性来解决这一问题。在杜威看来，西方传统哲学最明显的特点是分离、对立的二元思维模式，这是现代科学和技术，以及前民主时代的产物。在所有二元对立的范畴中，最重要的是知识和实践的对立。杜威认为，这一起源于古希腊哲学范畴的对立的社会根源是奴隶主和奴隶的等级差别，其社会学意义是闲暇和劳动的对立。以后在历史上又派生出本体与现象、永恒与变化、先天与后天、富人与穷人的哲学的对立等。在这些对立中，前者总是高于后者。因为发明这些"对立"的理论家认为他们思考的对象是高于实际工作的对象的。杜威指出，现代生理学和与生理学相关联的心理学的进展、进化论思想的出现、科学实验的使用等，为知识的连续性和去分离化提供了条件。知识是不能脱离实践的，知识是个体主动参与的结果，"经验即实验"（杜威，1990）[286]。

总之，杜威的实用主义哲学是一种强调行动和实验的哲学。它反对只强调观念或者知识的孤立或独处状态，主张将观念与行动统一起来，并在二者的结合中对观念进行检验，把观念能否产生效果放在第一位。因此，在这一基础上形成的"探究和创新"精神，可以说是杜威实用主义的"真理观"和"经验论"相结合的产物。杜威把"探究和创新"思想引入教育之中，对教育的许多问题进行全新的思考，使得其教育思想形成了与传统教育明显不同的特征，为认识现代教育及其本质提供了新的视角。

二、"探究"的含义与教育上的"探究"

从上面的分析可知，杜威关于"探究和创新"的思考是建立在实用主义哲学基础上的，特别是与他的"真理观"和"经验论"联系在一起的，体现了一种对待知识的新的态度和方法，这种新的态度和方法涉及"探究"的问题。在杜威看来，如果"真理"是探究的结果，那么"经验"就是探究和尝试的过程，或者是对探究结果的修正。"探究"就是个体通过反思、尝试，发现和揭示事物结果的过程。

杜威非常重视"探究"过程与人的思维或者反思的联系。他在《民主主义与教育》一书的第十一章"经验与思维"中专门论述了这个问题。杜威指出，思维或者反思可以用来识别所尝试的事情和所发生的结果之间的关系。反思是经验形成的基础，没有反思的因素就不可能产生有意义的经验（杜威，1990)[153]。杜威认为，思维或者反思就是一个探究的过程，是一个观察事物、调查研究的过程。在这个过程中，获得结果是次要的，探究活动是重要的。在杜威看来，一切思维或者探究活动都包含着冒险。由于事物的确定性不能在事前担保，研究未知的事物具有冒险的性质，不能预先肯定，因此，思维的结论在事实证明以前，多少属于试验性的，或者是假设性的。杜威指出，对于这个问题，古希腊人曾经提出过一个看似存在"悖论"的问题："我们怎样能够学习？"（笔者把它概括为"学习是不可能的"，或者"研究是不可能的"等问题。）因为，要么我们已经知道所寻求的是什么，要么我们就是毫无所知。在这两种情况下，学习都是不可能的。在第一种情况下，因为我们已经知道寻找什么，再进行学习就没必要了；在第二种情况下，因为我们不知道寻找什么，即使我们在学习中碰巧找到，我们也不知道这就是我们要找的东西，所以也无法学习（杜威，1990)[158]。杜威认为，这种进退两难的困境，对认识和学习都没有什么帮助；它假定我们要么有完全的知识，要么毫无知识。杜威认为，这个"悖论"实际上是不存在的，因为在完全的知识和毫无知识之间存在一个探究和思维的空间。在这个空间里，人们可以依据已知的知识或者部分的知识进行推论而采取行动。

从这个意义上说，"探究"就是在"有知"与"无知"之间，根据已有的或者部分的知识所进行的一种尝试或者试验，通过试验提出假设和论证假设，获得对所要探究事物的认识的过程（杜威，1990)[158]。在杜威看来，古希腊人存在的问题是，他们忽略了这个空间的假设性的结论和实验性结果的事实。杜威指出，如果人们认识到，为了探究而对已知的事实进行怀疑，构成假设，进行试验性的探索，指导行动，这种试验的探索能证实这个起主导作用的假设、推翻这个假设或者修改这个假设，科学发明和发展就有了系统的进步。

为使人们更好地理解这一点，杜威举了一个例子加以说明。他说："一个统帅军队的将军，他的行动不能根据绝对的确定，也不能根据绝对的无知，他手边有一定的情报，我们可以假定这些情报是相当可靠的。他根据这些情报推论出某种未来的行动，从而赋予所处情况的事实的一定意义。他的推论多是可以怀疑的、假设性的。但是，他就根据这个推论采取行动。他制订了一个行动计划，一个应付情境的方法。他这样行动而不是那样行动，从此直接产生的结果，检验并发现他的反思的价值所在。他所已知的东西起了作用，他所学习的东西具有价值。但是以上这种说法，是否适用于一个非常关心战争进行的中立国的人呢？从形式上说，可以适用，但是从内容上说，当然并不适用。他根据当前事实对未来做出种种推测，并利用这些推测，试图对许多不相联系的事实赋予意义，但是这种推测显然不能作为应在战役中产生实际影响的方法的基础。那并不是他的问题。但是，他并不是单纯消极地注意事态的发展，而是主动地进行思考。就在这样的程度上，他的试验性的推论将在和他的情境相适合的行动方法中产生实际的影响。他将预期某些未来的行动，并将保持警觉，注意是否会发生这些行动。只要他在思想上关心，善于思考，他就会主动地注意，采取必要的步骤，尽管这些步骤不影响战争，也会在某种程度上改变他后来的行动。"（杜威，1990）[159]在杜威看来，根据一定事实或者已知进行假设、实验、进行推论就是探究的基本含义，尽管每个人面对的环境或者内容不同，但都可以运用它。

那么，引发和推动"探究"的动因是什么呢？在杜威看来，主要是存在的不确定性和要解决的问题。杜威指出，思维发生在仍在进行之中的而且还不完全的情境中，是在事物还不确定或者可疑，或者有问题时发生的。哪里有反思，哪里就有悬而未决的事情。思维的目的就是帮助达到一个结论，根据已知的情况，设计一个可能的结局（杜威，1990）[157]。探究所包含的步骤是：感觉到问题的所在，观察各方面的情况，提出假定的结论并进行推理，积极地进行实验的检验。这里探究活动所提出的问题，是探究主体主动参与和解决的问题，它贯穿于整个活动的过程中。因而重新认识知识的价值，以及知识与认知的关系是必要的。杜威认为，尽管一切思维的结果都可以归结为知识，但是知识的价值最终还是要服从它在思维中的应用。知识不是学习的目的，而是学习的手段，是作为发现和探究的手段（杜威，1990）[158]。因为已有的知识都是确定了的东西。它们不能提供所缺乏的东西。它们能解释问题、阐明问题、确定问题的所在；但是不能提供答案。要找到问题的答案，还要设计、发明、创造和筹划（杜威，1990）[168]。

杜威的这一思考与他对传统认识论的分析和批判有密切的联系。一般来说，认识论是关于知识以及认知的理论。但在杜威看来，认识论所关心的不只是知识的问题，更重要的是认知的问题。认知的问题主要是理论和方法的问题。杜威认为，传统的认识论在认知问题上是以"知识的旁观者"理论（spectator theory of knowledge）出现的。这种认识论主张，知识是对实在的"静态"把握或关注。杜威指出，这种认识论在认知上存在两个缺陷：一是认知的主体与被认知的对象是分离的，认知者如同"旁观者"或"局外人"一样，以一种"静观"的状态来获取知识；二是认知过程被理解为一种认识"对象"呈现给认知者的事件的过程，认知者在认识中是被动的。同样，"在学校里，学生往往过分被人看作获取知识的理论的旁观者，他们通过直接的智慧力量占有知识。学生一词，几乎是指直接吸收知识而不从事获得有效经验的人"（杜威，1990）[149]。杜威指出，"知识的旁观者"理论是一种形而上学的"二元论"，在现代科学面前是站不住脚的。现代科学的发展表明：知识不是某种孤立的和自我完善的东西，而是在生命的维持与进化中不断发展的东西。按照杜威的理解，知识的获得不是个体"旁观"的过程，而是"探究"的过程。"探究"是主体在与某种不确定的情境相联系时所产生的解决问题的行动。在行动中，知识不是存在于旁观者的被动的理解中，而是表现为主体对不确定情境的积极反应。知识不仅是个体主动探究、解决问题的结果，更是进一步解决问题的手段和工具。

从这一思想出发，杜威认为所有成功的探究都遵循一般的模式。这种模式既可以是科学家的科学研究模式，也可以是教育中的教学模式和学习模式。在教育中"教学法的要素与思维的要素是相同的。这些要素是：第一，学生要有一个真实的、经验的情境，要有一个对活动本身感到兴趣的、连续的活动；第二，在这个情境中产生一个真实问题，作为思维的刺激物；第三，他要占有资料，从事必要的观察，对付这个问题；第四，他必须有条不紊地展开他所想出的解决问题的办法；第五，他要有机会和需要通过应用检验他的观念，使这些观念意义明确并且让他自己发现它们是否有效"（杜威，1990）[174]。

　　总之，在杜威看来，依据已有知识提出问题，并对资料进行搜集和分析，提出假设或者对观念进行说明，进行实验和检验假设，最后形成结论或者判断，这就是探究的基本含义，也是教育探究的基本过程。它反映了一种对待知识和认知的新的态度，是对传统认识论的批判和突破。这一认知模式突出了探究主体在认识活动中的重要性，为现代教育重新认识教学的作用和学生个体的活动提供了重要的思想基础。如果说教育的探究有自己特点的话，那就是教育的探究更注重对教育探究环境及所要解决的问题的精心设计，引导学生积极参与到这种精心设计的探究环境中，认真收集资料和对付所遇到的问题，获取解决问题的办法。

三、"创新"的含义与教育上的"创新"

　　受实用主义哲学强调"探究"精神的影响，在对"创新"与教育创新问题的认识上，杜威也提出了新的解释。

　　关于"创新"的理解，杜威指出，"创新以及有发明意义的筹划，乃是用新的眼光看这种事物，用不同的方法来运用这种事物。当牛顿想到他的地球引力原理时，他的思想的创造性的一面并不在所用材料上。这些材料是人所共知的；其中许多是平凡的——如太阳、月亮、行星、重量、举例、质量、数的平方。这些都不是有独创性的观念；它们是既定的事实。

牛顿的创造性在于利用这些人所共知的材料，把它们引导到未知的前后关系中去。世界上每一个惊人的科学发现，每一种重大的发明，每一件令人羡慕的艺术作品，也都是如此……衡量创造性的方法，就是用别人没有想到的方法，利用日常习见的事物。新奇的是操作，而不是所用的材料"（杜威，1990）[169]。在杜威看来，"创新"就是采用新的视角、眼光，以及运用新的方法来解决问题，是利用既定的、已有的和众所周知的事实，并且把它们放进一个未知的新的关系中重新进行思考。在创新的过程中，运用新的视角和方法是重要的，知识和材料都是为它服务的。按照科学哲学家库恩（T. S. Kuhn）的观点，杜威在这里提出的新的关系也可以看作一个新的范式或者解释框架。

那么，"创新"是否是少数人的事情呢？如何理解一般人的"创新"呢？在杜威看来，"创新"不是少数人的专利，它是与每一个人的思维、探究密切联系的，是每个人的权利。杜威指出："我们有时说起'独创性的科学研究'，似乎这是科学家的特权，或者至少也是研究生的特权。但是一切思维都是科研，一切研究即使在旁人看来，已经知道他在寻求什么，但是对于从事研究的人来说都是独创性的。"（杜威，1990）[157]在这里，杜威关于"创新"的理解实际上是一种广义的"创新"观。这一观点至少包括两个方面的含义，首先，创新不是某一类人的特权，而是每一个人的权利；其次，创新更重视个体自己的发现。在杜威看来，只要研究者发现了自己过去没有发现和不知道的东西，就是具有"创新"性的。杜威的这种"创新"观更重视的是人的思维方法，而不是思维的对象。从教育实践来看，杜威关于"创新"的解释有利于认识教育中的"创新"问题，有利于鼓励学生进行更多的想象、思考和尝试新的方法。

关于"教育创新"的理解，杜威是把它建立在批评学校教学中存在的教学目标分离和过于轻视经验与思维关系的基础上的。杜威指出，传统学校把教学目标分成三个部分，即知识的掌握、技能的获得，以及思维的训练。杜威认为，这种做法使教学的三个目标都不能有效地达到。在杜威看来，如果思维不能和提高行动的效率联系起来，不能和增加关于我们自己和我们生活的世界的知识联系起来，这种思维就是有毛病的。也就是说，知识的掌握、技能的获得都离不开思维。如果所获得的技能没有经过思维，就不能了解使用技能的目的。同样，脱离深思熟虑的行动的知识是死的知识，是毁坏心智的沉重负担（杜威，1990）[162]。在这里，杜威从教育创新的角度论述了经验与思维的关系问题。

第一，教育的创新需要思维与经验的合作，为学生提供解决问题的资料。在杜威看来，经验需要思维，思维是经验形成的基础。同时，思维也需要经验，思维的过程离不开经验。杜威认为，在教育中思维不是与经验隔绝的和孤立培养的，思维的开始阶段就是经验。例如，一个人尝试去做一件事情，这件事情反过来又作用于这个人。在这个过程中，一个人就要注意他的力量与所使用材料的力量之间的相互作用。在这方面，尽管一个玩积木的幼儿与一个做实验的科学家所做事情的对象不同，但在行为上都是相同的。杜威指出，有效教学的特征是：给学生一些事情做，不是给他们一些东西去学；而做事要求开动脑筋或者有意识地注意事物的联系（杜威，1990）[164]。当然，做事情是与要解决的问题相联系的，但需要区分两种问题，一种是真正的问题，一种是模拟的或者虚幻的问题。前者是学生个人通过做事获得经验，并能导致推论和检验推论的问题；后者是外部强加给学生的，是为了满足外部需求而要解决的问题。为了克服教学的不足，学校要为学生提供更多的实际材料，更多的资料，更多的教具，更多做事情的机会。杜威指出，凡是儿童忙着做事情，并且讨论做事过程中所发生问题的地方，即使教学的方式比较一般，儿童的问题也是自动提出的，他们提出的问题是多种多样的，是具有独创性的（杜威，1990）[166]。

第二，在为学生提供解决问题的资料的同时，还要为学生提供解决问题和对付困难的方法。这里所谓的方法的问题，主要是如何处理已有知识与新发现的知识的关系问题。杜威指出，让学生做事情，并不是让学生独自解决问题。解决问题需要材料，但材料不是思想，而是各种行动、事实、事件和事物的种种联系。要让学生解决问题，必须让他们具有一定的经验，并为他们提供解决困难的方法。解决问题需要面对困难，困难是引起思维的刺激物。但并不是所有的困难都能引起思维，有时困难可能使学生不知所措，或者把学生吓倒了。教学的艺术在于，要使新问题的困难程度大到足以激发学生的思想，小到足以使学生得到一些富于启发性的立足点，产生有助于解决问题的建议。关于提供资料的方法，杜威指出，记忆、观察、阅读和传达等都是提供资料的途径，至于每种途径获得资料的比例，要视解决问题的特点来定（杜威，1990）[167]。杜威认为，学习或者做事情需要经验的方法，但不要完全依赖感官。如果学生对某些事物已经很熟悉，或者能够独立回忆事实，教师还要学生坚持通过感官进行观察，这是愚蠢的。这种做法可能使人过分依赖感官提示，丧失活动能力。没有一个人能把一个收藏丰富的博物馆带在身边，利用收藏的东西帮助思考。杜威指出，教学的艺术在于：一个经过良好训练的大脑，有极其丰富的资料做它的后盾，同时习惯于追忆以往的种种经验，看它能产生什么结果。直接观察和阅读学习的方法是不可分的。即使是一个熟悉的事物，它的性质或者关系在过去可能被忽略，现在却可以帮助我们对付所遇到的问题。在这种情况下，就需要直接的观察。同时，要运用阅读和讲述。直接观察自然比较生动活泼，但是也有局限性。无论如何，一个人应该利用别人的经验，以弥补个人直接经验的狭隘性，这是教育的一个必要的组成部分。当然，过分依靠别人获得资料（无论是阅读得来的，或是听来的）的方法是不足取的。尤其要反对的是，别人、书本或者教师，很可能提供给学生一些现成的答案，而不是给他材料，让他自己去加以整理，解决手头的问题。杜威指出，传统学校的方法过分重视学生的知识积累及所获得的知识资料，以便在课堂回答和考试时照搬，结果使得知识被视为教育目的本身。在这种情况下，学生学习的目标就是堆积知识，需要时炫耀一番。这种静止的、冷藏库式的知识累积的方法有碍学生的发展。这种教育不仅放过思维的机会不加利用，而且还扼杀思维能力。由于学生"脑子"里装满了各种从来不用的材料，当他们需要思考时，必然受到阻碍（杜威，1990）[168]。

第三，教育的创新不仅需要为学生提供解决问题的资料，更需要培养学生的想象、猜测、假设和推论的能力。在杜威看来，在思维中与已知的事实、资料和知识相关联的是推论、猜测和假说等，前者是教育创新的基础，后者是教育创新的关键。杜威指出，在教学中需要记忆已知的和已有的东西，但是这些东西是确定了东西。"它们不能提供所缺乏的东西。它们能解释问题、阐明问题、确定问题的所在；但不能提供答案。要找到问题的答案，还要进行设计、发明、创造和筹划。资料能激发暗示，只有通过参照特别的资料，我们才能判断这些暗示是否适当。但是暗示的意义却超越当时经验中实际已知的东西。暗示预示着将来可能的结果，要去做的事情，而不是事实本身（已经做好的事情）。推论总是进入未知的东西，是从已知的东西产生的一个飞跃。"（杜威，1990）[168]在杜威看来，教育的创新就是利用已知的材料，通过对这些资料的设计、猜测和假设，提出解决问题的方法，获得关于问题的答案。重要的是方法，而不是所用的材料。

第四，解决问题需要的猜测、假设、推论等都是可能的观念，观念的效果和应用还需要通过行动来检验（杜威，1990）[170-171]。杜威指出，在解决问题时提出的任何观念都是可能的解决方法，或者是对一个活动尚未显示出来的结果的预料。观念是不完全的，它们只是暗示和迹象，是对付经验中情境的观点和方法。观念或者思想在实际运用以前，缺乏充分的意义和现实性。只有应用才能检验观念或者思想，只有通过检验才能使思想或观念具有意义和现实性。

通过上述几个方面的分析，杜威指出："在教育上可以得出的一个结论就是：一切能考虑到从前没有被认识的事物的思维，都是有创造性的。一个三岁的儿童，发现他能利用积木做什么事情；或者一个六岁的儿童，发现他能把五分钱加起来成为什么结果，即使世界上人人都知道这种事情，他也是个发现者。他的经验真正有了增长；不是机械地增加了另一个项目，而是一种新的性质丰富了经验……如果创造性一词不被误解的话，儿童自己体验到的快乐，就是理智的创造性带来的快乐"（杜威，1990）[169]。在这里，杜威提出了如何认识教育的创新和儿童创造性的问题。在杜威看来，教育的创新最重要的是对儿童创造性的认识，而对儿童创造性的认识不应以传统的成人的观点为标准。评价儿童的创造性应当以儿童的自我发展水平为基础，即在儿童的发展中，他们的成长只能是他们自己的成长，他们的发现只能是他们自己的发现，别人是不能替代的。儿童过去没有发现而现在能够自我发现或使用的、所有的方法和结果都是具有创造性的。

与对儿童的创造性的认识相联系，杜威批评了传统教育强调"只有少数人具有创造性"的观点。杜威指出，传统教育认为平常学生和天才学生之间的区别在于平常的学生缺乏创造性，这种关于一般心智的概念纯属虚构。"一个人的能力怎样和另一个人的能力在数量上进行比较，并不是教师的事。这种比较和教师的工作无关。教师所要做的事，是使每一个学生有机会在有意义的活动中使用他自己的力量。心智，个人的方法，创造性表示有目的的或有指导的活动的性质。如果我们照这个信念去做，即使按传统的标准我们也将获得更多的创造性。如果我们把一个所谓统一的一般的方法强加给每一个人，那么除了最杰出的人以外，所有的人都要成为碌碌庸才。"（杜威，1990）[183-184]

总之，教育的探究与创新是密切联系的，教育创新的各个方面或者各个部分也是密切联系的。无论是探究，还是创新，都需要考虑学生的现实需求和发展特点。正如杜威所指出的，既然在教育中每个学生的能力、特点、性向是不同的，那么学生之间就不宜进行比较；教育也不应该只关注少数天才学生，而忽视大多数学生创造能力的发展。在现代教育中，应当看到每个学生都是独特的，都是有发展能力的，教育应当根据每个学生自己的特点去促进他们的发展。

四、杜威"探究与创新"教育思想的现代价值

关于"探究与创新"的教育思想是杜威实用主义教育思想的重要内容之一，也是现代教育的重要组成部分。关于"探究"与"创新"之间的关系，从杜威的思考和论述来看，探究是创新的基础，是创新的手段；而创新不仅体现在探究的每个阶段，也是探究的结果；探究与创新之间有密切的联系，它们主要通过经验、反思、尝试、实验、假设，以及解决问题等方面联系起来。今天来看，杜威的"探究与创新"教育思想具有重要的现代价值。

第一，杜威重视学生经验的积累和基于经验的反思的做法，有利于教育教学中学生主动性的发展。杜威的实用主义哲学是一种强调基于经验的对知识、观念进行实验和检验的哲学，也是一种重视人的活动及反思的哲学。它反对知识与人的行动分离状态，主张知识与人的行动的联系和统一。这一思想不仅提供了批判传统教育的有力武器，也形成了现代教育发展的基本内涵。在教学中，教师主要面对的是学生和教材。过于强调学生的作用，则可能忽视教材的系统学习；过于强调教材的作用，也可能使学生的学习负担过重。因此，如何处理好二者的关系是教学的重要任务之一。在杜威看来，教学仅仅靠教师单向的传入式教学是不够的，它可能导致知识的灌输和学生的被动发展。在这种教学中，学生虽然能够记住许多知识，但是由于缺乏对知识的运用，学生的大脑可能成为储存知识的仓库。杜威认为，教学必须以学生的经验为基础，重视学生经验的积累，并且让学生主动参与学习过程，为其进一步的发展打下基础。当然，在教学中仅仅强调学生的经验积累还不够，还必须在经验的基础上引起学生对经验的反思。这种对经验的反思活动也就是探究活动，它可以帮助学生认识所做的事情与其结果之间的关系，关注在做事情的过程中做事情的力量与所使用材料的力量之间的相互作用。这就是单纯的知识学习和通过做事情

来学习的主要区别。在杜威看来，通过做事情可以激发学生对人与事物之间、事物与事物之间的联系的有意识的注意，使学生对所面对的问题有更多的思考，能更好地解决问题。

第二，杜威所强调的基于问题解决和试验的教学，有利于学生形成对待知识的科学态度和获取知识的科学方法。杜威的基于经验反思的教学是解决问题的教学。在这种教学中，杜威十分重视通过探究和解决问题的方法让学生获得知识。杜威指出，学校教育中所传授的东西都是已有的事实、材料和知识，是已经确定的东西。它们可以解释和确定问题的所在，但不能提供解决问题所需要的答案。要找到答案，还要进行设计和提出假设等。因此，学校教育需要在教学方法上进行创新，使学生掌握发现答案的方法，形成探究、发明、管理、指挥自然界的能力。杜威指出，这种帮助学生找到答案的方法，并不是学校教育中每一科目具体的方法，而是无论哪一科目都可以使用的方法，这种方法就是科学的、试验的方法。在杜威看来，这种科学的方法就是用人的行动（action）将人的思考和将要试验（experiment）的事物联系起来，形成一种有创造的关系。他举例说，有一种金属，人们不知道是什么东西，老一套的方法不过是看它的颜色或重量是什么，而科学的方法则通过人的行动先给它加点酸，看它有什么反应，没有反应，再加酸，看是否有变化，加酸不够，再加热，看其会变成什么样子。杜威认为，这种通过人的行动引起事物变化的方法，可以使事物的性质和作用变得比较清楚。在科学方法上，杜威还重视"假设"（hypothesis）的作用。杜威认为，科学的试验不是武断的、一成不变的，一切试验都具有假设的性质，都有待于证明，有待于别人来改变它。杜威指出，试验方法和假设思想的提出，对于形成科学的态度具有重要的意义。以往人们对于一种观点只有两种态度，对的就承认它，错的就否认它，而试验的思想提出以后，开始形成第三种态度，就是对于一种主张，或真或假，只是把它看成一种假设，具有试验的价值，结果如何都要通过试验来决定（杜威，1999）[137-140]。在杜威看来，试验方法在教育上的意义在于，无论对于新思想，还是旧思想，都不要一概推翻，也不把它看作最后的真理，而要以试验的态度反思它的价值。

杜威强调教育上的"试验"和"假设"的思想，不仅反映了杜威探究思想在教学实践上的具体化，而且也反映了杜威对形成教育的科学精神的期盼。在他看来，强调试验方法可以使学校充满探究的气氛，可以打破传统武断的态度和教条的东西，形成教育的科学精神的统一。

第三，重新解释创造性的含义，有利于保护学生创造性的发展。杜威教育思想的主要贡献之一，就是提出了对儿童创造性的新的认识。杜威强调，对儿童创造性的认识不应以传统的成人的观点为标准；评价儿童的创造性应当以儿童的自我发展水平为基础；儿童过去没有发现而现在能够自我发现或使用的所有的方法和结果都是具有创造性的；在现代教育中，每个学生都是具有创造性的，教育应当发展每个学生的创造性。

为了保护学生创造性的发展，杜威主张学校应该是一个实验室，学生可以在学校里按照科学的方法检验他们的思想。同时，在教学上应把学生的学习与行动联合起来，进行科学的安排，给他们以充分的反思的时间，让他们根据自己的认识做出决定。学校建设的目标应该强调，学生在学校里可以自由地表达和检验各种思想、信念和价值；人类社会的任何文化遗产都可以成为学生个体批判、探索、研究和改造的对象；学校的任何设施、用具都为每一个学生开放，供他们使用。

为了保护学生创造性的发展，杜威认为，在教学中要很好地使用教材和各种教学手段，要允许学生犯错误，给他们更多的成长机会。如果教学中"太热心选择不准有发生错误机会的材料和工具，就要限制学生的首创精神，使学生的判断力减少到最低限度，并强迫学生使用远离复杂的生活情境的方法，以致学生所获得的能力毫无用处"（杜威，1990）[210]。杜威强调，在教学上，"使学生形成创造和建设的态度，较之使他从事太细小和规定太严的活动，以求得外表上的完备更为重要"（杜威，1990）[210]。总之，在杜威看来，肯定所有学生的创造性是学校教育教学的基本任务，学校的教育教学应当创造条件，把学生创造性的培养放在重要的位置上。

第四，关注儿童的创造性培养，有利于初等教育阶段把培养好奇心、好问心和探索心等作为教学的主要任务，为儿童以后的发展打下基础。与强调探究和创新的思想相一致，杜威十分重视初等教育阶段在培养儿童好习惯方面的重要作用。杜威认为，初等教育的建立基于两个重要的事实：一是儿童期是人最初接受学校教育的时期。在这一时期，儿童的吸收力最大，伸缩力最强，变好变坏都是可能的。二是这一时期是一个打基础的时期，所谓基础不仅是中学、大学的基础，更是人这一生的事业、习惯和爱好的基础。因此，初等教育是人生发展的重要时期。但是由于初等教育受传统观念的影响，只注重知识的学习，不重视儿童良好习惯的养成，反而束缚了儿童的发展。在杜威看来，初等教育阶段是儿童好奇心、好问心和探索心等形成的重要时期，这些正是儿童探究能力和创造性形成和发展的基础。杜威指出，这一时期，儿童有好奇的心理，冒险的心理，如果加以培养，则有助于使儿童养成探究的态度和勇敢的品质。如果不去鼓励它、利用它，使儿童形成试验和创新的态度，而只是压抑它，儿童的心灵就会变得麻木。杜威指出，这一时期，儿童所求的知识很少，但好奇心、好问心和探究心等良好心理品质的养成是非常重要的。因此，初等教育的目的不在于使儿童掌握许多知识，而在于使其养成应用的能力、技能和习惯。当然，杜威也认为，在这一时期，知识学习是不能放弃的，但学习的目的不是为求知而求知，知识应当从形成活动的能力、技能和习惯中得来，寓知识于养成习惯之中。

总之，杜威关于探究和创新的教育思想虽然是 20 世纪初期的产物，但从今天来看，其核心价值仍然值得我们关注。现代教育是一个不断发展和变化的过程，传统的、一成不变的思想是不适应现代教育发展的。如果现代教育仍然延续单一地强调知识教育的传统，忽视儿童的动手能力，割裂知识与行动的联系，远离儿童的生活，只会限制儿童的发展，进而阻碍现代社会和现代教育的发展。

五、对杜威"探究与创新"教育思想的反思

杜威的"探究与创新"教育思想是其整个教育思想体系的重要组成部分，也是他的实用主义哲学在教育上的反映。受实用主义哲学的影响，杜威的"探究与创新"教育思想的核心是强调"行动""经验"基础上的"反思"和获得知识，"探究与创新"的基本内容主要是从这一思想核心推论出来的。在现代教育蓬勃发展的今天，科学认识杜威"探究与创新"教育思想的基础和基本观点，以及根据这些基本观点所做出的推论，仍然是必要的。

首先，杜威实用主义哲学的"知行"关系问题值得深入分析。杜威"探究与创新"的思想基础是实用主义哲学。由于实用主义哲学特别重视"行"和"经验"的作用，因此，杜威教育思想的许多方面，包括"探究与创新"教育思想都是建立在这个认识基础上的。但是这一思想也遇到了一个问题，即在探究和发现真理的过程中，是否人人对每一事情都要亲自行动和经验呢？举一个现实的例子，如果要获得关于武汉长江大桥的认识，就要证明武汉长江大桥的存在，但是否每个人都要去湖北武汉亲自证实长江大桥的存在呢？如果不去的话，又如何相信别人讲的就是事实？自己不去亲自证实，只听或者只看传媒的报道，这样得到的事实可信吗？

按照杜威的理解，在知与行的关系上，应该行在前，知在后，知是行的结果，也就是"行先知后"。"行先知后"，不仅可以验证以往的知识，也可以产生和检验新的知识。据说也正是由于这个原因，中国教育家陶行知早期赴美国留学受杜威教育思想影响以后，把原来的名字"陶知行"改为"陶行知"。显然，"陶知行"的含义与中国古代思想家王阳明的"知为行之始，行为知之成"的思想有密切的联系。也就是说，中国古人是比较强调"知先行后"的。按照杜威的理解，"知先行后"是存在问题的，

因为它忽略了知识的可检验性，忽略了人的能动参与性。我国学者也对这一问题提出了质疑，认为"杜威讲探究、思维要以知识为基础、为前提，那么这里的知识从何而来呢？杜威讲可以通过别人讲授、自己阅读得来。如果是这样，杜威就违背了自己反对向学生讲述系统知识的要求，就陷入自相矛盾之中。因为杜威正是为了反对传统的教学方式才提出'从做中学''从经验中学'的。他认为知识的获得若不以儿童的经验为基础，就失去价值。然而，杜威同时又认为，做和经验要取得成效，却又必须以儿童的具有的一定知识为前提。到底是知识在先还是经验的过程在先？杜威没有明白这个问题"（吴式颖，1999）[525]。

在知识的获得上，是不是一定要"行先知后"呢？是不是任何事物的学习或者知识的获得都要依靠"行动"呢？其实，对于这个问题，詹姆斯（W. James）早就提出过自己的看法。他认为真理（包括知识）不仅与行动密切联系，还具有"兑换价值"的特点，即真理是可以交换的。这种交换的功能使得真理具有公共性，即人们可以通过建立类似金融业的信用体系来相互交换被证实为有用的观念。因此，人们无须对所有的真理都加以亲身验证。不过，真理的最后基础是总有一些人具有证实真理的切身经历（赵敦华，2001）[50]。詹姆斯的这一解释很有意思。按照他的逻辑，如果真理或者知识不要求每一个体都亲自经验或者证实，那么就应该注重间接经验或者知识的作用，并建立一个知识交换的信用体系。在这方面，杜威也曾经提出过类似的观点，即认为不是做任何事情或者学习都要经过感官活动的。他指出，如果学生对某些事物已经很熟悉，或者能够独立回忆事实，教师还要学生坚持通过感官活动进行观察，这是愚蠢的。没有一个人能把一个收藏丰富的博物馆带在身边，利用收藏的东西帮助思考。

杜威关于任何知识都要通过"行动"或者通过"做"来获得的观点，反映了实用主义教育思想的基本特征，如果用在低幼儿童的学习上还是可以的。不过，杜威的这一思想可能更多地是强调知识的获得与经验实证的关系。杜威强调教育理论依赖于经验，强调教育探究过程中的猜想、假设等，这些都是在强调经验检验和知识实证的重要性，这是有意义的。

其次，从上面的分析看，杜威的实用主义教育在一定程度上也可以说是实证主义教育。这一认识对于理解教育研究的性质及特点具有重要的价值。我们知道，教育研究的主要目的是通过研究提出新的观点、新的思想和假设，增进新的、客观的知识。因为只有客观的知识是可以检验，可以证实的。客观的知识是指那些建立在一个合理的基点之上，运用正确的逻辑思维方式组织起来的概念体系。为了增加新的、客观的知识和发现真理，教育研究需要不断追求、挑战和超越已有的知识。

在教育研究中，强调一个观点是可以被证实或者被证伪的，就意味着这个陈述必须是内容丰富的和具体的。因为只有内容丰富的、具体的陈述，才可以被证实或者证伪，才有可能增加新的知识。例如，"将来某一天会下雨"，这句话不能被证伪。因为"将来某一天"缺乏具体的内容和具体的时间。但如果说"明天上午 10 点会下雨"，这句话就可以被证伪。因为到了明天上午 10 点看看是不是下雨，就可以验证这句话了。当然，要严格检验按照逻辑推演产生的推论是否与所观察到的事实一致。如果一个观点在逻辑上挑不出毛病，其理论的推论也没有被事实所推翻，就可以暂时接受它。

当然，有人会说，教育研究也不完全是实证的研究，还可能包括一些价值研究，价值研究不需要对事实进行验证。这里需要认识价值与事实的关系问题。《哈佛通识教育红皮书》指出，无论是社会科学还是自然科学，都必须认真对待价值与事实的关系问题。"价值根植于事实，人类的理想无论如何都是自然的一部分。"（哈佛委员会，2010）[57]教育研究也是一样，无论是事实研究还是价值研究，都是根植于事实，都是一种科学的陈述。这种科学的陈述必须能被观察到的事实证实或证伪，可以进行逻辑分析。英国哲学家斯蒂文森（L. Stevenson）指出，"假如一个陈述既不能被观察证实也不能被逻辑本身推证，那么，它在根本上就是无意义的，它不能对所涉及的情形做出任何断定,最多是一种语言的诗意运用,是一种态度和情感的表达"(斯蒂文森,1988)[35]。可见,在教育的实证研究中需要避免"语言的诗意运用"和"态度和情感的表达"。当然,如果对事实证实和逻辑推理进行比较,事实的证实更重要,因为它是检验逻辑推理的最后尺度。可能有人会说,一些陈述现在不能证实,不等于以后不能证实。例如,在人死后的生活中,我们通过某种类似观察的方法,能够证实以前不能被证实的陈述。斯蒂文森对此反驳道:这不过是通过提出另外一个不可证实的问题来面对一个不可证实的问题。因为,我们现在并不能够证实死后生活的实在性或者为它找到证据。任何事实的或者科学的陈述必定是可被证伪的。

在教育研究中,需要注意的是一些可能没有增加新知识的情况。例如,为了研究某个教育家的主张,研究者常常需要收集大量的材料。研究中发现对这个教育家的主张的理解有 A、B、C、D 四种。研究者分析后认为,其中 D 解释比其他三种解释好,然后就花许多时间,收集大量的资料来论证 D。这种研究会增加新的知识吗?显然,这种研究与一个人为了证实"水在 100 摄氏度沸腾"的道理而在各地收集大量例子进行论证的情况是一样的。这种研究不会增加新的知识,因为这些例子都不会超过这一认识。要想超过这一认识,那就要看是否存在与其不一致的地方。如果存在这种情况,那就可能有新的发现,可能产生新的知识。知识的增长是在发现与原有的解释不一致并尝试进行新的解释中实现的。当然,在教育研究中,发现或者提出新的知识是比较难的。在很多情况下,如果原有的解释没有被证伪、没有过时,就仍然是比较好的解释,就仍然是可接受的知识。

在教育研究中,为了获得新的解释或者新的知识,提出"假设"观点就很重要。假设主要是指建立在观察与思考基础上的,对所要研究对象的未知部分或者事件的总体的基本判断。判断某个观点是不是一种新假设,那就要看前人是否已经有了相关的研究或者提出了相关的假设。在教育研究中，别人的假设或者结论只是进一步研究的基础。只有在别人研究的基础上提出新的结论或者观点，才是真正的研究。当然，如果提出的假设解释不了要解决的问题，就需要重新对这个假设与问题的关系进行分析，看看二者到底是什么关系，看看是提出的问题不明确，还是假设本身有问题。如果是后者，就需要重新对假设进行思考，或者修改假设，或者提出一个新的假设。总之，在教育研究中，问题是不会消失的，假设是可以改变的，假设是为研究问题服务的。

再次，与教育研究的获取新知识的目的相联系，还需要对教育的创新问题做进一步的分析。在这个问题上，杜威关于已有知识与新知识的关系的观点很有价值。杜威认为，在解决问题的过程中，已有的知识都是已经确定了的东西。它们能够解释问题、阐明问题、确定问题的所在，但是不能提供所缺乏的东西，不能提供解决问题的答案。要找到问题的答案，还需要猜想、设计、发明、提出假设等。从这个角度看，成人的创新与儿童的创新是完全不同的。那么，杜威要关注学生创新的哪个方面呢？在很多时候，杜威都强调儿童创新与科学家创新的一致性，并通过对成人创新的认识来解释儿童的创新问题，但这里存在的问题是：如果说教育研究的目的是获取新的知识的话，儿童或者学生的创新的任务还是要发现新的知识吗？如果不是，那么儿童或者学生的创新的特点体现在哪里呢？其实，从杜威关于创新的观点来看，杜威更重视的是儿童的创新方法，而不是对象和结果。在杜威看来，即使一件事情别人都知道，但只要是这个儿童或者这个学生亲自发现的，是他自己过去没有发现或者知道的，那就是具有创新性的。在这里，儿童或者学生的创新的任务就不是增加新的知识，而是发现新的方法，或者从一个新的视角看待已有的问题。也就是说，不能把成人发现新知识的做法作为衡量儿童或者学生是否具有创新性的标准，儿童的创新性的标准只能是他自己与他以前的发展水平。只要他比以前有进步，就具有创新性，就值得鼓励。这个理解与杜威一直所强调的培养儿童的好奇心、好问心和探索心的观点是一致的。在儿童创新的问题上，杜威还特别强调，创新不是某一类人的特权，而是每一个人的权利；不仅包括成人，也包括儿童。从教育的历史和实践来看，杜威关于创新的解释有利于认识教育中儿童的创新问题，有利于学校和教师鼓励学生进行更多的想象和思考，大胆尝试解决问题的方法。

现代教育是人类教育发展的高级阶段，它对人的自由发展和教育提出了较高要求。在现代社会，个体要生存不仅需要传承已有的知识，更需要解决问题的手段和创新的能力。杜威以实用主义哲学为基础的"探究与创新"教育思想，在揭示和反映现代教育的规律和趋势方面做出了突出贡献。杜威的"探究与创新"教育思想的特点是，把对教育的理解建立在一个哲学视野下和框架内来考察已有知识与新知识的关系问题。杜威通过对传统教学思想的批判、改造，探索基于经验的探究、反思、设计、假设等问题解决之道，形成以个体为主体的独特的研究问题的维度和方法论。杜威的教育研究注重从哲学的高度来思考教育问题，这使得他的教育思考更具有综合、思辨的特征。当然，杜威的教育思想也存在一定的不足，还需要不断接受发展着的现代教育实践的检验。通过检验，可以克服或者修补其不足的部分，使其得以更新和发展。

参 考 文 献

杜威，1958. 哲学的改造［M］. 许崇清，译. 北京：商务印书馆.

杜威，1990. 民主主义与教育［M］. 王承绪，译. 北京：人民教育出版社.

杜威，1999. 杜威五大演讲［M］. 胡适，译. 合肥：安徽教育出版社.

哈佛委员会，2010. 哈佛通识教育红皮书［M］. 李曼丽，译. 北京：北京大学出版社.

康马杰，1988. 美国精神［M］. 杨静予，等译. 北京：光明日报出版社.

斯蒂文森，1988. 人和人的世界［M］. 杨帆，等译. 北京：工人出版社.

托克维尔，1997. 论美国的民主（下）[M]. 董果良，译. 北京：商务印书馆.

吴式颖，1999. 外国教育史教程 [M]. 北京：人民教育出版社.

詹姆士，1979. 实用主义：一些旧思想方法的新名称 [M]. 陈羽纶，孙瑞禾，译. 北
京：商务印书馆.

赵敦华，2001. 现代西方哲学新编 [M]. 北京：北京大学出版社.

庄锡昌，1999. 西方文化史 [M]. 北京：高等教育出版社.

附录：约翰·杜威年谱简编

梁 君[①]

<hr />

一八五九年

<hr />

● 1月18日　约翰·阿奇博尔德·杜威（J. A. Dewey）在一次意外事故中被开水烫伤夭折（Levine，2001）[②]。他是约翰·杜威（J. Dewey）最年长的哥哥，出生于1956年7月15日。

● 10月20日　约翰·杜威出生于佛蒙特州的伯灵顿镇（Burlington，Vermont）南威拉德街186号的新家。父亲是阿奇博尔德·斯普雷格·杜威（A. S. Dewey），母亲是卢西娜·阿特梅西·里奇·杜威（L. A. R. Dewey）。杜威的父母是以死去的长子约翰·阿奇博尔德·杜威来为杜威取名的，这是一种情感寄托，即将杜威当成家中的长子来养。杜威出生时，父亲47岁，母亲29岁。"杜威之父为人和易，虽为杂货商而有文学修养，但对其子，并不存厚望，仅望为一机械工匠。杜母因郡望较高，对子督教较严。杜氏与其兄弟之得受高等教育，由母氏之影响者多。杜氏父母年龄相差虽大，但琴

<hr />

① 作者简介：梁君（1987—　），女，江西吉安人，华东师范大学教育学部博士候选人，主要研究领域为课程哲学。

② 杰伊·马丁（J. Martin）的《杜威传》提供的约翰·阿奇博尔德·杜威的夭折日期是1859年1月17日（Martin，2002）[5-6]。

211

瑟和谐，家庭之内充满雍睦气氛，予儿辈以良好印象。"（吴俊升，1983）[11] 卢西娜性格热情，怀有虔敬的宗教情感。

伯灵顿是佛蒙特州首府，属新英格兰地区（New England）。佛蒙特州人口少，面积小（仅 24000 平方千米，而且其中有将近 950 平方千米是水域），景色宜人，享有一别称——"翠峦州"（the Green Mountain State）。除了自然资源，佛蒙特州也以它强烈的独立意识而著称。1791 年，佛蒙特州加入联邦，成为美国的第 14 个独立的州。佛蒙特州是第一个宣布奴隶制为非法的州（梅南德，2006）[205]。在杜威生活的年代，佛蒙特州的社会氛围已趋向保守，经济也不太景气，成为"衰落的东部"。佛蒙特的环境让杜威具有了一种"近乎是乡村式的淳朴"（杜兰特，1997）[375]。

● 11 月 26 日　查尔斯·达尔文（C. Darwin）的《物种起源》（*The Origin of Species*）（Appleman，2001）[95] 出版。达尔文的进化论对杜威有重大影响。后来杜威出版了一部著作——《达尔文对哲学的影响及关于当代思想的其他论文》（亨利·霍尔特出版公司 1910 年版）。

● 赫伯特·斯宾塞（H. Spencer）的《什么知识最有价值?》、亚历山大·贝恩（A. Bain）的《情绪与意志》、约翰·斯图尔特·密尔（J. S. Mill）的《论自由》、卡尔·马克思（K. Marx）的《政治经济学批判》出版，皆为划时代的名著。

● 美国实用主义始创人查尔斯·桑德尔·皮尔斯（C. S. Peirce）毕业于哈佛大学。

一八六一年

● 4 月 12 日　美国内战（亦称南北战争）爆发。战争的起因是南方和北方在奴隶制问题上存在冲突。南方人多为种植园奴隶主，主张容许并扩展奴隶制到新成立的州。北方人多为新兴资产阶级，工业经济的迅速发展要求更多的自由劳动力，主张废除奴隶制。主张废除奴隶制的亚伯拉罕·林肯（A. Lincoln）当选总统后，美国南部 11 个州陆续退出联邦，于

1861 年 2 月另成立以杰斐逊·戴维斯（J. Davis）为"总统"的政府，并驱逐驻扎南方的联邦军。同年 4 月南方邦联军先发制人攻占萨姆特要塞，林肯下令攻打"叛乱"州，内战爆发（米利特，马斯洛斯基，费斯，2014）[198]。

● 7 月 14 日　查尔斯·迈纳·杜威（C. M. Dewey）出生，他是杜威父母所生的第四个孩子。

● 夏，林肯发布命令召集志愿兵，杜威的父亲阿奇博尔德·杜威（已年近 50 岁）卖掉商店，参加志愿军，担任佛蒙特第一骑兵团的军需官。1862 年，他离开军队，之后又再次参军并被提升为上尉（梅南德，2006）[205-206]。

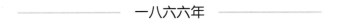

一八六五年

● 4 月 9 日　罗伯特·爱德华·李（R. E. Lee）在阿波马托克斯郡府（Appomattox Court House）向尤里西斯·辛普森·格兰特（U. S. Grant）投降，美国内战结束。战争最后以北方的胜利而告终，南北恢复统一。南北战争中双方死亡人数总计 62 万人，超过美国在两次世界大战、朝鲜战争这三次战争中的总死亡人数（56.4 万人）（米利特，马斯洛斯基，费斯，2014）[198]。

● 美国宪法第三修正案取消了奴隶制（Deweycenter，2015）。

一八六六年

● 1 月　亨利·康拉德·布洛克梅耶（H. K. Brockmeyer）和威廉·哈里斯（W. T. Harris）发起成立圣路易斯哲学学会。他们还创办了美国第一本纯哲学杂志《思辨哲学杂志》（*Journal of Speculative Philosophy*）。圣路易斯哲学学会对美国人的生活和思想产生了一定的影响。它也对美国的教育产生了较大的影响。他们的活动在哲学史上被称为"圣路易斯运动"（克雷明，2002）[175-177]。1882 年，杜威发表的第一篇哲学论文《唯物论的形而上学假定》就刊登在哈里斯主编的《思辨哲学杂志》上。

- 11 月 12 日　孙中山出生。

一八六七年

- 9 月　进入第三学区的文法学校（后改名为北部文法学校）学习。这个学校的设备及师资都非常落后。与杜威同班的学生共有 54 人，年龄从 7 岁到 14 岁不等。学习科目有读、写、算、拼音、文法、历史、地理等。教学方法十分机械，杜威对此无甚好感（吴俊升，1983）[13]。

- 杜威的母亲对因丈夫在联邦军队里服役而造成的长期分居感到难以忍受，举家迁到了设在佛蒙特州北部的司令部驻地。

一八七一年

- 6 月 15 日　和哥哥戴维斯遵从母亲卢西娜的意愿加入了伯灵顿第一公理教会（the First Congregational Church of Burlington）（吴俊升，1983）[13]。此后，杜威一直是伯灵顿教会的活跃成员，直到 1879 年他离开伯灵顿去宾夕法尼亚州（Pennsylvania）教书时才暂停参与教会活动。1881 年，当他回到佛蒙特州从教时，立即恢复参与教会活动（Martin，2002）[23]。

- 从小学毕业。因学业超群，跳级升班，四年完成了小学学业（吴俊升，1983）[13]。

- 查尔斯·桑德尔·皮尔斯、昌西·莱特（C. Wright）和威廉·詹姆斯（W. James）在位于马萨诸塞州剑桥市的哈佛大学组建"形而上学俱乐部"（the Metaphysical Club）。它是一个非正式的学术讨论组织。按照皮尔斯的说法，这个名称"既有讽刺色彩又有反叛意味"。这个学术沙龙追求一种实用主义和实证主义的批判性思考，挑战当时流行的德国唯心哲学[在美国以威廉·托利·哈里斯的黑格尔学派和约西亚·乔伊斯（J. Joyce）的绝对观念论为代表]。约翰·舒克（J. Shook）认为，"形而上学俱乐部"的活动分为两个阶段，以上的描述只适用于第一阶段。第一阶段是从 1871 年到 1875 年上半年（其中 1871 年秋至 1872 年冬是最活跃期，大概每两周举行一次讨论会），被称为"'实用主义'形而上学俱乐部"（the "Pragmatist" Metaphysical Club）；第二阶段是从 1876 年初到 1879 年春，被称为"'唯心主义'形而上学俱乐部"（the "Idealist" Metaphysical Club）。形而上学俱乐部的中心人物是昌西·莱特，其他两位活跃成员是尼古拉斯·圣·约翰·格林（N. St. J. Green）和小奥利弗·温德尔·霍姆斯（O. W. Holmes, Jr.），格兰维尔·斯坦利·霍尔（G. S. Hall）偶尔参加俱乐部活动（梅南德，2006）[164-189]（Shook，2015）。

──────── 一八七二年 ────────

● 5 月 18 日　伯特兰·亚瑟·威廉·罗素（B. A. W. Russell）出生。罗素是杜威的一个重要对手，他们之间有许多精彩的论战。《约翰·杜威与美国自由主义的高潮》一书的作者艾伦·瑞安（A. Ryan）说："令我迷惑的是，杜威和罗素在政治上经常观点一致，而在哲学上却从未达成共识。"（罗素，1959）[1]（Irvine，2015）（Ryan，1995）[11]

● 9 月　升入伯灵顿中学（Burlington High School）就读。伯灵顿中学为本镇的公立中学。当时中学分为两班，一为大学预备班，一为不升学班。杜威因个人兴趣与母亲的主张，选择了大学预备班。课程有拉丁文（四年课程）、希腊文（三年课程）、法文（一年课程）、英文（一年课程）、数学（二年课程）及选修课程，多属于英国文学方面的课程（吴俊升，1983）[13]。

──────── 一八七五年 ────────

● 6 月　毕业于伯灵顿中学。杜威学业成绩优异，在三年内完成了四年的课程（吴俊升，1983）[14]。

● 9 月　和表弟约翰·里奇（J. Rich）一起升入佛蒙特大学（University

of Vermont）。杜威的哥哥戴维斯已先一年入学。但戴维斯在大学期间因病休假一年，因此，最后杜威、里奇和戴维斯三人一同于 1879 年大学毕业（吴俊升，1983）[18]。在佛蒙特大学时期，对杜威影响最大的是托里（H. A. P. Torrey）教授（Levine, 2001）。

一八七六年

● 约翰·霍普金斯大学（John Hopkins University）始创。它是美国第一所研究性大学。

一八七八年

● 1 月　查尔斯·桑德尔·皮尔斯的论文《如何使我们的观念清晰》发表于《通俗科学月刊》。这是有关实用主义的第一篇论文。

一八七九年

● 6 月 25 日　从佛蒙特大学毕业，获文学士学位。他在毕业典礼上做题为"政治经济学的局限性"的演讲，获"优秀毕业生"称号。

● 在表姐阿菲亚·威尔逊（A. Wilson）的帮助下，杜威到宾夕法尼亚州石油城中学教书。阿菲亚·威尔逊是该校校长，杜威任校长助理，教拉丁语、科学和代数。1881 年，威尔逊因结婚而辞职，杜威随之辞职（Levine, 2001）。

一八八一年

● 离开石油城之后，杜威到佛蒙特州夏洛特的湖景中学（Lake View Seminary）教书。执教期间，同时跟随他在佛蒙特大学读书时的老师托里教授学习哲学（McDermott, 1973）[xxxv]（Levine, 2001）。

● 5 月 17 日　给《思辨哲学杂志》的主编威廉·哈里斯寄去论文《唯物论的形而上学假定》。在附信中杜威问哈里斯是否觉得这篇论文

"反映出了一定的能力，这也好让我感觉到在这个方面投入大量时间是有收获的。"哈里斯迟迟没有复信（在1881年初他仍时常穿梭于圣路易斯和康科德之间），但到了这年秋天，他回了一封热情洋溢的信。他不仅同意发表《唯物论的形而上学假定》，而且还同意刊登杜威寄来的另一篇题目为《斯宾诺莎的泛神论》的论文。哈里斯的热情回应和托里的鼓励，对杜威的未来发展起了很大的作用（克雷明，2002）[183]（Hickman，2001）[14]。

● 12月5日　在伯灵顿组织了第一公理教会的青年人协会（Young People's Society, First Congregational Church, Burlington），任会长（Levine，2001）。

一八八二年

● 4月27日　拉尔夫·瓦尔多·爱默生（R. W. Emerson，1803—1882）去世。

● 4月　《唯物论的形而上学假定》发表于《思辨哲学杂志》（第16卷，第208-213页）。这是杜威发表的第一篇哲学论文。［EW 1：3］［EW 1中译本：3］[①]

● 12月12日　在形而上学俱乐部发表演讲，题为"知识和感觉的相对性"（Levine，2001）。

● 考入约翰·霍普金斯大学哲学系，攻读博士。500元学费是向一位亲戚借的。在读期间，对杜威影响较大的教师主要有：乔治·希尔维斯特·莫里斯（G. S. Morris）、查尔斯·桑德尔·皮尔斯、赫伯特·巴克斯

---

① "EW"代表《杜威全集·早期著作》，"1"代表第1卷，冒号后的数字代表页码。后文出现的"MW"代表《杜威全集·中期著作》，"LW"代表《杜威全集·晚期著作》。"EW""MW""LW"后面的数字代表卷数，冒号后面的数字或字母代表页码。《杜威全集》共37卷，中译本由"杜威与美国哲学研究中心"组织翻译，华东师范大学出版社出版。

特·亚当斯（H. B. Adams）和格兰维尔·斯坦利·霍尔①（梅南德，2006）[223-224]（New World Encyclopedia，2015）。第四学期，杜威在约翰·霍普金斯兼职，为大学本科生授课（梅南德，2006）[220]。

────── 一八八三年 ──────

● 1月　法国《哲学评论》刊登了杜威的第一篇论文《唯物论的形而上学假定》的摘要，这是国外刊物最早提及杜威（吴俊升，1983）[22]。

● 6月②　《知识和感觉的相对性》发表于《思辨哲学杂志》（Levine，2001）。［EW 1：19］［EW 1中译本：17］

────── 一八八四年 ──────

● 4月　《康德和哲学方法》发表于《思辨哲学杂志》。［EW 1：34］［EW 1中译本：29］

● 4月　《作为哲学方法的心理学》发表于《心灵》。［EW 1：144］［EW 1中译本：113］

● 9月　《新心理学》发表于《安多弗评论》。这是杜威同年在形而上学俱乐部宣读的论文。［EW 1：48］［EW 1中译本：40］

● 毕业于约翰·霍普金斯大学，获文理学院（the School of Arts & Sciences）博士学位，博士学位论文标题为《康德的心理学》（The Psychology of Kant），已失传。现仅存一篇相关论文《康德和哲学方法》。

● 在莫里斯的帮助下，杜威在密歇根大学（University of Michigen）

---

① 霍尔受恩斯特·海克尔（E. Haeckel）的复演说（recapitulation theory）影响（海克尔的复演说则受达尔文的生物进化论影响），提出了心理学上的复演说（theory of psychological recapitulation）。霍尔在《青年期》一书中运用胚胎学上的复演说解释儿童时期的心理发展，认为人类胎儿的发展重演了动物进化的程序，儿童心理的发展则重演了人类进化的历史。他认为，"学生学习的过程应该是自然重复种族发展的过程，而教育只是在加速并且缩短这一进程。"霍尔在约翰·霍普金斯大学创立了美国第一个心理学实验室。杜威选修了霍尔1883—1884年开设的高级心理学、心理学和伦理学原理、生理心理学等课程。

② 芭芭拉·莱文（B. Levine）给出的发表时间是1883年1月（Levine，2001），似有误。

谋得一教职。他在密歇根大学工作了九年（1884—1888，1889—1894）。

── 一八八五年 ──

- 3月3日　在形而上学俱乐部演讲。

- 10月16日　《教育与女性健康》首次发表于《科学》。这是杜威论教育问题的开端（吴俊升，1983）[23]。［EW 1：64］［EW 1 中译本：52］

── 一八八六年 ──

- 1月31日　在学生基督教协会（Students' Christian Association）做题为"信仰与怀疑"的演讲。

- 5月1日　在密歇根中小学校长俱乐部（Michigan Schoolmasters' Club）发表演说"从大学的立场看中学心理学"。

- 5月5日　在政治科学协会（Political Science Association）发表演讲"大工业的兴起"。

- 6月30日　被任命为密歇根大学的哲学助理教授。

- 6月　哈里特·艾丽斯·奇普曼（H. A. Chipman）毕业于密歇根大学，获哲学学士学位。艾丽斯的父亲是戈登·奥兰·奇普曼（G. O. Chipman），母亲是露西·伍德拉夫·里格斯·奇普曼（L. W. R. Chipman）。艾丽斯和她的妹妹埃丝特（Esther）很早就成了孤儿，由她们的外祖父母弗雷德里克·里格斯（F. Riggs）和伊娃林娜·里格斯（E. Riggs）抚养长大。

- 7月28日　与哈里特·艾丽斯·奇普曼结婚。婚礼举办地为艾丽斯的外祖父母的家。

- 8月　《心灵与身体》（Soul and Body）首次发表于《神圣合集》。杜威在1928年发表过一篇相关论文《身与心》（Body and Mind）。［LW 3：25］［EW 1：93］［EW 1 中译本：75］

- 11月　在学生基督教协会演讲"宗教情感的地位"。

一八八七年

• 《心理学》出版，这是杜威撰写的第一本书，是一本教材。杜威于1889 年和 1891 年修订了这本书。[EW 2]

• 3 月 4 日　在哲学协会（Philosophical Society）演讲"亨利·梅因先生的民主概念"。

• 7 月 19 日　杜威夫妇的大儿子弗雷德里克·阿奇博尔德·杜威（F. A. Dewey）出生①（Dewey，2002）xiv。

• 1889 年 3 月 5 日　杜威夫妇的大女儿伊夫琳·里格斯·杜威（E. R. Dewey）出生。

• 1891 年 4 月 10 日　杜威夫妇的二儿子阿奇博尔德·斯普拉格·杜威（A. S. Dewey）出生于安阿伯市（Ann Arbor）。他一出生就夭折了（Levine，2001）。

• 1892 年 10 月 18 日　杜威夫妇的三儿子莫里斯·杜威（M. Dewey）出生，他是以杜威的恩师莫里斯的名字命名的②（吴俊升，1983）29。

• 1895 年 3 月 12 日　莫里斯在随杜威夫妇去欧洲旅行的途中，因患白喉死于意大利米兰。

• 1896 年 5 月 29 日　杜威夫妇的四儿子戈登·奇普曼·杜威（G. C. Dewey）出生于芝加哥③（吴俊升，1983）45。

---

①　以下将杜威夫妇所有子女的出生时间都放在一起，便于对照，没有严格按年谱的规则来排列。以下关于杜威子女的出生及相关信息，未加注释的均来自：Dewey，2002. The school and society［M］. Bristol：Thoemmes Press：xiv.

②　吴俊升的《增订约翰杜威教授年谱》中说莫里斯是"次子"，生于 1893 年，均有误。

③　吴俊升在《增订约翰杜威教授年谱》中说戈登·奇普曼是杜威夫妇的第三个儿子，有误。由简·杜威编撰的《约翰·杜威传》中也称杜威夫妇只有"六个子女"。约翰·麦克德莫特（J. McDermott）在《杜威的哲学：卷一》（The Philosophy of John Dewey：vol. 1）一书中称戈登是杜威夫妇的第四个孩子（实际上是第五个）。这都是错的，即疏漏了一出生就夭折的二儿子斯普拉格。拉里·A. 希克曼（H. A. Hickman）在《约翰·杜威：他的生活与著作》（John Dewey：His Life and Work）一文中说杜威与艾丽斯共生了七个孩子。美国国家传记在线（American National Biography Online）的"John Dewey"条目中也说杜威夫妇共生了七个孩子。这些都可作为佐证。

- 1897 年 12 月 28 日　杜威夫妇的二女儿露西·艾丽斯·杜威（L. A. Dewey）出生于芝加哥。

- 1900 年 7 月 11 日　杜威夫妇的三女儿简·玛丽·杜威（J. M. Dewey）出生于芝加哥。简·玛丽是以杜威的好友、赫尔会所（Hull House）的创立者简·亚当斯（J. Addams）的名字命名的（Dykhuizen，1973）[106]。

- 1904 年 9 月 10 日　戈登在随杜威夫妇去欧洲旅行的途中，因染上伤寒症死于爱尔兰。两个儿子的夭折是杜威夫妇终生的隐痛。

- 1905 年 9 月　在旅行途中收养意大利男孩萨比诺（Sabino），昵称比诺（Beano）。萨比诺原来跛脚，后经矫治，能自由行走（克利巴德，1989）。

―――――――― 一八八八年 ――――――――

- 2 月　在密歇根中小学校长俱乐部（Michigan Schoolmasters' Club）演讲"精神科学与道德科学"。

- 2 月　当选为密歇根中小学校长俱乐部副主席。

- 2 月　接受了明尼苏达大学（University of Minnesota）的精神与道德哲学及逻辑学的教授职位。

- 3 月　正式从密歇根大学辞职。

- 5 月 16 日　主持安阿伯市（基督教）公理教会会议。

- 6 月 17 日　在学生基督教协会做题为"基督与生活"的演讲。

- 《民主伦理学》在《密歇根大学哲学论文集》发表（吴俊升，1983）[26]。[EW 1：227]［EW 1 中译本：175］

- 《莱布尼茨的〈人类理智新论〉：一种批判性的阐释》出版，该书被收入"格里格斯德国哲学经典丛书"。[EW 1：253]［EW 1 中译本：195］

- 在明尼苏达大学担任精神与道德哲学及逻辑学系的教授和系主任，至 1889 年。

一八八九年

- 3 月　莫里斯教授去世（埃姆斯，2010）[1]。莫里斯是杜威生命中的贵人。杜威在约翰·霍普金斯大学读研究生时，跟随莫里斯学习黑格尔哲学。由于莫里斯的举荐，杜威获得了 1883—1884 学年度的奖学金（吴俊升，1983）[21]。1884 年杜威研究生毕业时面临就业困难，莫里斯为他争取到了密歇根大学的一个哲学讲师的职位，年薪 900 美元。莫里斯的去世令杜威感到深深的失落，撰文《已故的莫里斯教授》以纪念恩师。亚历山大·托马斯（A. Thomas）认为，"就对杜威的影响来说，不容低估的是莫里斯的人格影响而非观念上的影响"（托马斯，2010）[20]。

- 4 月 19 日　同意回密歇根大学担任哲学系主任。

- 4 月　《托马斯·希尔·格林的哲学》首次发表于《安多弗评论》。[EW 3：14][EW 3 中译本：12]

- 10 月 27 日　在密歇根大学的学生基督教协会演讲"历史上的基督教的价值"。

- 12 月 18 日　在哲学协会演讲"哲学方面的感情净化"。

- 赫尔会所成立，由简·亚当斯（1860.09.06—1935.05.21）与她的大学同学埃伦·盖茨·斯塔尔（E. G. Starr，1859.03.19—1940.02.10）共同创办。1931 年，简·亚当斯获诺贝尔和平奖，她是美国第一位诺贝尔和平奖女性获奖者（Knight，2010）[65]（Brown，2000）。

- 《已故的莫里斯教授》首次发表于密歇根大学学生联谊会编辑的年刊《帕拉迪昂》（Palladium）。[EW 3：3][EW 3 中译本：3]

- 詹姆斯·A. 麦克莱伦（J. A. Mclellan）的著作《应用心理学：教育的原则与实践导论》出版。在很长一段时期内杜威被列为该书的合著者，但现已考证得出结论：詹姆斯·A. 麦克莱伦是该书唯一的作者（博伊兹顿，2010）[1-7]。

- 成为基督教公会工作人员（member of staff of Christian Union）。

一八九〇年

- 6月18日　在史密斯学院（Smith College）毕业典礼上发表演讲"诗与哲学"，讲稿后来发表于《安多弗评论》。［EW 3：110］［EW 3 中译本：90］

- 6月24日　在法明顿（Farmington）"黎明第一课"（First Morning Course）演讲"格林的宗教哲学"。

- 6月25日　在法明顿"黎明第一课"演讲"政治—哲学观"。

- 威廉·詹姆斯（W. James）的《心理学原理》出版。该书对杜威的思想有很大影响。

一八九一年

- 1月　《道德理论与实践》一文发表于《国际伦理学学刊》。［EW 3：93］［EW 3 中译本：75］

- 4月　参加学生报社第一届年会。

- 5月20日　在安阿伯公理教会大会的州协会上发表题为"目前的哲学运动与宗教思想的关系"的演讲。

- 5月23日　在密歇根中小学校长俱乐部与伯克·A. 欣斯代尔（B. A. Hinsdale）一同演讲"作为特性和通性的心智力量"。

- 《批判的伦理学理论纲要》出版。它是杜威的讲义。"杜威后来哲学中绝大多数具有创造性的观念都是在该书中提出的，单凭这一点就应赋予这本书重要性了。"（埃姆斯，2010）[1]［EW 3：237］［EW 3 中译本：195］

- 杜威前往芝加哥访问赫尔会所，在他返回安阿伯时，写信给简·亚当斯："你走了一条正确的道路"。后来，杜威到芝加哥大学工作后，仍定期去赫尔会所讲课、观摩或者与会员们共进晚餐。1897 年，杜威成为赫尔会所理事会成员（克雷明，2002）[194-195]。

————————— 一八九二年 —————————

● 1月21日　在赫尔会所演讲"心理学与历史"（Levine，2001）。

● 3月27日　在纽贝里大厅举行的基督教学生联合会的会议上发表演说"基督教与民主"（Levine，2001）。[EW 4：3]［EW 4中译本：3］

————————— 一八九三年 —————————

● 4月　《对必然性的迷信》发表于《一元论者》。[EW4：19]

● 6月　在芝加哥哥伦布纪念博览会哲学会议（Philosophy Conference of World's Columbian Exposition）上发表演讲"科学与哲学的调和"。

● 11月　第一篇关于中等教育的论文《中学伦理学教学》发表于《教育评论》。[EW 4：54][EW 4中译本：49]

● 12月12日　在哲学学会演讲"伦理学与政治学"。

● 在基督教学生联合会的会议上演讲"哲学与神学的关系"。

————————— 一八九四年 —————————

● 3月19日　转任芝加哥大学（University of Chicago）哲学系主任（心理学和教育学也隶属哲学系）（Hickman，2000）。

● 5月27日①　在密歇根大学基督教学生联合会上演讲"重建"。[EW 4：96][EW 4中译本：87]

● 5月　《作为原因的自我》发表于《哲学评论》。[EW 4：91][EW 4中译本：82]

● 8月26日　在基督教公会发表演讲"心理学与宗教"。

● 10月4日　在位于恩格尔伍德（Englewood）的库克县立师范学校

————————————————————

① 芭芭拉·莱文的杜威年表中称讲演日期为1894年5月20日，似有误。

（Cook County Normal School）的大学拓展课程（extension course）班做第一次演讲，主题是"论想象力"。

- 10月9日　在赫尔会所的社会科学工人俱乐部（Working-People's Social Science Club）演讲"爱比克泰德"。

- 10月10日　在库克县立师范学校做第二次演讲，主题是"论注意力"。

- 10月13日　在赫尔会所做题为"社会心理学"的演讲。

- 10月17日　在库克县立师范学校做第三次演讲，主题是"论情感"。

- 10月20日、27日；11月10日、17日、24日　在赫尔会所演讲。

- 10月24日　在库克县立师范学校做第四次演讲。

- 11月　《情感理论》发表于《心理学评论》，其中，第一部分"情感态度"发表于1894年11月，第二部分"情感的重要性"发表于1895年1月。［EW 4：152］［EW 4 中译本：134］

- 《伦理学研究（教学大纲）》出版。［EW 4：219］［EW 4 中译本：189］

一八九五年

- 芝加哥大学成立独立的教育学系，杜威兼任主任。教育学系最初的教授有自瑞士研究回国的朱莉娅·E. 巴尔克利（J. E. Bulkley）和艾拉·弗拉格·扬（E. F. Young）等（吴俊升，1983）[32]。

一八九六年

- 7月　《心理学中的反射弧概念》发表于《心理学评论》。该论文批驳了刺激—反应心理学的基础，提出了一种有机体通过选择和调节自己的刺激而与环境相互作用的更为复杂的模式。1942年，这篇论文被《心理学评论》评选为该刊创刊50年来所发表的最重要的论文之一

（Hickman，2000）。［EW 5：96］［EW 5 中译本：72］

● 9 月　《作为一门大学学科的教育学》发表。［EW 5：281］［EW 5 中译本：216］

●《与意志训练有关的兴趣》发表于《1895 年全国赫尔巴特协会年鉴增补版》（*National Herbart Society Supplement to the Yearbook for* 1895）。

● 始创芝加哥实验学校①（The Laboratory School of the University of Chicago），后通称"杜威学校"②（Dewey School）。芝加哥实验学校被誉为教育史上第一所真正的实验学校。实验学校不是实习学校，也不是模范/示范学校。如它的名称所示，它是一所将教育理想付诸实验的学校。教育学家有实验学校，犹如自然科学家有实验室。初期，有些人对实验学校有诸般误解，闻学校之名称而大为惊骇，以为儿童将如动物之受解剖（吴俊升，1983）[33]。芝加哥大学对实验学校的补助经费很少，1895 年秋天，大学校方拨款 1000 美元资助杜威创办实验学校。实验学校招收 6—9 岁的儿童，1896 年 1 月最初招生时共有学生 16 人（梅休，等，2009）[5]（德彭西尔，2009）[67]，配有两位教师和一位负责手工训练的指导教师（德彭西尔，2009）[67]。

实验学校学生人数连续增长，最多时达 140 人；教师和讲师最多时有 23 名，助教（大学研究生）最多时有 10 名。随着规模的扩展，教学人员的组织比以前正规了。杜威连任主任；教育系的埃拉·弗拉格·扬任教学监督；杜威夫人，以前与学校没有正式关系，此时正式担任校长，她还兼任英语和文学部主任，并负责学生的语言课程（梅休，等，2009）[6]。实验学校经常面临严重的财政困难。学校在发展，五年中三次变换校址，设备

---

① 关于芝加哥实验学校的相关内容将在下文集中论述，没有严格按照年谱的时间排序。莫利·科克伦（M. Cochran）的《杜威剑桥指南》（*The Cambridge Companion to Dewey*）中的 "Chronology of the Life and Work of John Dewey" 中说实验学校的创立时间是 1894 年，有误。

② 从 1896 年至 1904 年，芝加哥大学实验学校通称"杜威学校"。在杜威 1904 年离开芝加哥大学后，芝加哥大学实验学校继续开办一直到现在。

始终不足，原因是学校收费很低①（梅休，等，2009）⁹，以免羡慕这种教育的低收入父母无力送子女入学。学校成立六个月后，查尔斯·R. 林（C. R. Lin）夫人慷慨捐赠 1200 美元，使学校得以在 1896 年秋季继续开办，延请教师三人。学校经费多来自忠实的家长和朋友们的捐赠（梅休，等，2009）⁹。

• 1902 年 3 月 2 日　弗朗西斯·韦兰·帕克（F. W. Parker，1837 年 10 月 9 日出生）去世。帕克上校②是美国进步学校运动（the Progressive School Movement）的先驱（梅南德，2006）²²³。杜威称其为"进步教育之父"。在 1875—1880 年，帕克上校在担任马萨诸塞州昆西市的教育主管时，大力推行自己的教育理念。他发展了一套"昆西方法"（Quincy method）：取消严苛的训练，不再强调死记硬背，代之以进步教育的元素，如小组活动、艺术和科学教学、非形式化的教学法。1880—1883 年，帕克上校任波士顿公立学校的教育主管。1883—1899 年，他转任芝加哥库克县立师范学校的校长。1901 年，芝加哥学院（Chicago Institute，前身即芝加哥库克县立师范学校）与杜威的芝加哥实验学校合并，一起归属芝加哥大学教育学院。帕克上校终其一生都在孜孜不倦地通过改革学校教育来改善儿童的生活，他被称为"儿童的圣骑士"。

• 1904 年　由于杜威与芝加哥大学校长威廉·雷尼·哈珀（W. R. Harper，1856—1906）在实验学校的管理等问题上存在分歧（主要是实验学校是否与帕克领导的实习小学合并及是否让杜威夫人续任实验学校校长等），杜威从芝加哥大学辞职。不久，杜威接受了哥伦比亚大学哲学教授和心理学讲师的职位。

---

① 1901—1902 年学费给付情况如下：4—6 岁的儿童每年 75 美元；较大的仅上午上课的儿童每年 90 美元，下午也上课的儿童每年 105 美元。

② 帕克曾在联邦军队担任过陆军上校，自那以后，他一直保留着这个头衔。

一八九七年

• 1 月 《我的教育信条》首次发表于《学校期刊》。这是杜威奠定其教育理论基础的第一篇论文，杜威后来发展的教育理论体系中的要点，皆已见于此文（吴俊升，1983）[30]。［EW 5：84］［EW 5 中译本：63］

• 1 月 《努力心理学》发表于《哲学评论》。［EW 5：151］［EW 5 中译本：114］

• 4 月 《构成教育基础的伦理原则》发表于《全美赫尔巴特协会第三年鉴》（*The Third Yearbook of the National Herbart Society*）。该文是杜威论述道德教育的开端。（吴俊升，1983）[36]后来该文被杜威修订成《教育中的道德原则》（1909）一书。［EW 5：54］［EW 5 中译本：41］［EW 5：cxxxiii］

一八九八年

• 1 月 27 日 在学院每日祷告仪式上演讲"宗教中想象力的作用（反思和选择材料的呈现）"。

• 7—8 月 夏季学期，在哲学与教育学系开设暑期讲座，讲座主题为"教育改革中的社会因素"。

• 秋季学期，杜威讲哲学课程。

• 12 月 28—30 日 在哥伦比亚大学召开的美国心理学协会（American Psychological Association）大会上当选为主席。

一八九九年

• 3 月 13 日 杜威的母亲卢西娜在芝加哥去世。

• 4 月 在位于芝加哥的幼儿教育学院的心理学院做题为"与早期教育有关的游戏和想象力"的演讲。

• 8 月 8—29 日 在檀香山中学开讲大学拓展教育系列讲座，总主题为"儿童的生活"。各次讲座的主题分别是："拓展系统的优势"（8 月 8 日、15 日）、"儿童期，游戏，想象力"（8 月 18 日）、"儿童晚期，兴趣和注意力"（ 8 月 22 日）、"青春期与情感"（8 月 25 日）、"成长的一般原则"（8 月 29 日）。

● 9 月 2—8 日　在檀香山中学开讲大学拓展教育系列讲座，总主题为"19 世纪的思想运动"。各次讲座的主题分别是："19 世纪的思想"（9 月 2 日）、"歌德和席勒"（9 月 5 日）、"科学思想的影响"（9 月 8 日）。

● 冬季学期，讲哲学课程。

● 12 月 27—29 日　在纽黑文主持美国心理学协会会议，发表演讲"心理学与社会实践"。[MW 1：131][MW 1 中译本：94]

● 担任美国心理学协会主席。杜威是美国心理学协会的第八任主席，也是该协会的创始会员之一（美国心理学协会创立于 1892 年）。

●《学校与社会：杜威的三次演讲，附一份大学初等学校的陈述》出版。1915 年出版了修订增补版。这三次演讲的目的是为芝加哥实验学校筹款。《学校与社会》也许是杜威最受欢迎（也被翻译得最多）的著作（Brocku，2015）。"在美国教育史上从社会观点论教育，使学校与社会发生密切之关系，此书有开创风气之始功。杜氏之声望因此书之出版而确立。"（吴俊升，1983）[38]

──────── 一九〇〇年 ────────

● 4 月 6—7 日　在埃文斯维尔（Evansville）举办的南印第安纳州教师协会（Southern Indiana Teachers' Association）会议上发表演讲："习惯的形成，或一个教育学上的试验""紧迫的教育问题""想象力在教育中的地位"。

● 4 月 10 日　留任赫尔会所董事，任期延至 1907 年 3 月 30 日。

● 4 月　担任形而上学哲学辞典编辑部的编辑。

● 12 月 27—28 日　在约翰·霍普金斯大学举办的美国心理学协会大

会上，当选为协会理事，任期三年。

- 《逻辑思维的几个阶段》首次发表于《哲学评论》。［MW 1：151］
［MW 1 中译本：107］

一九〇一年

- 2 月 28 日　在全美教育协会校监部（Department of Superintendence of the National Educational Association）演讲"与学习进程有关的情境"。

- 2 月 28 日　当选为全国教育科学研究学会（National Society for the Scientific Study of Education，其前身为赫尔巴特学会）会员。

- 5 月 10—11 日　在加拿大圣·托马斯的教师学院（Teachers' Institute at St. Thomas, Canada）演讲"教育（学校）与日常经验"和"儿童研究"。

- 6 月 17—21 日　在杨百翰学院（Brigham Young Academy）开设讲座。［LW17］

- 12 月 4 日　在芝加哥大学哲学俱乐部演讲"伦理学中的历史方法"。［LW17］

- 开始为詹姆斯·马克斯·鲍德温（J. M. Baldwin）主编的《哲学与心理学辞典》撰写词条。以后各年陆续撰稿，直至全书完成为止。

- 美国留德学生露辛达·P. 博格斯（L. P. Boggs）在留德期间以杜威的教育学说为主题撰写自己的博士学位论文，这是外国大学中以杜威教育学说为主题的第一篇博士学位论文（吴俊升，1983）[41]。

一九〇二年

- 3 月 18 日　在康奈尔大学（Cornell University）的巴恩斯会堂（Barnes Hall）演讲"改变的重要性"。

- 4 月 1 日　被任命为芝加哥大学教育学院（由杜威创立）院长。

- 7 月 10 日　在明尼阿波里斯市（Minneapolis）举办的全美教育协

会大会上做题为"作为社会中心的学校"的演说。

- 12月30日　在华盛顿举办的美国哲学学会和美国心理学学会联合会议上演讲"伦理学中的心理学方法"。

- 《儿童与课程》出版。

- 《教育现状》一书出版。它由三部分组成：1. 关于初等学校；2. 关于中等教育；3. 关于大学教育（Dewey，1902）（吴俊升，1983）⁴²。［MW 1：257］［MW 1 中译本：183］

- 《应用于道德的进化论方法》发表于《哲学评论》。［MW 2：3］［MW 2 中译本：3］

- 担任《初等学校评论》杂志的编辑。

────────── 一九〇三年 ──────────

- 4月14日　退出赫尔会所董事会，被选为咨询委员会委员，任期一年。

- 5月25日　在芝加哥大学举办的"爱默生纪念大会"上宣读论文《爱默生——民主哲学家》。［MW 3：184］［MW 3 中译本：138］

- 与芝加哥大学哲学系同事合著的《逻辑理论研究》出版。这本书是献给威廉·詹姆斯的。正是由于詹姆斯对该书的高度评价，才使得这本书获得了学术界的认可。该书的出版标志着以杜威为首的"芝加哥学派"（the Chicago School）的形成。［MW 2：293］［MW 1：ix］

- 《教育中的民主》首次发表于《小学教师》。［MW 3 中译本：172］

- 《对道德进行科学研究的逻辑条件》首次发表。这篇论文也出现在《逻辑理论研究》一书中。尽管人们在关注《逻辑理论研究》一书时不怎么关注这篇论文，但是，它仍然是杜威思想发展过程中一个重要的（也许是最主要的）里程碑。它展示了杜威所做的最细致的论证，这个论证作为思想基础支撑着杜威的主张：如果人们要对他们的世界获得一定程度的控制，不再依赖偶然性和盲目的制度体制，那么伦理学必须科学化（拉克，

2012)⁴⁻⁵。［MW 3 中译本：3］

- 担任全国教育学院教师学会（National Society of College Teachers of Education）主席，直至 1905 年。

— 一九〇四年 —

- 1 月 7 日　在社会学俱乐部的纪念赫伯特·斯宾塞（H. Spencer）的会议上演讲"斯宾塞对哲学的贡献"。

- 1 月 28 日　在教育学院家长协会（School of Education Parents' Association）的会议上宣读论文《教育学院的重要性》。

- 2 月 24 日　连任全国教育学院教师学会执行委员会委员。

- 3 月 11—29 日　在哥伦比亚大学开讲题为"知识问题"的系列讲座，共讲了 6 次，日期为 3 月 11 日、15 日、18 日、22 日、25 日、29 日。

- 4 月 5 日　从芝加哥大学辞职，7 月 1 日起生效。杜威夫人艾丽斯辞去芝加哥大学实验学校校长一职，10 月 1 日起生效。

- 4 月 28 日　非正式地接受了哥伦比亚大学提供的教职。

- 5 月 2 日　正式被任命为哥伦比亚大学哲学教授，年薪 5000 美元。同时兼任哥伦比亚大学师范学院教授（Hickman，2000）。

- 5 月 24 日　兼任哥伦比亚大学心理学教授，任期是 1905 年 1 月至 6 月 30 日。

- 6 月 9 日　被威斯康星大学（University of Wisconsin）授予名誉法学博士学位。这是杜威获得的第一个荣誉博士学位，此后，他被授予了多个荣誉博士学位。（Dykhuizen，1973）¹⁴⁰

- 7 月 9 日　全家前往欧洲旅行。

- 10 月 24 日　罗伯塔·洛维茨（R. Lowitz）出生于宾夕法尼亚州的石油城。杜威在石油城教书时与她的父亲约书亚·洛维茨（J. Lowitz）结识。她后来成为杜威的第二任妻子。

一九〇五年

- 1月　从欧洲返回美国，到哥伦比亚大学任教。

- 3月13日—5月8日　开设公共讲座："行为心理学的若干问题"和"心理学与自我"（3月13日）；"关于心理学的讲座"（3月20日）；"讨论'行为中的情感'"（3月27日）；"关于理念的讲座"（5月1日）；"关于义务的心理学讲座"（5月8日）。

- 5月7日　在哈佛大学演讲"知识与行动"。

- 12月27日　主持美国心理学协会和美国哲学协会（American Philosophical Association）的联合讨论会，主题是"心理学与哲学及自然科学的密切关系"。

- 12月27—29日　参加在哈佛大学的爱默生礼堂举办的美国哲学协会会议。12月28日发表主席（任期一年）就职演讲，题为"信念与实在"（Beliefs and Realities）。讲稿于1906年3月发表于《哲学评论》，1910年被收入《达尔文在哲学上的影响》一书，标题被改为"信念与存在"（Beliefs and Existence）。对此，杜威的解释是："用'存在'代替'实在'（在最初的标题中），是因为我后来认识到有一种颂扬性的历史含义与'实在'一词相联系（这与本文的观点相反），这影响了本文的阐释，因此有必要使用更加中性的词语。"［MW 3：83］［MW 3中译本：60］

- 《实用主义的实在论》首次发表于《哲学、心理学与科学方法杂志》。［MW 3：153］［MW 3中译本：114］

- 《直接经验主义的预设》发表于《哲学、心理学与科学方法杂志》。［MW 3：158］［MW 3中译本：118］

一九〇六年

- 年初，俄罗斯文学家高尔基（M. Gorky）偕女友安德烈耶娃女士（M. Andreeva）来到美国，为俄国革命运动寻求经济和道德支持。美国上下对高尔基的到来甚为惊恐，一则因为他激进的社会主义言论，二则因为他们得知安德烈耶娃女士并不是高尔基的妻子，认为高尔基的这一做法有伤风化。美国媒体把高尔基描绘成一个无政府主义者、社会主义者和性爱自由论者。波士顿官方不欢迎他来做演讲。罗斯福（T. Roosevelt）总统也宣布不会邀请高尔基及其女友来白宫。甚至各家旅馆也拒绝他们二人入住。在美国公众和媒体防范、攻击高尔基的时候，杜威夫妇却邀请高尔基和安德烈耶娃女士住到他们家中。因为这件事，杜威受到舆论的猛烈攻击，甚至差点丢掉自己的工作。但杜威夫人坚定地支持丈夫的做法，她说，她宁愿让自己和孩子们挨饿，也不愿看到杜威牺牲自己的原则（Dykhuizen，1973）[150-151]。

- 2 月 3 日　在布鲁克林文理学院演讲"当代伦理问题"，共讲了 6 次（连续 6 个周六）。

- 3 月 14 日　在哥伦比亚大学师范学院演讲"教育中的自发活动"。

- 3 月 31 日　在位于安阿伯的密歇根中小学校长俱乐部演讲"教育中的自发活动：它的条件和障碍"。

- 10 月 22 日　在位于布鲁克林的普拉特学院（Pratt Institute）的师范部（Normal Department）做演讲，一共六次，持续到 1907 年 1 月 21 日。演讲的主题是"教育哲学"，具体包括"教育中的目的""作为一个社会机构的学校""课程哲学""课程的不同分支""教学和规训的类型和方法"等。

- 11 月　露西和简就读于伦理文化学校（Ethical Culture School）。

- 11 月　为约翰·霍普金斯大学的研究生开设关于希腊哲学的讲座，持续到 1907 年 1 月。

- 在哥伦比亚大学师范学院的贺拉斯·曼学院对艺术和手工训练教师演讲"教育中的文化和工业"。

一九〇七年

- 4 月　在纽约科学院（New York Academy of Sciences）演讲"知识与判断"。

- 10 月 21 日　在哲学俱乐部参与有关"形而上学与伦理学的关系"的讨论。

- 12 月 8 日　在威尔克斯－巴里（Wilkes-Barre）的大学俱乐部演讲"作为当代科学伦理的批评者的易卜生"。

- 12 月 9 日　在伊利诺伊大学（University of Illinois）的教育学院演讲"哲学与教育理论的关系"。具体探讨的问题有："哲学问题与教育问题的主要接触点""个别与普遍，或个人与社会""在现代教育实践中个人与社会的关系""教育中文化与自然的对立"。

一九〇八年

- 2 月 13 日　《实用主义所说的"实践"是什么意思》发表于《哲学、心理学与科学方法杂志》（Levine，2001）。［MW 4：98］［MW 4 中译本：76］

- 4 月 21 日　在费城参加教师大会，做了两次关于"教学心理学"的演讲。

- 12 月　在纽约哲学俱乐部演讲"善、自然与智慧：一场对话"。

- 12 月　《实用主义对教育的影响》发表于《教育进步杂志》。［MW 4：178］［MW 4 中译本：142］

- 与詹姆斯·海登·塔夫茨（J. H. Tufts）合著的《伦理学》出版。此书于 1932 年修订再版。塔夫茨与杜威是多年的同事，在密歇根大学共事 2 年（1889—1891），在芝加哥大学共事 10 年（1894—1904）（Stevenson，1978）[ix]。［MW 5］［LW 7］

一九〇九年

- 2 月 12 日　全国有色人种促进协会（the National Association for the Advancement of Colored People）始创。杜威是创始会员。该协会目前仍存在（Naacp，2015）。
- 《达尔文对哲学的影响》发表于《通俗科学月刊》。［MW 4：3］［MW 4 中译本：3］
- 《教育中的道德原则》一书出版。
- 被选为美国科学促进协会（American Association for the Advancement of Science）的副主席（Dykhuizen，1973）[140]。

一九一〇年

- 4 月 1 日　被母校佛蒙特大学授予名誉法学博士学位（Levine，2001）（Dykhuizen，1973）[140]。
- 8 月 26 日　威廉·詹姆斯去世。詹姆斯生于 1842 年，拉尔夫·瓦尔多·爱默生是他的教父。
- 12 月 6—9 日　在宾夕法尼亚大学（University of Pennsylvania）由乔治·莱布·哈里森基金会（George Leib Harrison Foundation）赞助的讲座中做关于"真理问题"的系列演讲。12 月 6 日的讲座标题是"为什么真理是一个问题"；12 月 8 日的讲座标题是"真理与后果"或"作为真理标志的一致、连贯性和共同序列"；12 月 9 日的讲座标题是"客观真理"或"作为客观性的真理"（Levine，2001）。
- 《我们如何思维》出版。1933 年修订再版（Rorty，1986）[ix]。
- 《达尔文对哲学的影响及关于当代思想的其他论文》一书出版（Kaplan，1989）[viii]。［MW 4：3］［MW 4 中译本：3］

一九一一年

- 开始为保罗·摩尔（P. Moore）主编的《教育百科全书》（*A Cyclo-*

pedia of Education）撰写词条。以后持续撰写直到全书完成为止（吴俊升，1983）[53]。

• 杜威在芝加哥大学的同事和挚友艾拉·弗拉格·扬被选为全美教育协会主席。杜威致辞祝贺。

────── 一九一二年 ──────

• 8月8日　杜威向哥伦比亚大学的暑期学生发表有关女性选举权的演讲。当时一则媒体报道说，由于听讲人数太多，很多人根本没法挤进教室。杜威在演讲中说，只要女性被剥夺了选举权，她们就被排除在完全的公民身份之外，而这种公民身份是内在精神优雅的外部标志（Dykhuizen，1973）[150]。除了发表演讲赞成女性选举权，他还参加了妇女争取选举权的游行示威。曾因误举一面写着"男人可以选举，何以我不可以？"的旗帜而被传为笑谈（吴俊升，1983）[54]。

• 12月　在新泽西州的恩格尔伍德时事俱乐部发表题为"女性的选举权"的演讲（Dykhuizen，1973）[150]。

────── 一九一三年 ──────

•《教育中的兴趣与努力》出版。这本书是前著《与意志训练相关的兴趣》（1896年）和《努力心理学》（1897年）的合并修订版（吴俊升，1983）[54]。［MW 7：151］［MW 7中译本：115］

• 被授予密歇根大学名誉法学博士学位（Levine，2001）。（Dykhuizen，1973）[140]

• 纽约教师联盟（Teachers League of New York）成立，杜威予以支持。

• 担任国家幼儿园协会（National Kindergarten Association）主席（Cochran，2010）[xvii]。任期一年。

一九一四年

- 4 月 19 日　查尔斯·桑德斯·皮尔斯去世。（The Editors of Encyclopædia Britannica, 2014）

- 6 月 28 日　奥匈帝国的皇太子弗朗茨·斐迪南大公（A. F. Ferdinand of Austria）及其夫人在萨拉热窝遇刺（萨拉热窝事件），导致第一次世界大战爆发（基根，2014）[40-41]。

- 7 月 28 日　奥匈帝国对塞尔维亚宣战，第一次世界大战正式爆发。（基根，2014）[49]

- 冬季，在联合学院（Union College）做为期八周的系列演讲，该讲座由伊卡博德·斯宾塞基金会（Ichabod Spencer Foundation）赞助，讲座的总论题为"社会行为心理学"（Dykhuizen，1973）[148]。

- 被任命为美国大学教授协会①（American Association of University Professors）筹备委员会主席。

一九一五年

- 2 月　在北卡罗来纳大学（University of North Carolina）开设系列讲座，主题为"德国的哲学与政治"。［MW 8：135］［MW 8 中译本：103］

- 9 月　胡适开始就读于哥伦比亚大学哲学系研究部，师从杜威。他的博士学位论文为《先秦名学史》（胡适，1992）[95]（胡适，1986）[94]。

- 与女儿伊夫琳·杜威合著的《明日之学校》一书出版。［MW 8：205］［MW 8 中译本：163］

- 与亚瑟·O. 洛夫乔伊（A.O. Lovejoy）等共同创立美国大学教授

---

① 这个协会至今仍存在，拥有来自美国 500 多所大学的约 47000 名成员，下设 39 个州组织。现任主席为鲁迪·菲希滕鲍姆（R. Fichtenbaum）。

协会，并被选为第一任主席（吴俊升，1983）[56]。协会的宗旨是保障学术自由和维护大学教授的正当权益。

- 被母校约翰·霍普金斯大学授予名誉法学博士学位。

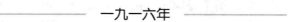

一九一六年

- 《民主主义与教育》（*Democracy and Education：An Introduction to the Philosophy of Education*）出版。这是杜威的教育名著。［MW 1：xix］［MW 9 中译本］
- 《实验逻辑论文集》出版。［MW 10 中译本：261］
- 《力量、暴力和法律》首次发表于《新共和》。［MW 10：211］［MW 10 中译本：171］
- 《论理解德国精神》首次发表于《大西洋月刊》。［MW 10：216］［MW 10 中译本：175］
- 《力量和强迫》首次发表于《国际伦理学学刊》。［MW 10：244］［MW 10 中译本：197］
- 参与创立纽约市第一个教师协会（单中惠，2009）[438]。

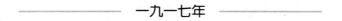

一九一七年

- 2 月 20 日　在纽约巴尔特摩酒店举行的公共教育协会大会上发表演讲，题为"学会谋生：职业教育在公共教育综合方案中的位置"（Levine，2001）。［MW 10：144］［MW 10 中译本：114］
- 4 月 6 日　美国正式对德国宣战，参加第一次世界大战。此后美国坚持参战至 1918 年 11 月 11 日第一次世界大战结束（基根，2014）[305]（Dykhuizen，1973）[152]。
- 8 月 30 日　《二元性和二元论》首次发表于《哲学、心理学与科学方法杂志》（Levine，2001）。［MW 10：64］［MW 10 中译本：49］
- 《哲学复兴的需要》首次发表。［MW 10：3］［MW 10 中译本：3］

- 约翰·杜威、艾迪生·W. 摩尔（A. W. Moore）、哈罗德·查普曼·布朗（H. C. Brown）、乔治·H. 米德（G. H. Mead）、博伊德·H. 博德（B. H. Bode）、亨利·瓦德格拉夫·斯图尔特（H. W. Stuart）、詹姆斯·H. 塔夫茨和贺拉斯·梅耶·卡伦（H. M. Kallen）合著的《创造性的智慧：实用主义态度论文集》（*Creative Intelligence*：*Essays in the Pragmatic Attitude*）一书出版。

- 被伊利诺伊大学授予名誉法学博士学位。

一九一八年

- 1 月 8 日　威尔逊总统在一个参、众两院的联席会议上宣布了他那著名的"十四点原则"（Fourteen Points）。他的演说为第一次世界大战的结束奠定了基础（基根，2014）[358]。

- 11 月 29 日　在加利福尼亚大学（University of California）哲学协会演讲"哲学与民主"。[MW 11：41][MW 11 中译本：36]

- 从哥伦比亚大学休假，前半个冬天在加利福尼亚大学开讲座。随后便与夫人艾丽斯去了日本和中国（Deweycenter，2015）。

一九一九年

- 2 月 9 日　杜威偕夫人访问日本。这原本是一次纯粹消遣的旅游，后来在一些大学和研究机构的热情邀请下，他才开始讲学（关松林，2008）[64]。

- 2 月 25 日—3 月 21 日　在日本东京帝国大学做系列演讲，共八讲，地点为该大学法律楼第 35 号大讲堂。

- 2 月 25 日　演讲"哲学的改造：与哲学的意义相关的观念的混乱"。

- 2 月 28 日　演讲"沉思的知识和主动的知识"。

- 3 月 4 日　演讲"哲学改造的社会原因"。

- 3 月 7 日　演讲"现代科学与哲学改造"。

- 3 月 11 日　演讲"变化了的经验和理性概念"。

- 3 月 14 日　演讲"改造对逻辑的影响"。

- 3 月 18 日　演讲"改造对伦理和教育的影响"。

- 3 月 21 日　演讲"改造对社会哲学的影响"。

- 4 月　北京大学校长蔡元培致电哥伦比亚大学校长巴特勒（N. M. Butler），商聘杜威在北京大学主讲一年。

- 4 月 4 日[①]　进步主义教育协会（the Progressive Education Association）成立，其宗旨是"改革美国的整个学校系统"（张斌贤，2014）。

- 4 月 30 日[②]　下午，杜威与夫人艾丽斯乘坐日本客轮"熊野丸"号抵达上海港口。胡适、蒋梦麟、陶行知等几位昔日的弟子在码头迎候（黎洁华，1985）（王剑，2003）（元青，2001）（Levine，2001）（吴俊升，1983）[61]。

- 5 月 3—4 日　在江苏省教育会演讲"平民主义之教育"，蒋梦麟翻译。这是杜威在中国的第一次演讲。

- 5 月 4 日　五四运动爆发。

- 5 月 7 日　在浙江省教育会演讲"平民教育之真谛"，郑宗海翻译。

- 5 月 8 日　杜威夫人在浙江省教育会演讲"女子教育新义"，张天祚翻译。

- 5 月 12 日　由胡适、蒋梦麟陪同，与孙中山共进晚餐。席间，孙中山与之讨论"知难行易"问题（袁刚，孙家祥，任丙强，2004）[772]。

- 5 月 18 日、19 日、21 日、24—26 日在南京高等师范学校演讲（讲题不详），陶知行翻译。

---

① 另一说是 3 月 15 日。

② 吴俊升的杜威年谱称杜威达到上海的时间为 5 月 1 日；乔治·戴奎真（G. Dykhuizen，1973）和杰伊·马丁（J. Martin，2002）的《杜威传》、黎洁华和单中惠编的杜威年表、元青和王剑都称杜威抵达上海的确切时间为 4 月 30 日。经考证，本年谱采用后者。另，本年谱中关于杜威在华活动的记录得益于黎洁华的《杜威在华活动年表》甚多，特此致谢。

- 5 月 29 日 杜威夫妇到天津。胡适在天津迎候。

- 5 月① 哥伦比亚大学复电，批准杜威请假一年在华讲学。（《晨报》，1919 年 5 月 29 日）

- 6 月 8 日、10 日、12 日 在北京教育部会场演讲"美国民治的发展"，胡适翻译。

- 6 月 17 日、19 日、21 日 在北京美术学校演讲"现代教育的趋势"，胡适翻译。

- 7 月 25 日 女儿露西从美国抵达北京②（张宝贵，2009）[215]。

- 8 月 10 日 应新学会的请求，在北京尚志学校（位于化石桥）演讲"学问的新问题"，胡适翻译。

- 9 月 20 日 每逢星期六在北京大学法科大礼堂演讲"社会哲学与政治哲学"，共计 16 次，1920 年 3 月 6 日结束。胡适翻译。

- 9 月 21 日 每逢星期日上午在北京西单手帕胡同教育部会场演讲"教育哲学"，共计 16 次，1920 年 2 月 2 日结束。胡适翻译。

- 10 月 9 日 在山西太原演讲"世界大战与教育"，胡适翻译。

- 10 月 10 日 在山西太原演讲"品格之养成为教育之无上目的"，胡适翻译。

- 10 月 11 日 在山西太原演讲"教育上的自动"，胡适翻译。

- 10 月 12 日 在山西太原演讲"教育上试验的精神"，胡适翻译。

- 10 月 13 日 在山西太原演讲"高等教育的职务"，胡适翻译。

- 10 月 15 日 从当日起，《伦理讲演纪略》开始陆续发表在《晨

---

① 王清思（J. C. Wang）在她的《杜威在中国》（*John Dewey in China: To Teach and To Learn*）一书中说，其实哥伦比亚大学于 1919 年 4 月 15 日就批准杜威休假一年在中国讲学，这与黎洁华在《杜威在华活动年表》中提供的信息有出入。王清思解释说，不过杜威直到亲自到中国之后才同意在中国待一年，因为他当时认为自己待在中国的前景并不明朗，心中充满疑虑。

② 黎洁华在《杜威在华活动年表》中说，露西是与杜威夫妇于 4 月 30 日一起到上海的（黎洁华，1985a），有误。

报》上。该演讲由胡适翻译。

- 10月19日　北京大学与教育部、尚志学会、新学会为庆祝杜威60岁生日在中央公园①来今雨轩举办寿宴。蔡元培致祝词（祝词后以"杜威与孔子：杜威博士生日祝词"为题发表于《新思潮》）（袁刚，孙家祥，任丙强，2004）[774]（佚名，1919）（黎洁华，1985）。

- 11月14日　在北京大学法科大礼堂演讲"思想之派别"。

- 11月22日　《自治演说》发表（《平民教育》第7号，1919年11月22日），由胡适翻译。

- 12月17日　在北京大学建校22周年纪念会上，应蔡元培校长之请，做题为"大学与民治国舆论的重要"的演说，胡适翻译。

- 12月29日　在济南演讲"新人生观"，胡适翻译。

- 12月　《中国人的国家情感》一文发表于《亚洲》。

- 与历史学家查尔斯·比尔德（C. A. Beard）、经济学家托斯丹·邦德·凡勃伦（T. B. Veblen）、詹姆斯·哈维·罗宾森（J. H. Robinson）、韦斯利·克莱尔·米切尔（W. C. Mitchell）共同在纽约创办社会研究新学院（The New School for Social Research，以下简称新学院）。新学院是在多萝西·潘恩·惠特尼（D. P. Whitney）的资助下成立的，旨在成为一个宣扬进步理念的成人教育机构。1933年，希特勒（A. Hitler）在欧洲清洗犹太人，新学院成立"流亡大学"（University in Exile），旨在为受到纳粹威胁的欧洲学者提供庇护所。心理学家马克斯·韦特海默（M. Wertheimer）、现象学哲学家阿伦·古维奇（A. Gurwitsch）、政治哲学家汉娜·阿伦特（H. Arendt）、列奥·施特劳斯（L. Strauss）和哲学家汉斯·约纳斯（H. Jonas）都与流亡大学有过学术关系。

---

① 《民治主义与现代社会》一书的"杜威在华活动年表"中称生日宴会的举办地点是中山公园，有误，应该是中央公园。北京中山公园的名称几经变更，1914年始辟为中央公园；1928年为纪念孙中山先生改名中山公园；1937年日本占领北平后，改为北平公园，10月后又改成中央公园；1945年抗战胜利后恢复中山公园的名称，沿用至今。

• 简·亚当斯组建女性和平与自由国际联盟（the Women's International League for Peace and Freedom），被选举为首任主席（Brown，2000）。

---------------- 一九二〇年 ----------------

• 1月2日　在天津青年会演讲"真的与假的个人主义"，胡适翻译（袁刚，孙家祥，任丙强，2004）[775]。假的个人主义即为我主义（egoism），真的个人主义即个性主义（individuality）（胡适，1998）。

• 1月20日　在孙中山创办的中国大学演讲"西方思想中之权利观念"，胡适翻译。

• 2月24日　女儿伊夫琳从美国抵达北京（张宝贵，2009）[216]。

• 2月　北京高等师范学校新设教育研究科，以造就专门教育人才为宗旨，请杜威主讲，所授功课以《我们怎样思维》为课本。

• 3月5日　在北京大学法科大礼堂演讲"现代的三个哲学家"，胡适翻译。这个演讲是为罗素1920年来中国讲学做预备的，演讲持续到3月底。杜威在演讲中介绍了詹姆斯、柏格森（H. Bergson）和罗素三位哲学家的思想，胡适翻译。

• 4月　在南京高等师范学校演讲"教育哲学""哲学史""试验论理学"，由南京高等师范学校学监刘伯明翻译。

• 5月7—8日　应江苏省教育厅要求，在南京高等师范学校演讲"社会进化之标准""近代教育之趋势""普通教育""教育者之天职"，刘伯明翻译。

• 5月12日　"教育之要素"的讲稿发表于《学灯》（上海《时事新报》副刊），刘伯明翻译。

• 5月18日　在镇江演讲"学生自动之真义"和"教育家之天职"，刘伯明翻译。

• 5月20日　在扬州大舞台演讲"教育与社会进化底关系"和"'自动'底真义"，刘伯明翻译。

- 5 月 25 日　在常州教会恺乐堂演讲"学校与环境"，刘伯明翻译。

- 5 月 26 日　仍在常州，上午演讲"学生自治之真义"，下午演讲"新人生观"，刘伯明翻译。

- 5 月 27 日　在常州的青年社演讲"青年道德之修养"，翻译者不详。"知慧度量法底大纲"的讲稿发表于《觉悟》（上海《民国日报》副刊），译者不详。

- 5 月 29 日　上午在上海第二师范学校演讲"教育者之天职"，下午在中华职业教育社第三届年会上演讲"职业教育之精意义"，均由刘伯明翻译。

- 5 月 30 日　在中华职业教育社演讲"职业教育与劳动问题"，刘伯明翻译。

- 5 月 31 日　上午在上海同济学校（位于吴淞）演讲"专门教育之社会观"，刘伯明翻译。下午在圣约翰大学演讲"科学与人生"，刘伯明翻译①（袁刚，孙家祥，任丙强，2004）[777]。下午，杜威夫人在江苏教育会演讲"男女同学问题"，胡彬夏翻译。

- 6 月 1 日　下午在中华职业学校演讲"新人生观"，晚上在南洋公学演讲"工艺与文化之关系"，均由刘伯明翻译。

- 6 月 2 日　上午在上海沪江大学演讲"国家与学生"，翻译者不详。下午在上海青年会演讲"社会进化"，刘伯明翻译。

- 6 月 3 日　上午在上海浦东中学演讲"公民教育"，下午应江苏省教育会之请在中华职业学校演讲"德谟克拉西之意义"，均由刘伯明翻译。

- 6 月 5 日　在沪江大学所做的演讲"普通教育与职业教育之关系"的讲稿发表于《觉悟》，刘伯明翻译。

- 6 月 6 日　在南通更俗剧场讲演"教育者之责任"，刘伯明翻译。

---

　　①《民治主义与现代社会》一书中称"科学与人生"这场演讲是在江苏省教育会举办的，即排在杜威夫人的演讲之前，在同一个地点进行的。待考证。

"听者二千人，以各校职员学生居多。"

- 6月9日　讲稿"教育与社会之关系"发表于《学灯》，徐守五翻译。

- 6月10日　在杭州运动场讲演厅演讲"小学教育之新趋势"，郑晓沧翻译。杜威夫人演讲"女子教育问题"。

- 6月11日　在杭州公立法政专门学校（位于马坡巷）演讲"社会哲学与政治哲学"和"社会主义与社会进步"，翻译者不详。

- 6月12日　在杭州青年会的屋顶花园演讲"德谟克拉西的真义"，郑晓沧翻译。

- 6月13日　在杭州第一师范学校演讲"德谟克拉西的社会分子应有的性质"，郑宗海翻译。

- 6月14日　应省立第一师范学校之请，在西湖凤舞台演讲"科学与人生之关系"，郑宗海翻译。到会者一千余人。

- 6月　在杭州第一师范学校演讲"造就发动的性质的教育"，翻译者不详。

- 6月17—19日　在徐州演讲"教育的新趋势"和"教材底组织"，刘伯明翻译。

- 6月22—25日　在无锡演讲"试验主义""学生自治""学校与社会""近今世界与教育思潮"，翻译者不详。

- 6月28日　在苏州演讲"教育者底责任"，郑晓沧翻译。

- 6月29日　在苏州演讲"教育与实业"，郑晓沧翻译。

- 6月　在苏州演讲"学校与社会"，郑晓沧翻译。

- 7月9日　"教育行政之目的"的讲稿发表于《觉悟》，由郑晓沧翻译。

- 8月1日　晨报社出版《杜威五大讲演》（包括《社会哲学与政治哲学》《教育哲学》《思想之派别》《现代的三个哲学家》《伦理讲演纪略》）。

● 8 月 18 日　美国宪法《第十九条修正案》（the Nineteenth Amendment）批准给予女性投票权（Deweycenter, 2015）。

● 9 月 16 日　"学生自治的组织"的讲稿发表于《晨报》，郑晓沧翻译。

● 10 月 17 日　北京大学举行第二次荣誉博士授予典礼，授予杜威荣誉哲学博士学位。在授予典礼上，蔡元培直接称杜威为"西方的孔子"。（民国政府教育部中国教育年鉴编审委员会，1934）[26]

● 10 月 26 日　在长沙遵道会演讲"教育哲学"，明德学校教员刘树梅、曾约农等翻译。谭延闿省长亲临会场，并任该日会议主席。

● 10 月 27 日　在长沙第一师范演讲"学生自治"，刘树梅翻译。杜威夫人在长沙第一女校演讲"男女同学"，曾宝孙翻译。

● 10 月 28—29 日　在长沙遵道会演讲"教育哲学"，曾约农翻译。28 日下午，杜威夫人在长沙周南女中学校演讲"美国女子在社会上之地位"，李廉方翻译。29 日上午，杜威夫人继续在该校演讲"男女教育平等"，李镇南翻译。

● 10 月 30 日　上午在长沙第一师范演讲"教员是领袖或指导员"，下午在长沙遵道会演讲"科学与近世文化之关系"，均由曾约农翻译。

● 11 月 1 日　在长沙遵道会演讲"教育哲学"，曾约农翻译。此为杜威在长沙的最后一次演讲。上午，杜威夫人在稻田女校演讲"男女同校问题"。傍晚六时，湖南省教育会举行宴会，招待来湘中外学者罗素、杜威、蔡元培、章太炎等人。会后众人演说，谭延闿省长致感谢词。晚上八时，军、警、学三界在教育会设席为杜威夫妇饯行（袁刚，孙家祥，任丙强，2004）[779]。

在湘期间，在长沙雅礼大学做"讨论学生毁偶像事"的演讲，翻译者不详。杜威夫人在湘期间演讲"美国师范教育的情形"。

● 秋，在北京高等师范学校教育研究科，以《民主主义与教育》为讲义讲授两学期"教育哲学"（直到第二年夏天），无人翻译。当时的学生常道直记下了详细的英文课堂笔记，随后他整理、翻译课堂笔记为《平民主义与教育》一书，1922 年在商务印书馆出版。

- 12 月 1 日　向美国驻中国大使馆递交报告《布尔什维克主义在中国》（张宝贵，2009）[219]。该报告在 1960 年 7 月 22 日由美国国务院解密，首次公开发表于《杜威的新闻书信》（*Dewey Newsletter*）。（杜威，2012）[191]

- 《哲学的改造》出版。这本书是由杜威 1919 年 2—3 月在日本东京帝国大学的演讲稿整理而成的。[MW 12 中译本：61]

- 与夫人艾丽斯合著、由女儿伊夫琳编辑的《寄自中国和日本的书信》一书出版。此书中译本《杜威家书》已由北京师范大学出版社于 2016 年出版。

- 《学潮的结局》首次发表于《新共和》。[MW 12 中译本：18]

- 《山东：从内部看》首次发表于《新共和》。[MW 12：28][MW 12 中译本：23]

- 《中国政治中的新催化剂》首次发表于《亚洲》。[MW 12：41][MW 12 中译本：33]

- 《是什么阻碍了中国》首次发表于《亚洲》。[MW 12：51][MW 12 中译本：41]

- 《中国的噩梦》首次发表于《新共和》。[MW 12：60][MW 12 中译本：48]

- 《中国的政治剧变》首次发表于《新共和》。[MW 12：65][MW 12 中译本：52]

- 《工业中国》首次发表于《新共和》。[MW 12：71][MW 12 中译本：56]

一九二一年

- 3 月 6 日　在北京高等师范学校美术讲演会所做的演讲"论中国美术"的讲稿在《晨报》发表。

- 4 月 13 日　在福州省立第一师范演讲"教育者为社会领袖"，青年会干事王淦和翻译。

- 4 月 14 日　在福州青年会演讲"自动的研究"，翻译者不详。

- 4 月 15 日　在福州尚友堂演讲"民治的意义"，翻译者不详。

- 4 月 20 日　在福州青年会演讲"国民教育与国家之关系"，翻译者不详。

- 4 月 20—22 日　在福建第一中学讲演"自动与自治"，翻译者不详。4 月 22 日是杜威在福建的最后演讲之日。

- 4 月 21 日　在福建省教育会演讲"美国教育会之组织及其影响于社会"，翻译者不详。

- 4 月　在厦门大学做题为"大学的旨趣"的演讲。在福建私立法政学校做"民本政治之根本"的演讲。在福州青年会演讲"教育与实业""习惯与思想"和"天然环境、社会环境与人生之关系"等，翻译者均不详。

- 4 月 28 日　偕夫人及女儿抵达广州。

- 4 月 29 日　在小南门国立高等师范学校礼堂演讲"自动道德之重要原因"，韦珏翻译。听者是高等师范职员学生及各专门学校职员与学生。共千余人，座无隙地。

- 4 月 30 日　在广州教育会礼堂演讲"学校与社会"，翻译者不详。

- 5 月 2 日　在广州教育会礼堂演讲"西洋人对于东洋人之贡献"，翻译者不详。

- 5 月　因须迅速北上，不能久滞广东，不久离粤。当时报纸报道说："百粤人士甚为快憾，百般设法阻止其行，大有扳辕挡路之慨。"

- 5 月 10—11 日　在女子高师所做的演讲"教授青年底教育原理"的讲稿发表于《晨报》。

- 5 月至 7 月　在杜威回国之前，偕夫人第二次到山东济南演讲。所做演讲主要有"教育者的工作""教育之社会的要素""学校科目与社会之关系""学校的行政和组织与社会之关系""教育之心理的要素"和

"学校与社会的关系"等。

● 6月22日　在北京高等师范礼堂演讲"教师职业的现在机会"，翻译者不详。"南游心影"的讲稿发表于上海《民国日报》。此演讲是应北京高等师范学校自治会所请在该校讲的。

● 6月30日　北京大学、男女两高师、尚志学会、新学会五团体于午间在中央公园来今雨轩公饯杜威夫妇及女儿，到会者约80人。席间，五团体各代表范源廉、梁启超、胡适等人均致辞，杜威夫妇及女儿也分别讲了话。杜威希望中国的青年人与年长的人，既要有渴望容纳新思想的精神，又要有实行的精神。

● 7月11日　早晨，杜威乘火车离开北京赴山东①。胡适等到车站送行。王卓然任翻译（袁刚，孙家祥，任丙强，2004）[781]。

● 7月12日　抵达济南，为杜威举行公宴（袁刚，孙家祥，任丙强，2004）[781]。

● 7月13日　到曲阜，并讲演（袁刚，孙家祥，任丙强，2004）[781]。

● 7月17日　回到济南（袁刚，孙家祥，任丙强，2004）[781]。

● 7月18—23日　开始讲演，每天一讲，分六天讲完（袁刚，孙家祥，任丙强，2004）[781]。

● 7月25日　乘火车去青岛②（Levine，2001）。

● 8月2日　离开青岛，乘船去日本神户（Kobe）（王剑，2003）（王剑，2009）（Levine，2001）。杜威此次访华讲学，共在中国停留两年三个月又三天。

● 8月19日　从日本横滨（Yokahama）出发，乘船回国（Levine，2001）。

● 9月　回到纽约。

---

① 黎洁华在她的《杜威在华活动年表》中说杜威7月11日离开北京就直接回国了，有误。
② 《民治主义与现代社会》一书的"杜威在华活动年表"中称杜威是7月24日坐火车去青岛的，有误。

一九二二年

• 《人性与行为：社会心理学导论》出版。该书是由杜威1918年春在斯坦福大学韦斯特纪念基金会（West Memorial Foundation）所做系列演讲的讲稿整理而成的。[MW 14]

• 《实用主义的美国》首次发表于《新共和》。[MW 13：306][MW 13 中译本：265]

• 《作为一种宗教的教育》首次发表于《新共和》。[MW 13：317][MW 13 中译本：276]

• 《作为工程的教育》首次发表于《新共和》。[MW 13：323][MW 13 中译本：281]

• 《作为政治的教育》首次发表于《新共和》。[MW 13：329][MW 13 中译本：286]

• 对沃尔特·李普曼（W. Lippmann）的《公众舆论》（*Public Opinion*）的书评首次发表于《新共和》。杜威与李普曼对公众的看法大相径庭。[MW 13：337][MW 13 中译本：293]

一九二三年

• 5月16—23日　参加在华盛顿举办的社会工作全国会议（National Conference of Social Work），演讲"学校作为发展儿童社会意识和社会理想的手段"。讲稿后来发表于《社会力量杂志》。[MW 15：150][MW 15 中译本：125]

• 9月25日　女儿露西·杜威与沃尔夫冈·卡尔·布兰道尔（W. C. Brandauer）结婚。

• 10月　当选为外交政策协会执行委员会（Executive Committee, Foreign Policy Association）成员。

• 参加在哥伦比亚大学举行的美国哲学学会年会，并在该会组织的卡鲁斯讲座上做演讲（单中惠，2009）⁴³⁸⁻⁴³⁹。

- 对罗素的《中国问题》一书的书评《中国与西方》发表于《日晷》。［MW 15：215］［MW 15 中译本：179］

一九二四年

- 4 月 2 日　将罗素引介给哥伦比亚大学文理学部（Institute of Arts and Sciences）。

- 5 月 24 日　女儿简·杜威与约翰·奥尔斯顿·克拉克（J. A. Clark）结婚。他们后来离婚了。

- 6 月　在土耳其政府的邀请下，杜威偕夫人访问土耳其三个多月，为其教育制度改革建言献策。

- 对《或然性、爱与逻辑：哲学论文》一书的书评首次发表于《新共和》。［MW 15：226］［MW 15 中译本：190］

- 对《意义的意义：关于语言对思想影响的研究，以及对符号学的研究》一书的书评首次发表于《新共和》。［MW 15：223］［MW 15 中译本：187］

- 《康德诞辰两百年祭》首次发表于《新共和》。［MW 15：8］［MW 15 中译本：8］

- 《逻辑方法与法律》首次发表于《哲学评论》，随后又发表于《康奈尔法律季刊》。［MW 15：65］［MW 15 中译本：55］

一九二五年

- 2 月 27 日　在麻省理工学院（Massachusetts Institute of Technology）开设讲座，讲座主题是"一种对现代人而言可行的哲学"。

- 3 月 19 日　在巴恩斯基金会（Barnes Foundation）做捐赠演讲。［LW 2：387］

- 11 月 11 日　《中国是一个国家还是一个市场?》发表于《新共

和》。[LW 2：181]

● 12 月 2 日　对李普曼的《幻影公众》（*The Phantom Public*）的书评《实践民主》发表于《新共和》。杜威赞同该书深刻的分析，但批评李普曼将局内人与局外人截然分开的观点（克雷明，2002）[206]。[LW 2：213]

● 《经验与自然》一书出版。[MW 1：xi]

● 乔治·桑塔亚那（G. Santayana）的《杜威的自然主义形而上学》首次发表于《哲学杂志》。杜威对此文的回应可参见《"半心半意的自然主义"》。[LW 3：73-81][LW 3：367]

● 《美国实用主义的发展》首次发表在由哥伦比亚大学哲学系编辑的《观念史研究》（*Studies in the History of Ideas*）一书中。[LW 2：3]

● 《柏拉图的"苏格拉底对话"》首次发表于《观念史研究》。[LW 2：124]

── 一九二六年 ──

● 5 月　《我们应该像国家对国家那样与中国打交道》发表于《中国学生月刊》。[LW 2：185]

● 7 月 5 日—8 月 21 日　赴墨西哥考察教育，参观墨西哥国立大学（Mexican National University）和暑期学校。

● 9 月 13 日　被任命为美国哲学协会东部分会的提名委员会（Nominating Committee of Eastern Division of American Philosophical Association）委员。

● 9 月 13—17 日　弗兰克·梯利（F. Thilly）在第六届国际哲学会议上宣读论文《当代美国哲学》。[LW 3：385][LW 3 中译本：301]

● 9 月 15 日　在哈佛大学举办的第六届国际哲学会议（the Sixth International Congress of Philosophy）上做题为"哲学与文明"的演讲。讲稿发表于《哲学评论》。[LW 3：3][LW 3 中译本：3]

• 10 月 27 日　杜威的弟弟查尔斯・迈纳・杜威去世（Levine，2001）。

• 与艾伯特・C. 巴恩斯（A. C. Barnes）及一群学生一起前往马德里、巴黎和维也纳参观博物馆（Deweycenter，2015①）。巴恩斯对杜威美学思想的发展有重要影响。

<h2 style="text-align:center">一九二七年</h2>

• 2 月 3 日　《半心半意的自然主义》发表于《哲学杂志》，这是对桑塔亚那的《杜威的自然主义形而上学》和梯利的《当代美国哲学》两篇文章的回应。［LW 3：73，367，385］［LW 3 中译本：53，287，301］

• 3 月 13 日　在孙中山纪念大会上发表演讲（Levine，2001）。

• 7 月 14 日　杜威夫人艾丽斯・奇普曼・杜威因动脉硬化去世（Levine，2001）。

• 11 月 17 日　在纽约医学院第 81 周年年会上（the Eight-First Anniversary Meeting of the New York Academy of Medicine）宣读论文《身与心》。该文于 1928 年首次发表于《纽约医学院公报》及《心理卫生》。［LW 3：25］［LW 3 中译本：19］

•《公众及其问题》一书出版。此书是杜威论述民主问题的专著，也可看作对李普曼的《幻影公众》更深入的回应。

•《中国真正的危机》发表于《新共和》。［LW 3：199］［LW 3 中译本：152］

•《实用主义的默认》首次发表于《新共和》。［LW 3：145］［LW 3 中译本：109］

• 杜威的高足悉尼・胡克（S. Hook）出版《实用主义的形而上学》（*The Metaphysics of Pragmatism*）一书，杜威为其作序（吴俊升，1983）[71]。

---

① 在这份时间表中，巴恩斯的全名被写成"阿尔弗雷德・巴恩斯（A. Barnes）"，有误。

- 冬　苏维埃政府教育部门（the Soviet Commissar of Education）致函美苏文化关系协会（the American Society for Cultural Relations with Russia），邀请一个美国教育工作者代表团访问苏联（Dykhuizen，1973）[235-237]（单中惠，2001）[429-433]。

<hr>

一九二八年

- 3月8日　在进步主义教育协会第八次年会上发表演讲"进步教育与教育科学"，讲稿最初由该协会以小册子的形式发行。这是杜威公开批评进步教育的开端（吴俊升，1983）[72]。

- 5月19日　在长媳伊丽莎白（E. Dewey）（费雷德里克·杜威夫人）的陪同下，乘坐"乔治·华盛顿号"轮船离开纽约。

- 5月27日　抵达英国的朴次茅斯，随后在伦敦、巴黎和柏林等城市参观。

- 7月2日　抵达苏联的列宁格勒，在那里与女儿伊夫琳会合。由于美国教育工作者代表团还没有抵达，因此杜威有自由时间参观列宁格勒的一些博物馆。杜威对博物馆里的收藏品十分感兴趣。

- 7月7日　美国教育工作者代表团抵达列宁格勒，杜威一行加入代表团，杜威任代表团团长（吴俊升，1983）[70]。美国教育工作者代表团是由美苏文化关系协会安排的，访问苏联完全是非官方的，整个旅程的费用由代表团成员自己支付。代表团共有25位成员，除杜威之外，还有杜威的同事、哥伦比亚大学教授卡特尔（J. M. Cattell）、前明尼苏达大学校长科夫曼（L. D. Coffman）教授、卡利顿学院院长考林（D. J. Cowling）教授、国际教育学院院长达根（S. D. Duggan）教授、纽约布鲁克林工艺学院院长科尔比（P. R. Kolbe）教授、十分熟悉俄罗斯文化和文学的作家孔尼茨（J. Kunitz）博士、费城德塞克塞尔学院院长马西森（K. G. Matheson）教授、阿默斯特学院名誉院长奥尔兹（G. D. Olds）以及中小学教师和行政人员等（单中惠，2001）[430]。

255

● 7月7—12日　代表团在列宁格勒访问了一些学校，并到列宁格勒附近参观。杜威本人还访问了设在工厂区的一个由工人自己承办和管理的"大众文化馆"。

● 7月13日　代表团到莫斯科访问，主要访问了一些学校以及教师训练机构、研究中心和莫斯科大学。在莫斯科附近，代表团还参观了儿童夏令营地、暑期幼儿园、流浪儿童教育机构、就业训练中心以及接待科学家和知识分子的疗养院。此外，代表团还参观了莫斯科的博物馆、艺术陈列馆和克里姆林宫，观看了骑马比赛和足球比赛。一个特别重要的事件是，在莫斯科访问期间，杜威一行人参加了由时任苏联对外文化关系学会（the Soviet Society for Cultural Relations with Foreign Countries）会长、托洛茨基（L. Trotsky）的姐姐卡梅诺夫夫人（Mme. Kamenoff）主持的宴会（Dykhuizen, 1973）[237]。由于美国教育工作者代表团访问苏联时学校已经放暑假，因此，杜威与代表团的其他成员都未能看到学校的教学活动情况。

● 11—12月　访苏回国后，杜威在《新共和》连续发表有关苏联之行的六篇系列文章。它们是《列宁格勒给予了我们揭开谜底的钥匙》《一个处于不断变动状态的国家》《创造一个新的世界》《俄罗斯的中小学校今天在做什么》《为新世纪创立新学校》《伟大的实验与未来》。这六篇文章合称为《苏联印象记》（*Impressions of Soviet Russia*）。在《伟大的实验与未来》中，杜威写道："我认为在俄罗斯所发生的变革中最重要的方面不是政治，而是心理和道德方面。"（李申申，王凤英，2007）[136-137, 141]［LW 3：203-250］

● 担任美国进步主义教育协会名誉主席，直至1952年去世为止。［LW 3：257］［LW 3 中译本：196］

● 担任为在美国的中国人提供法律援助的全国委员会（National Committee of Legal Aid to Chinese in America）的主席。

●《中国和大国势力：Ⅱ. 干涉——对民族主义的挑战》首次发表于

《当代历史》。该文是对威廉·克罗泽（W. Crozier）的《中国和大国势力：
Ⅰ. 中国有什么希望?》一文的回应。[LW 3：196，417]

一九二九年

• 5月　担任人民游说团（People's Lobby）主席，直至 1936 年（吴
俊升，1983）[73]。

• 10月11日　《确定性的寻求：关于知行关系的研究》出版。本书
源于杜威在爱丁堡大学（the University of Edinburgh）的吉福德讲座
（Gifford Lecture）所做的系列演讲。从 1929 年 4 月 17 日到 5 月 17 日，杜
威共做了 10 次演讲，每周 2 次。[LW 4：vii－ix]威廉·詹姆斯曾于
1901—1902 年在爱丁堡大学的吉福德讲座做了 20 次关于自然宗教的讲演。
由讲稿整理而成的《宗教经验种种：一项关于人性的研究》一书于 1902
年出版。

• 10月18—19日　举办 70 岁生日庆祝会。庆祝会上的全部致辞和
发言被编辑成一本纪念文集《约翰·杜威，其人与其哲学：在纽约他的
70 岁生日庆祝会上的演讲集》（*John Dewey, the Man and His Philosophy：
Addresses Delivered in New York in Celebration of His Seventieth Birthday*）
（Dykhuizen，1973）[243-245]（库尔茨，2015）[1]（Kurtz，1984）[xi]。

• 被选为独立政治行动联盟（League for Independent Political Action）
的首任主席。独立政治行动联盟在 1936 年罗斯福当选总统以后，退出了
政治舞台。1929—1936 年是杜威参与实际政治行动的高潮时期（吴俊升，
1983）[73]。[LW 5 中译本：272]

• 《教育科学的资源》出版。[LW 5：1][LW 5 中译本：1]

• 《经验与自然》修订版出版，与 1925 年的版本相比，增加了一篇
序言，第一章全部改写（吴俊升，1983）[73]（杜威，2014）[1]（Kurtz，
1984）[xi]。

• 被哥伦比亚大学授予名誉法学博士学位。

• 被英国的圣安德鲁斯大学（University of St. Andrews）授予名誉法学博士学位（吴俊升，1983）[73]。

• 美国开始进入经济大萧条时期。

一九三〇年

• 6月30日　从哥伦比亚大学退休，被任命为驻校名誉退休哲学教授（Dykhuizen，1973）[248]。

• 12月26日　在《纽约时报》上发表了致美国参议员乔治·诺里斯（G. Norris）的公开信，呼吁他离开共和党加入独立政治行动联盟，以组建第三党。[LW 5：444]

• 杜威的自传文章《从绝对主义到实验主义》首次发表于乔治·亚当斯（G. Adams）和威廉·蒙塔古（W. Montague）编的文集《当代美国哲学：个人声明》（Contemporary American Philosophy：Personal Statements）。[LW 5：147]

• 《新旧个人主义》出版。[LW 5：41]　[LW 5 中译本：31]

• 担任工业民主联盟（League for Industrial Democracy）副主席。

• 被法国巴黎大学（University of Paris）授予名誉法学博士学位（吴俊升，1983）[75]。

• 担任城市事务委员会（City Affairs Committee）副主席。

• 担任美国与拉丁美洲文化关系委员会（Committee on Cultural Relations with Latin America）名誉主席（Levine，2001）。

一九三一年

• 1月14日　在乔治·福尔摩斯·豪伊森讲座（the George Holmes Howison Lecture）上演讲"语境与思想"。[LW 6：3]

• 2月10日　被哈佛大学任命为威廉·詹姆斯哲学讲座教授。

• 3月11日　在哈佛大学演讲"摆脱教育混乱的出路"[LW 6：75]。

● 3 月 21 日　在哈佛教师协会（the Harvard Teachers Association）演讲"鉴赏与教化"。[LW 6：112]

● 4 月 26 日　乔治·赫伯特·米德（G. H. Mead）去世。米德和杜威以及同事塔夫茨、詹姆斯·R. 安杰尔（J. R. Angell）和爱德华·斯克里布纳·艾姆斯（E. S. Ames）是实用主义的芝加哥学派的核心成员（Deweycenter, 2015）。米德是社会心理学的创始人之一，也是符号互动理论（symbolic interactionism）的早期创建者之一。他对杜威的影响几乎可与威廉·詹姆斯比肩。杜威与米德不仅是同事、挚友，而且他们的家庭比邻而居 15 年，关系十分融洽。[LW 6 中译本：19]

● 4 月 30 日　在芝加哥举行的米德的追悼仪式上宣读悼文《我所认识的乔治·赫伯特·米德》。杜威在悼文中说："他的思想具有深刻的原创性……我极不愿意想象的是，如果我没有从他那里吸收种种富有成效的想法，我自己的思想可能会是什么样子。"[LW 6：22-28][LW 6 中译本：19-24]

● 10 月 27 日　杜威在位于宾夕法尼亚州兰开斯特（Lancaster）的富兰克林与马歇尔学院（Franklin and Marshall College）接受歌德文学学会（Goethean Literary Society）授予的荣誉会员资格。

● 11 月 4 日　威廉·恩格尔（W. Engle）采访杜威的访谈稿《70 岁设立新目标》发表于《纽约世界电讯报》。恩格尔在访谈稿中称杜威为"美国最为杰出的哲学家"。恩格尔说，杜威想创立第三党的原因是"政党比任何堪称所谓领袖的人影响大得多""除了创立新政党，我不对美国政治生活的健全性和实在性抱有什么希望"。[LW 6：403-407][LW 6 中译本：343-347]

● 12 月 28 日　美国科学促进协会（American Association for the Advancement of Science）在新奥尔良举行会议。杜威在会上宣读论文《高等教育和研究中的政治干预》。[LW 6：118][LW 6 中译本：99]

● 担任失业问题人民游说联合委员会（People's Lobby Joint

Committee on Unemployment）主席。

- 担任全美互惠联盟（All America Reciprocity Union）副主席。
- 成为美国民权同盟全国劳工法令委员会（American Civil Liberties Union National Committee on Labor Injunctions）会员。
- 杜威的孙女夭折。

------------ 一九三二年 ------------

- 5 月 19 日　参加在华盛顿举办的全国有色人种促进会（National Association for the Advancement of Colored People）第 23 届年会，并发言。［LW 6：224］［LW 6 中译本：185］
- 6 月 29 日　当选为全国教育协会（National Education Association）终身名誉主席。
- 7 月 9—10 日　独立政治行动联盟举行第三届年会。杜威于 7 月 9 日在会上演讲"民主站在失业者一边"。［LW 6：239］［LW 6 中译本：197］
- 10 月 17 日　在美国儿童研究协会（Child Study Association of America）大会上演讲"自由与灌输"。
- 被哈佛大学授予荣誉法学博士学位。
- 担任亨利·乔治社会科学学院（Henry George School of Social Science）名誉院长（Levine, 2001）。
- 与塔夫茨合著的《伦理学》修订重版。

------------ 一九三三年 ------------

- 4 月 19 日　对阿尔弗雷德·诺斯·怀特海（A. N. Whitehead）的《观念的历险》（*Adventures of Ideas*）一书的书评《说服的历险》首次发表于《新共和》。［LW 8：355］
- 5 月 17 日　被优生学协会（Aristogenic Association）评选为最伟大

的十位美国人之一（Levine，2001）。

• 《我们如何思维》修订重版，标题改为《我们如何思维：关于反思性思维与教育性过程之间的关系的重申》。［LW 8：105］［LW 8 中译本：79］

• 富兰克林·D. 罗斯福（F. D. Roosevelt）就任总统。新政（New Deal）出台。

• 与约翰·L. 蔡尔兹（J. L. Childs）合著《教育的根本原理》（*The Underlying Philosophy of Education*），被收入克伯屈主编的《教育边疆》（*The Educational Frontier*），是该书的第九章。［LW 8：77］［LW 8 中译本：59］

• 杜威参与签署"人文主义宣言"（A Humanist Manifesto，后来称为"人文主义宣言Ⅰ"）①。本次"人文主义宣言"的主题是宗教，提倡"宗教人文主义"（religious humanism），反对传统的宗教绝对主义，由罗伊·伍德·塞拉斯（R. W. Sellars）和雷蒙德·布拉格（R. Bragg）起草，共有 34 人签署（Americanhumanist，2015）。

─────── 一九三四年 ───────

• 《艺术即经验》出版。杜威将该书献给艾伯特·C. 巴恩斯。［MW 1：xi］［LW 10］

• 《共同的信仰》出版。［MW 1：xi］

• 在耶鲁大学托里讲座演讲。

• 赴南非考察教育，参加新教育联谊会（New Education Fellowship）在南非开普敦举行的国际教育讨论会。

• 杜威 13 岁的孙子夭折。

────────────

① 到目前为止，共有三个"人文主义宣言"：A Humanist Manifesto（1933，通常被称为 Humanist Manifesto Ⅰ）；Humanist Manifesto Ⅱ（1973）；Humanism and Its Aspirations（2003，即 Humanist Manifesto Ⅲ）。

一九三五年

- 4月16—18日　在弗吉尼亚大学发表主题为"自由主义"的系列演讲，该讲座由佩奇-巴伯尔基金会（Page-Barbour Foundation）赞助。第一讲主题为"自由主义：它的历史发展"；第二讲主题为"自由主义：它的含义"；第三讲主题为"自由主义：它的未来"。后以《自由主义与社会行动》为书名出版，并注明为纪念简·亚当斯而作。[LW 11：1]［LW 11 中译本：1]

- 4月29日　在达特茅斯举办的为期三天的主题为"现代艺术诸议题"的会议上演讲"艺术在当代社会中的功能"。

- 6月　被选为农工政治联盟（Farmer Labor Political Federation）名誉主席。

- 11月1—4日　在克利夫兰艺术博物馆做题为"艺术在当前社会中的地位"的系列演讲。

- 杜威学会（the John Dewey Society）成立。学会最初的名称是"致力于社会方面的教育研究协会"（the Association for the Study of Education in Its Social Aspects），1936 年初才改名为"杜威学会"。它目前仍存在。

- 成为政治犯国际委员会（International Committee for Political Prisoners）成员。

- 担任全国自治委员会联合理事会（National Self Government Committee，Associate Council）成员，直至 1952 年去世。

- 担任工业民主联盟（League for Industrial Democracy）副主席。

一九三六年

- 1月14日　在无线电台做广播演讲"教育与新的社会理想"。[LW 11：167]

- 2月23日　《一个自由主义者为自由主义辩护》发表于《纽约时

报杂志》。［LW 11：282］

● 3 月 12 日　当选为人文主义出版协会（the Humanist Press Association）名誉会员。

● 3 月　《学术自由的社会意义》发表于《社会边疆》的"杜威专栏"。［LW 11：376］

● 5 月 7 日　《个性特征与人物角色：种类与等级》发表于《哲学杂志》。［LW 11：95］

● 7 月 7 日、9 日　在位于洛根（Logan）的犹他州农学院（Utah State Agricultural College）演讲"学习哲学"。

● 9 月 4 日　在哈佛大学文理学部 300 周年庆典上演讲"权威与社会变革"。［LW 11：130］［LW 11 中译本：100］

● 10 月 16 日　在安迪亚克学院（Antioch College）举办的贺拉斯·曼百年纪念大会做开幕演讲"教育，社会组织的基础"。讲稿后来被收入《为民主而教：一次研讨会》一书中。［LW 11：226］［LW 11 中译本：175］

● 11 月 13 日　在纽约举办的进步主义教育协会东部地区会议演讲"民主对教育的挑战"。［LW 11：181］［LW 11 中译本：140］

● 12 月 9 日　在社会研究新学院对贺拉斯·梅耶·卡伦所做的演讲"实用主义对社会科学来说意味着什么"发表评论。［LW 11：563］［LW 11 中译本：439］

● 12 月 29 日　在美国哲学协会东部分会怀特海哲学研讨会上宣读论文《怀特海的哲学》。［LW 11：146］［LW 11 中译本：111］

● 对罗素的《宗教与科学》的书评《宗教、科学与哲学》发表于《南部评论》。［LW 11：454］

─────── 一九三七年 ───────

● 2 月 21 日　赴新奥尔良，在杜威学会发表演讲"教育与社会变迁"。

• 2 月 22 日　被全美教育协会校监部授予终身荣誉会员资格证书，在校监部大会上演讲 "民主与教育管理"。［LW 11：217］［LW 11 中译本：168］

• 4 月 10—17 日　托洛茨基（L. Trotsky）被苏联法庭指控策划反对斯大林的暴动，被缺席判处死刑。1937 年 3 月，美国托洛茨基 案调查委员会（Commission on Inquiry into the Charges Made against Leon Trotsky in the Moscow Trials，也被称为 "杜威委员会"）成立。杜威作为调查委员会名誉主席，赴墨西哥主持听证会（听证会召开时间是 1937 年 4 月 10—17 日）。调查结果是莫斯科的指控不成立，托洛茨基无罪。这一事件是杜威一生中经历的最具冲击性的事件之一（吴俊升，1983）[70]（Levine，2001）（Anonymity，1952）。

• 12 月　被选为艺术与教育友谊会（Friends of Art and Education）名誉主席。

• 《托洛茨基案》一书出版。［LW 11：306］

• 与克伯屈等合著的《教师与社会》出版。此为杜威学会的第一次年报（吴俊升，1983）[84]。

• 杜威支持 "中立法案" （Neutrality Act），认为战争会延误社会改革。

• 任美国俄罗斯研究部董事会（Board of Directors，American Russian Institute）成员。

• 担任西班牙民主美国友谊会（American Friends of Spanish Democracy）主席，任期一年，致力于寻求西班牙和美国民主合作的共同基础。

• 成为合作读书俱乐部（Cooperative Book Club）全国咨询委员会（National Advisory Committee）成员。

• 杜威与博德、克伯屈合著的《积极的、有弹性的人格》作为《社会经济目标对于教育的意义：美国社会经济目标委员会报告》第五章出版。［LW 11：548］［LW 11 中译本：428］

一九三八年

- 1月 《为墨西哥听证会辩护》一文发表于《常识》。［LW 13：347］［LW 13 中译本：292］
- 《逻辑：探究的理论》出版。［LW 12］
- 《经验与教育》出版。［LW 13：1-62］［LW 13 中译本：1-48］
- 与苏珊娜·拉福莱特（S. LaFollette）、本杰明·斯托尔伯格（B. Stolberg）合著的《无罪：托洛茨基案调查委员会报告》出版。
- 辞去哥伦比亚大学驻校名誉退休教授，仅任名誉教授。其区别在于名誉教授只有退休金，没有正规薪金（吴俊升，1983）[85]。
- 成为反纳粹文学美国委员会（American Committee for Anti-Nazi Literature）的发起人。

一九三九年

- 1月31日 呼吁解除对西班牙民主政府的禁运。
- 6月1日 再次当选为位于北卡罗来纳州的黑山学院（Black Mountain College）咨询委员会成员。杜威的思想对黑山学院有很大影响。黑山学院是一所实验学院，致力于跨学科研究。它也是"黑山诗人"（Black Mountain Poets）的据点。"黑山诗人"是一群先锋派诗人（avant-garde poets），他们与"垮掉的一代"（the Beat Generation）和"旧金山文艺复兴"（the San Francisco Renaissance）密切相关。
- 6月14日 悉尼·胡克等人创立文化自由委员会（the Committee for Cultural Freedom），杜威担任首任主席（吴俊升，1983）[89]。［LW 14］
- 9月 德国对波兰发动侵略战争，宣告"绥靖政策"彻底破产。英法两国被迫对德宣战，第二次世界大战爆发（基根，2015）[34]。
- 10月20日 举办80岁生日晚宴。在晚宴上，贺拉斯·梅耶·卡伦（Horace M. Kallen）代替杜威宣读致辞"创造性的民主——摆在我们面前的任务"，后该致辞发表于《约翰·杜威与美国的承诺》《进步教育小册子》（1939）。驻纽约中国总领事代表中国政府在杜威 80 寿辰时授予其"采玉勋章"。同时受勋者还有哥伦比亚大学校长默里·巴特（M. Butter），意在答谢哥伦比亚大学对中国教育的贡献（吴俊升，1983）[88]。[LW 14 中译本：163]

● 10 月　成为保护在国外出生者美国委员会（American Committee for Protection of Foreign Born）会员。

● 12 月 28 日　美国哲学协会为纪念杜威 80 寿辰，在哥伦比亚大学举办题为"杜威的经验与自然概念"研讨会，杜威在研讨会上做题为"经验中的自然"的发言，该发言是对莫里斯·科恩（M. Cohen）和威廉·欧内斯特·霍金（W. O. Hawking）所做发言的回应。[LW 14 中译本：104]

● 《评价理论》发表于《国际统一科学百科全书》第二卷。[LW 13]

● 《自由与文化》出版。[MW 7：xxii]

● 由简·杜威编辑的《约翰·杜威传》发表于由保罗·亚瑟·席尔普（P. A. Schilpp）主编的《约翰·杜威的哲学》一书。这篇传记是杜威本人提供材料，由简、伊夫琳与露西三姐妹共同撰写，最后由简·杜威编辑统稿（McDermott，1973）[xv-xvi, xxxi]。

● 担任工业民主联盟（League for Industrial Democracy）主席。

● 杜威改变了他对战争的看法，开始意识到极权主义（totalitarianism）对欧洲民主制度的存活是一个致命的威胁（Deweycenter，2015）。

───── 一九四〇年 ─────

● 1 月 24 日　巴恩斯基金会决议，每年给杜威发放年金 5000 元，按季度平均支付，其目的是保障杜威的生活开销（Levine，2001）。

● 2 月 15 日　《"自由主义"的含义》发表于《民主前沿》。[LW 14 中译本：182]

- 4 月 2 日　担任文化自由委员会名誉主席。
- 6 月 15 日　《罗素案》发表于《国家》（Nation）。［LW 14 中译本：168］
- 罗素因其宗教和婚姻道德观被纽约的宗教界和政界人士起诉，法院判定取消罗素在纽约州立大学获得的聘书，其他地方亦不敢聘请罗素。杜威与怀特海、蒙塔古、柯特·约翰·杜卡斯（C. J. Ducasse）等一同为罗素辩护，为他争取在纽约讲学的权利。

一九四一年

- 7 月　参加新教育联谊会在美国密歇根大学举行的国际教育讨论会，并担任会议主席。
- 9 月 25 日　《现代哲学的客观主义与主观主义》发表于《哲学杂志》。［LW 14 中译本：140］
- 11 月 23 日　在社会研究新学院举办的关于哲学和科学中的方法的会议上提交论文《作为经验主义者的威廉·詹姆斯》，后该文发表于《纪念威廉·詹姆斯，1842—1942》。［LW 15：9］［LW 15 中译本：7］
- 12 月 7 日　日本偷袭珍珠港（Pearl Harbor），美国加入第二次世界大战（米利特，马斯洛斯基，费斯，2014）[339]（基根，2015）[209-210]。
- 与贺拉斯·梅耶·卡伦合编的《罗素案》出版。［LW 14 中译本：265］
- 纽约州教育厅（the New York State Department of Education）批准了一个为期六年的实践杜威哲学的学校教育实验（Anonymity，1952）。
- 《怀特海的哲学》发表于《阿尔弗雷德·怀特海的哲学》（《在世哲学家文库》第三卷，保罗·阿瑟·席尔普编）。［LW 14 中译本：91］

一九四二年

- 1 月 10 日　《威廉·詹姆斯与今日世界》一文在威斯康星大学举

办的詹姆斯百年诞辰纪念大会上由卡尔·博尔戈特（C. Boegholt）代为宣读（杜威本人缺席）。[LW 15：3]

- 1月15日　《心灵如何被认知?》一文发表于《哲学杂志》。[LW 15：27][LW 15 中译本：22]

- 5月18日　在霍林斯学院（Hollins College）的百年纪念会上演讲"自由社会中的宗教与道德"。[LW 15：170][LW 15 中译本：133]

- 8月5日　詹姆斯·海登·塔夫茨去世，享年80岁。（Morris Library，2015）

- 8月31日　小约翰·杜威（Jr. John Dewey）又名路易斯·罗伯特·休谟（L. R. Hume），出生于英国的哈利法克斯市（Halifax）。

- 8月　成为美国美学学会（American Society for Aesthetics）会员。

- 10月8日　在芝加哥大学举行的塔夫茨追悼会上，爱德华·S. 艾姆斯（E. S. Ames）代杜威宣读"对詹姆斯·海登·塔夫茨的颂词"。[LW 15：323][LW 15 中译本：253]

- 12月13日　杜威的第二个哥哥戴维斯·里奇·杜威（D. R. Deway）去世。戴维斯出生于1858年4月7日，是一位知名的经济学家，曾在麻省理工学院任教。

- 完成论述文化自然主义（cultural naturalism）的书稿《非现代哲学与现代哲学》。此书在杜威生前未出版，其手稿一度遗失，直到2000年才被发现（Dewey，2012）[xiv-xvii]。

- 当选为国际救援委员会（International Rescue and Relief Committee）的国家委员会成员（National Committeeman）。

- 当选为公民权利捍卫委员会（Civil Rights Defense Committee）国家委员会委员。

- 赞助工人捍卫联盟（Workers Defense League）。

---------- 一九四三年 ----------

- 1—2 月　《极端的反自然主义》发表于《党派评论》。［LW 15：46］［LW 15 中译本：36］
- 5 月 24 日　在哥白尼逝世 400 周年纪念大会上，被授予哥白尼奖（Copernican Citation），由弗雷德里克·杜威代领。
- 当选为美国国际事务劳工联合会（American Labor Conference on International Affairs）成员。

---------- 一九四四年 ----------

- 5 月 25 日　《通过自然和通过艺术》一文发表于《哲学杂志》。［LW 15：84］
- 5 月 27 日　《民主信仰与教育》发表，这是在纽约的伦理文化学校（Ethical Cultural School）举办的一次关于科学精神与民主信仰的会议上由杰罗姆·内桑森（J. Nathanson）代为宣读的一篇论文。［LW 15：251］［LW 15 中译本：195］
- 进步主义教育协会更名为"美国教育联谊会"（American Education Fellowship），作为西欧新教育联谊会的美国分会（张斌贤，2014）。

---------- 一九四五年 ----------

- 8 月 6 日、9 日　为迫使日本尽快投降，美军分别于 1945 年 8 月 6 日和 8 月 9 日向日本的广岛和长崎各投掷了一枚原子弹。
- 9 月 13 日　《自然主义者是唯物主义者吗?》发表于《哲学杂志》。该文署名是杜威、悉尼·胡克和欧内斯特·纳格尔（E. Nagel）。本文是对威尔莫·亨利·谢尔登（W. H. Sheldon）的论文《自然主义批判》的回应。［LW 15：109，453］［LW 15 中译本：85，364］
- 开始与亚瑟·F. 本特利（A. F. Bentley）合作，其成果就是在

《哲学杂志》上发表的 13 篇论文。本特利于 1932 年给杜威写了一封信，杜威两年半之后回复，从此开始了两人近 20 年的通信（McDermott，1973）[xxi-xxiii]。

─────── 一九四六年 ───────

• 5 月 7 日 接受挪威的奥斯陆大学（University of Oslo）授予的荣誉博士学位（Levine，2001）。

• 9 月 5 日 被宾夕法尼亚大学授予荣誉理学博士学位（Levine，2001）。

• 12 月 11 日 与罗伯塔·洛维茨结婚。洛维茨也是胡适的朋友（江勇振，2012）[308-332]。

• 12 月 24 日 作为发起人创立艺术、科学和专业独立公民委员会（Independent Citizens' Committee of the Arts，Sciences and Professions）。

• 《人的问题》出版。

• 与工人领袖在芝加哥和底特律开会，为 1948 年创立人民党（People's Party）做准备。在底特律会议中，成立了一个国家教育委员会（a National Educational Committee）。会议领导人来自工业组织联合会（the Congress of Industrial Organizations）、美国劳工联合会（the American Federation of Labor）和农民联盟（the Farmers' Unions）（Anonymity，1952）。

• 陶行知去世，杜威致唁电，称赞他为中国教育改造做出了巨大贡献。

─────── 一九四七年 ───────

• 5 月 19 日 再次当选为哲学和科学方法大会名誉主席。

• 11 月 10 日 博伊德·博德因其在教育哲学领域的杰出工作而被授予克伯屈勋章（Kilpatrick Medal）。杜威在颁奖大会上发言。

• 冷战（the Cold War）开始，即第二次世界大战后以美国、北约（North Atlantic Treaty Organization）为主的资本主义集团，与以苏联、华约

（the Warsaw Pact）为主的社会主义集团之间展开政治、军事对立。1946
年3月5日，英国前首相丘吉尔（W. L. Churchill）在美国密苏里州富尔顿
的威斯敏斯特学院（Westminster College）发表"铁幕演说"，拉开了冷战
序幕。1947年美国"杜鲁门主义"出台，标志着冷战正式开始（拉费伯
尔，2014）[35-36, 46-51, 270]。

- 成为反对大规模驱逐委员会（Committee Against Mass Expulsion）
会员。杜威主要反对的是驱逐来自东德的人。

———————— 一九四八年 ————————

- 4月15日　拒绝前往布拉格接受布拉格查尔斯大学（Charles University in Prague）授予的荣誉博士学位（吴俊升，1983）[95]（Levine，2001）。
- 8月14日　在第10届哲学国际会议上，悉尼·胡克代杜威宣读论文《哲学有未来吗？》。［LW 16：358］
- 11月　当选为国际救援委员会（International Rescue and Relief Committee）名誉主席。
- 与洛维茨领养两个孩子：小约翰·杜威（Jr. J. Dewey）和阿德里安娜·杜威（A. Dewey）。

———————— 一九四九年 ————————

- 5月18日　亚伯拉罕·林肯中学（Abraham Lincoln High School）给杜威授奖，由夫人罗伯塔·洛维茨代领。
- 10月20日　杜威90岁生日。在美国，学生和朋友们齐聚，为杜威举办寿宴，宴会地点在纽约的科莫多尔酒店（Commodore Hotel）（Levine，2001），到场者约1500人。杜鲁门总统致贺电，加拿大、英国、法国、荷兰、丹麦、瑞典、以色列、墨西哥、土耳其、日本和印度等国发来贺电（Deweycenter，2015）。［LW 17］

- 与亚瑟·F. 本特利合著《认知和所知》，该书由他们之前在《哲学杂志》上合作发表的 13 篇论文修订而成。[MW 1：x]

一九五〇年

- 《90 岁的约翰·杜威》（*John Dewey at Ninety*）出版，该书为杜威 90 岁寿宴上的祝词与杜威的答复的辑录（吴俊升，1983）[96]。
- 悉尼·胡克主编的祝寿专集《约翰·杜威：科学的和自由的哲学》（*John Dewey：Philosophy of Science and Freedom*）一书出版（吴俊升，1983）[96]。

一九五一年

- 6 月　被耶鲁大学授予荣誉文学博士学位。
- 11 月　因摔倒致臀骨骨折，手术后只能整日在家中休养，除了偶尔到楼顶去晒晒太阳以外，足不出户。
- 游夏威夷。

一九五二年

- 被选为伦理学联盟（Ethical Union）副主席。
- 成为种族平等委员会（Committee of Racial Equality）的咨询委员会（Advisory Committee）成员。
- 为埃尔西·克拉普（E. Clapp）的《教育上资源之运用》写导言，此为杜威最后一篇文章（吴俊升，1983）[97]。
- 6 月 1 日　晚上 7 时，在纽约寓所因肺炎不治逝世。自染病至去世仅 26 小时。据洛维茨说，杜威在逝世前仍在寓所草拟数种著作大纲。杜威的遗体在纽约皇后区中村（Middle Village, Queens, NY.）的新池塘火葬场（Fresh Pond Crematory）火化（吴俊升，1983）[97]（Levine, 2001）（塔利斯，2009）[64]。

参 考 文 献

埃姆斯，2010. 导读［M］//杜威. 杜威全集·早期著作（1882—1898）：第 3 卷（1889—1892）. 上海：华东师范大学出版社.

博伊兹顿，2010. 关于《应用心理学》的说明［M］//杜威. 杜威全集·早期著作（1882—1898）：第 3 卷（1889—1892）. 上海：华东师范大学出版社.

单中惠，2001. 现代教育的探索：杜威与实用主义教育思想［M］. 北京：人民教育出版社.

单中惠，2009. 约翰·杜威生平年表［M］//杜威. 杜威传［M］. 合肥：安徽教育出版社.

德彭西尔，2009. 杜威在芝加哥大学实验学校［M］//杜威. 杜威传. 合肥：安徽教育出版社.

杜兰特，1997. 哲学的故事（下）［M］. 金发燊，等译. 北京：生活·读书·新知三联书店.

杜威，2012. 杜威全集·中期著作（1899—1924）：第 12 卷（1920）［M］. 刘华初，马荣，郑国玉，译. 上海：华东师范大学出版社.

杜威，2014. 经验与自然［M］. 傅统先，译. 北京：商务印书馆.

关松林，2008. 交流与融合：杜威与日本教育［M］. 北京：教育科学出版社.

胡适，1998. 非个人主义的新生活［M］//胡适. 胡适文集：第 2 卷. 北京：北京大学出版社.

基根，2014. 一战史［M］. 张质文，译. 北京：北京大学出版社.

基根，2015. 二战史［M］. 李雯，译. 北京：北京大学出版社.

简·杜威，2009. 约翰·杜威传［M］//杜威. 杜威传［M］. 合肥：安徽教育出版社.

江勇振，2012. 星星·月亮·太阳：胡适的情感世界［M］. 北京：新星出版社.

克雷明，2002. 美国教育史：第 3 卷：城市化时期的历程（1876—1980）［M］. 朱旭东，王保星，张弛，等译. 北京：北京师范大学出版社.

克利巴德，1989. 杜威轶事：杜威与一个意大利男孩［J］. 单中惠，译. 外国教育动态

（5）：55-57.

库尔茨，2015. 导言［M］//杜威. 杜威全集·晚期著作（1925—1953）：第 5 卷（1929—1930）. 上海：华东师范大学出版社.

拉费伯尔，2014. 美国、俄国和冷战［M］. 牛可，翟韬，张静，译. 北京：世界图书出版公司.

拉克，2012. 导言［M］//杜威. 杜威全集·中期著作（1899—1924）：第 3 卷（1903—1906）. 上海：华东师范大学出版社.

黎洁华，1985a. 杜威在华活动年表（上）［J］. 华东师范大学学报（教育科学版）（1）：91-96.

黎洁华，1985b. 杜威在华活动年表（中）［J］. 华东师范大学学报（教育科学版）（2）：85-94.

黎洁华，1985c. 杜威在华活动年表（下）［J］. 华东师范大学学报（教育科学版）（3）：93-96.

李申申，王凤英，2007. 大起大落的命运：杜威在俄罗斯［M］. 北京：新华出版社.

罗蒂，1987. 哲学和自然之镜［M］. 李幼蒸，译. 北京：生活·读书·新知三联书店.

罗素，1959. 社会改造原理［M］. 张师竹，译. 上海：上海人民出版社.

梅南德，2006. 哲学俱乐部：美国观念的故事［M］. 肖凡，鲁帆，译. 南京：江苏人民出版社.

梅休，等，2009. 杜威学校［M］. 王承绪，赵祥麟，赵瑞瑛，等译. 北京：教育科学出版社.

教育部中国教育年鉴编审委员会，1934. 第一次中国教育年鉴·戊编：教育杂录［M］. 上海：开明书店.

米利特，马斯洛斯基，费斯，2014. 美国军事史（1607—2012）［M］. 张淑静，刘向东，许宏，等译. 北京：解放军出版社.

塔利斯，2009. 约翰·杜威是谁［M］//杜威. 杜威传. 合肥：安徽教育出版社.

托马斯，2010. 杜威的艺术、经验与自然理论［M］. 谷红岩，译. 北京：北京大学出版社.

王剑，2003. 胡适与杜威的中国之行［J］. 社会科学研究（1）：120-124.

王剑，2009. "杜威中国之行"若干史实考释［C］. 纪念《教育史研究》创刊 20 周年论文集：32-36.

吴俊升，1983. 增订约翰杜威教授年谱［M］. 台北：台湾商务印书馆.

佚名，1919. 本校纪事：本校与他三团体为杜威博士祝寿记［J］. 北京大学日刊
（466）：2.

袁刚，孙家祥，任丙强，2004. 民治主义与现代社会：杜威在华讲演集［M］. 北京：
北京大学出版社.

元青，2001. 杜威的中国之行及其影响［J］. 近代史研究（2）：130-169.

张宝贵，2009. 实用主义之我见：杜威在中国［M］. 南昌：江西高校出版社.

张斌贤，2014. 话语的竞争：进步主义教育协会史［J］. 高等教育研究（2）：79-80.

Americanhumanist，2015. Humanist manifesto Ⅰ ［EB/OL］. ［2015-06-18］. http：//
americanhumanist. org/Humanism/Humanist_Manifesto_I.

Anonymity，1952. Dr. John Dewey dead at 92；philosopher a noted liberal ［N/OL］. The
New York Times，1952-06-02. http：//www. nytimes. com/learning/general/onthisday/
bday/1020. html.

Appleman P，2001. Darwin ［M］. 3rd Ed. New York：W. W. Norton & Company.

Brocku，2015. A John Dewey source page ［EB/OL］. ［2015 - 06 - 18］. http：//
www. brocku. ca/MeadProject/Dewey/Dewey_1907/Dewey_1907_toc. html.

Brown V B，1999. An Addams chronology ［M］//Addams J. Twenty years at Hull-House.
New York：The MacMillan Company.

Brown V B，2000. American national biography online：Addams，Jane ［EB/OL］. ［2015-10-
08］. http：//anb. org/articles/15/15-00004. html？from=. ./20/20-00289. html&from_nm=
Dewey%2C%20John.

Cochran M，2010. Chronology of the life and work of John Dewey ［M］//Cochran M. The
Cambridge companion to Dewey. Cambridge：Cambridge University Press.

Dewey J，1902. The educational situation ［M/OL］ Chicago：The University of Chicago
Press ［2015-10-08］ . https：//archive. org/stream/educationalsitu00dewegoog#page/
n10/mode/2up.

Dewey J，2012. Unmodern philosophy and modem philosophy ［M］. Carbondale：Southern
Illinois University Press.

Deweycenter, 2015. Dewey timeline with historic benchmarks of humankind's development [EB/OL]. [2015-05-28]. http：//deweycenter. siu. edu/about_ bio. html.

Dykhuizen G, 1973. The life and mind of John Dewey [M]. Carbondale and Edwardsville：Southern Illinois University Press.

Hickman L A, 2000. American national biography online：Dewey, John [EB/OL]. [2015-05-01]. http：//www. anb. org/articles/20/20-00289. html.

Hickman L A, 2001. The correspondence of John Dewey：vol. 1 [M]. 2nd ed. Carbondale and Edwardsville：Southern Illinois University Press.

Hickman L A, 2009. John Dewey：his life and work [M] //Hickman L A, Neubert S, Kersten R. John Dewey between pragmatism and constructivism. New York：Fordham University Press.

Irvine A D, 2015. Stanford encyclopedia of philosophy：Bertrand Russell [EB/OL]. (2015-03-10) [2015-06-10]. http：//plato. stanford. edu/entries/russell/.

Kaplan A, 1989. Introduction [M] //Dewey J. The collected works of John Dewey：the later works (1925-1953)：vol. 10：art as experience, 1934. Carbondale and Edwardsville：Southern Illinois University Press.

Knight L W, 2010. Jane Addams：spirit in action [M]. New York：W. W. Norton & Company.

Kurtz P, 1984. Introduction [M] //Dewey J. The collected works of John Dewey：the later works (1925-1953)：vol. 5：1929—1930. Carbondale and Edwardsville：Southern Illinois University Press.

Levine B, 2001. Chronology of John Dewey's life and work [CD] // Hickman L A. The correspondence of John Dewey：vol. 1：1871－1918. Carbondale and Edwardsville：Southern Illinois University Press.

Martin J, 2002. The education of John Dewey：a biography [M]. New York：Columbia University Press.

McDermott J, 1973. The philosophy of John Dewey：vol. I：the structure of experience [M]. New York：G. P. Putnam's Sons.

Morris L, 2015. John Dewey and colleagues [EB/OL]. [2015－06－30]. http：//libguides. lib. siu. edu/content. php? pid=62918&sid=1110818.

Naacp，2015. 100 years of history［EB/OL］.［2015-06-30］. http：//www. naacp. org/pages/naacp-history.

New World Encyclopedia，2015. Ernst Haeckel［EB/OL］. (2015-01-25)［2015-07-07］. http：//www. newworldencyclopedia. org/entry/Ernst_ Haeckel.

Rorty R，1986. Introduction［M］//Dewey J. The collected works of John Dewey：the later works (1925-1953)：vol. 8：essays and how we think，revised edition，1933. Carbondale and Edwardsville：Southern Illinois University Press.

Ryan A，1995. John Dewey and the high tide of American liberalism［M］. New York：W. W. Norton & Company.

Shook J，2015. The metaphysical club［EB/OL］.［2015-07-10］. http：//www. pragmatism. org/research/metaphysical_ club. htm.

Stevenson，1978. Introduction［M］//Dewey J. The collected works of John Dewey：the middle works (1899-1924)：vol. 5：1908. Carbondale and Edwardsville：Southern Illinois University Press.

The Editors of Encyclopedia Britannica，2014. Charles Sanders Peirce［EB/OL］. http：//global. britannica. com/EBchecked/topic/448884/Charles-Sanders-Peirce.

Wang J C，2007. John Dewey in China：to teach and to learn［M］. Albany：State University of New York Press.

索　引

艾丽斯　219-221，232，240，241，248，
　254

巴恩斯　230，252，254，261，266

柏拉图　2，19，31，32，37，38，47，
　253

曹孚　22

陈鹤琴　6，23，24

陈科美　16

传统自由主义　167-169，174，175，
　177-179

创新　13，14，25，70，76，143，157，
　176，180-182，184，185，190，194-
　196，198-201，203，204，208，209

创造性　20，42，57，61，64，76，78，
　80，86，194，195，198，199，202，
　203，223，240，265

独立的人格　82

二元论　12，47，86，103，104，193，
　239

反思的实践家　106

反思能力　81，82

工具论　171

公民教育　74，86，245

共同体　26，40，42，56，64，67，68，
　106，114，115，132，141

赫尔巴特　13，37，59，65，75，81，
　226，228，230

赫尔会所　221-225，229，231

胡适　4，5，7，12，22-24，117，118，
　120，121，125，127-129，131，238，
　241-244，250，270

基督教　24，47，65，68，119，137-
　142，144-146，149，152-154，157，
　162-164，174，219，221-224

简·杜威　33，35，42，49，252，266

简·亚当斯　221，222，244，262

蒋梦麟　3，4，7，241

交往活动理论　76

教化　66-69，137，142，259

教师教育　53，87，102，104-106

教育人性化　73

进步主义　36，48，54，60，62，67，69，118，120，130，137，140，143，144，148－150，154，159－164，241，255，256，263，269

经验论　6，23，79，102，186，188－190

凯兴斯泰纳　57－61，63，65

康德　37，59，79，93，95，118，218，252

科尔涅托夫　77，79，81，82，84，86－88

科学方法　18，43，75，121，124，127，154，160，164，201，233，235，239，270

科学精神　158，202，269

克伯屈　5，35，63，85，153，154，261，264，270

克雷明　32，34，35，38－40，43，48，143，144，213，217，224，253

联合的生活　130，170

梁漱溟　14，15

卢梭　2，18，19，24，37，46－48，92，118，133

路德维希·古利特　55

罗卡切娃　74－76，80，81，83，84，87，89

孟宪承　5，14－16

民治主义　3，170

民主化　38，40，61，62，73－75，77，83，85，86，153，161

民主精神　112，158

民主社会　7，16－18，25，32，40，41，44，45，64，69，77，78，85，102，130，132，181

民主主义　2，5－8，10－14，16－26，31－50，53，61，62，69，74，77，81－83，86，87，94，95，97，99－104，112，115，180，181，184，188，190，239，247

民主主义教育　3，4，6－8，17，22，24，73，74，77，106

民族主义　26，54，56，57，59，60，63，64，66，69，150，151，256

缪凤林　12，13

女权主义　101，147，150，159，160

批判性思维　81，83

平民主义　2－4，7，8，10，11，16，241，248

乔治·科　144，145，149，150，153－159，161，163，164

人道化　18，153，161

人文关怀　75

人文社会主义　21

人性　36，41，78，102，104，157，164，251，257

日本杜威学会　97-100，105

上帝的民主　137，153，155，161，163

设计教学法　23，49，63，74，76，77，82-85

社会福音　137，138，140，143，149 -
　　151，153，154，157-159，162-164

社会改善论　163

社会救赎　163

神学　140，144，145，150，154，162，
　　163，224

实验主义　3，4，16，24，34，42，79，
　　82，100，103，258

实用主义　6，7，17，19，23，32，37，
　　57，59，64，65，67-70，75，79，80，
　　88，89，94 - 97，99，111，117，118，
　　130，140，150，157，158，164，170，
　　176，184 - 188，190，194，200，204 -
　　206，209，214 - 216，233，235，240，
　　251，253，254，259，263

陶行知　2，9，17，23 - 25，106，120，
　　204，241，270

滕大春　19，20

条原助市　95-97，100，106

涂又光　21

威廉·哈里斯　213，216

威廉·詹姆斯　57，214，223，231，
　　236，257-259，267

魏迪亚科娃　74，76，80，82，83，87

吴俊升　9，18，19，48，212，214-216，
　　218 - 222，225，226，228 - 231，237，

239，241，254，255，257，258，264 -
　　266，271，272

小林繁夫　49

新个人主义　174-177

新教育　7，13，15，18，33，55，61，
　　67，69，87，100，104，157，261，
　　267，269

新教自由主义　136，164

新自由主义　167-174，178-180

许拉　48，60-62

以人为本　74

整全的人　148

正义　88，89，99，100，154

芝加哥大学　34，49，95，101，103，
　　105，223 - 227，230 - 232，235，237，
　　268

芝加哥大学实验学校　33，34，84，226，
　　232

主体管理　156

主体间性　76，177

自然主义　80，99，101，137，253，254，
　　268，269

宗教教育　74，140，144，145，150，
　　152-155，157，158，161-163

邹恩润　9，10，48

做中学　23，82，83，104，205